D1942564

Hans Mathias Kepplinger

Die Mechanismen der Skandalisierung

Hans Mathias Kepplinger

Die Mechanismen der Skandalisierung

zu Guttenberg, Kachelmann,
Sarrazin & Co.:
Warum einige öffentlich untergehen –
und andere nicht

OLZOG

Bibliografische Information der Deutschen Nationalbibliothek

Die Deutsche Nationalbibliothek verzeichnet diese Publikation in der Deutschen Nationalbibliografie; detaillierte bibliografische Daten sind im Internet über http://dnb.d-nb.de abrufbar.

ISBN 978-3-7892-8248-5
© 2012 Olzog Verlag GmbH, München
Internet: http://www.olzog.de

Alle Rechte, insbesondere das Recht der Vervielfältigung und Verbreitung sowie der Übersetzung, vorbehalten. Kein Teil des Werkes darf in irgendeiner Form (durch Fotokopie, Mikrofilm oder ein anderes Verfahren) ohne schriftliche Genehmigung des Verlages reproduziert oder unter Verwendung elektronischer Systeme gespeichert, verarbeitet, vervielfältigt oder verbreitet werden.

Umschlagentwurf: Atelier Versen, Bad Aibling,
unter Verwendung einer Abbildung von istockphoto/Daniel Vineyard
Satz: EDV-Fotosatz Huber/Verlagsservice G. Pfeifer, Germering
Druck- und Bindearbeiten: Druckerei Joh. Walch GmbH, Augsburg
Printed in Germany

Inhalt

Vorwort

Jeder Skandal ist einzigartig. Trotzdem besitzen alle Skandale gemeinsame Merkmale. Es geht immer um einen Missstand – einen Verstoß gegen die herrschende Moral oder das geltende Recht, der einen materiellen oder ideellen Schaden bereits hervorgerufen hat oder hervorrufen kann. Es gibt einen Täter, der den Missstand aus angeblich niederen Motiven verursacht oder zumindest nicht verhindert hat und folglich schuldig ist. Dabei kann es sich um eine einzelne Person, jedoch auch um einen Verein, eine Partei oder ein Unternehmen handeln. Es gibt eine Welle von Medienberichten, die den Eindruck vermitteln, dass es sich bei dem Missstand um ein bedeutendes Problem handelt, und die den Verursacher des Missstandes nahezu einhellig anprangern. Die Medienberichte rufen entsprechend ihrer Intensität in der Bevölkerung eine mehr oder weniger starke Empörung hervor, und sie vermitteln den Tätern auch dann, wenn sie die Vorwürfe nicht bestreiten, den Eindruck, sie wären das Opfer einer Kampagne.

Skandale kann man unter drei Aspekten betrachten. Man kann fallweise den Verlauf einzelner Skandale rekonstruieren und dabei auch die Berechtigung der Vorwürfe untersuchen. Man kann systematisch bei einer möglichst großen Zahl von Skandalen die Rolle einzelner Personen oder Organisationen betrachten – der Skandalisierer und Skandalisierten, der Medien und ihres Publikums usw. Und man kann problemorientiert die Mechanismen analysieren, die einen Missstand zu einem Skandal machen, einen ertappten Täter zu einem hilflosen Opfer, ein desinteressiertes Publikum zu einer empörten Masse und die Skandalisierung eines Missstandes zur Quelle von weit größeren Schäden. Hier geht es um den dritten Aspekt – die Mechanismen der Skandalisierung. Sie werden anhand zahlreicher Skandale der jüngeren Vergangenheit analysiert. Im Zentrum steht nicht der Verlauf einzelner Skandale und wer Recht und Unrecht hatte. Diese Sachverhalte werden nur angesprochen, um allgemeine Eigenschaften von Skandalen zu illustrieren – das Verhalten der Protagonisten und ihrer Beobachter, die charakteristischen Merkmale anprangernder

Medienberichte, die Eigendynamik der Berichterstattung, den Einfluss der Berichterstattung auf den Verlauf eines Skandals, ihre direkten Auswirkungen auf die Protagonisten und das Publikum sowie ihre indirekten Folgen für die Gesellschaft.

Die Mechanismen der Skandalisierung werden in 15 Kapiteln dargestellt. Jedes Kapitel behandelt unter theoretischen Gesichtspunkten ein praktisches Problem. Dies geschieht anhand von bekannten Fallbeispielen aus verschiedenen Bereichen – angefangen bei der Skandalisierung von Birkel-Nudeln 1985 bis zur Skandalisierung von Jörg Kachelmann 2011. An zahlreichen Stellen werden Ergebnisse von sozialwissenschaftlichen Untersuchungen herangezogen – systematische Befragungen von mehreren hundert Journalisten, Managern und Politikern sowie vergleichende Analysen von mehreren tausend Skandalberichten in Presse, Hörfunk und Fernsehen. Sie erhellen die Sichtweisen von Tätern, Opfern und Berichterstattern sowie die typischen Unterschiede zwischen neutralen und skandalisierenden Berichten sowie zwischen publizistischen Konflikten und Skandalen im engeren Sinn. Die Vorwürfe gegen die Skandalisierten werden anhand von mehreren Fällen mit Erkenntnissen konfrontiert, die sie widerlegen. Dies geschieht nicht in der Absicht, die Skandalisierer ex post facto ins Unrecht zu setzen. Vielmehr wird anhand solcher Fälle deutlich, dass die Wirkung von Skandalisierungen nicht auf der Richtigkeit der Vorwürfe beruht – sie wirken auch dann, wenn sie sich als falsch herausstellen. Skandale sind mit anderen Worten keine natürlichen Reaktionen auf Missstände, sondern die Folge von Mechanismen öffentlicher Kommunikation, die anhand der Fälle dargestellt werden.

Die Grundlage der Darstellung bildet die Unterscheidung zwischen Missständen und Skandalen. Sie ist notwendig, weil nicht jeder Missstand zum Skandal wird und nicht jeder Skandal tatsächlich auf einem Missstand beruht. Eine weitere Grundlage ist die Unterscheidung zwischen der Skandalisierung eines Missstandes und einem Skandal im engeren Sinn. Sie ist notwendig, weil die Anprangerung der meisten Missstände nicht zu einem Skandal im engeren Sinn führt. Eine dritte Grundlage ist die Unterscheidung zwischen Skandalen und publizistischen Konflikten. Sie ist sinnvoll, weil nur bei Skandalen eine Sichtweise eindeutig dominiert, während bei publizistischen Konflikten mehrere gegeneinanderstehen. Bleibt die Frage, was ein Skandal ist. Umgangssprachlich bezeichnen wir z. B. eine Fahrpreiserhöhung, eine schlampige Reparatur oder die Ablehnung eines Antrags als Skandale. Das ist hier nicht gemeint. Skandale im Sinn der vorliegenden Studie liegen nur dann vor, wenn die eindeutige Mehrheit der interessierten Bevölkerung mit Empörung auf einen Missstand reagiert und Konsequenzen fordert. Dabei ist es unerheblich, ob der Missstand tatsächlich besteht. Entscheidend ist die Vorstellung der Mehrheit.

Den Kern der meisten Kapitel bilden sozialwissenschaftliche Theorien. Sie verdeutlichen u. a., weshalb im Skandal alle überzeugt sind, sie wüssten genau Bescheid, obwohl sie meist nur wenig Ahnung haben; weshalb sich alle maßlos empören und dies später kaum noch verstehen können; weshalb sich auch die Skandalisierten als Opfer fühlen, die zugeben, was ihnen vorgeworfen wird usw. Die Kapitel sind Elemente einer empirisch fundierten Skandaltheorie, die den Verlauf aktueller Skandale, das Verhalten der Protagonisten und die Reaktionen des Publikums erklären sowie ein rationales Urteil über den Nutzen und Schaden von Skandalen ermöglichen. Ein aufmerksamer Leser wird deshalb auch in zukünftigen Skandalen gleiche oder ähnliche Elemente und Verläufe erkennen.

Mainz, im Dezember 2011

Hans Mathias Kepplinger

1. Momente der Gewissheit

Im Skandal kommt die Wahrheit ans Tageslicht – 1985 die Verseuchung von Birkel-Nudeln durch verdorbenes Flüssigei; 1987 die üblen Machenschaften des schleswig-holsteinischen Ministerpräsidenten Uwe Barschel gegen den ahnungslosen Björn Engholm; 1988 die reaktionäre Rede von Bundestagspräsident Philipp Jenninger über das Dritte Reich; 1991 die Ölpest im Persischen Golf als Folge des Golfkrieges und die Flugreisen von Ministerpräsident Lothar Späth auf Kosten der Industrie; 1993 die kaltblütige Erschießung von Wolfgang Grams auf dem Bahnhof in Bad Kleinen und die Gefährdung der Bevölkerung durch einen Chemie-Unfall bei der Hoechst AG; 1995 die ökologische Bedrohung der Nordsee durch die geplante Versenkung der Brent Spar; 1999 die geheimen Konten der CDU und der Verfassungsbruch Helmut Kohls durch die Annahme von anonymen Spenden; 2000 die Vernichtung von Daten im Bundeskanzleramt vor dem vorangegangenen Regierungswechsel, der Kokainkonsum des Fußballtrainers Christoph Daum und die Gefährdung der deutschen Bevölkerung durch BSE-Fleisch aus Deutschland.

Im Wahljahr 2002 erfuhr man die private Nutzung dienstlich erworbener Bonus-Meilen durch Cem Özdemir und Gregor Gysi, die finanziellen Zuwendungen der PR-Agentur Hunzinger an Verteidigungsminister Rudolf Scharping, die Bezahlung privater Ausgaben der Hanauer Oberbürgermeisterin, Margret Härtel, aus der Stadtkasse, die Gefährdung der Verbraucher durch Nitrofen-belastetes Futtermittelgetreide und den Tod von mehreren Diabetikern nach der Einnahme des Cholesterinsenkers Lipobay; 2003 berichteten die Medien über den Kokainkonsum des Fernsehjournalisten Michel Friedman, die dunklen Finanzquellen des ehemaligen FDP-Vorsitzenden Jürgen W. Möllemann, die antisemitische Rede des Bundestagsabgeordneten Martin Hohmann und den Ausbruch der Lungenseuche SARS in China; 2004 hörte und las man über die Silvesterfeier von Bundesbankpräsident Ernst Welteke und seiner Familie auf Kosten der Dresdner Bank, die Identifizierung des Autobahnrasers Rolf F., der eine junge

Mutter und ihr Kind auf dem Gewissen hat, den Ausbruch der Vogelgrippe in Asien, die tödlichen Nebenwirkungen des Rheumamittels Vioxx, kostenlose bzw. verbilligte Stromlieferungen und Geldzahlungen der RWE an den Vorsitzenden der CDU-Arbeitnehmerorganisation, Hermann-Josef Arentz, und den CDU-Generalsekretär, Laurenz Meyer, sowie ähnliche Vergünstigungen von VW für zwei SPD-Politiker.

2005 veröffentlichten die Medien Berichte über den massenhaften Missbrauch der von Ludger Volmer und Joschka Fischer erleichterten Visa-Erteilung, über die Lustreisen von VW-Betriebsräten auf Kosten des Unternehmens, über die Berufung von Alt-Kanzler Gerhard Schröder in den Aufsichtsrat eines russischen Unternehmens, das von seiner letzten Amtshandlung profitierte; 2006 wurde bekannt, dass das Dach der Eissporthalle in Bad Reichenhall einstürzte und 15 Menschen tötete, weil es nicht sachgerecht gebaut worden war, dass der Bundesnachrichtendienst Journalisten bespitzelt hat, dass Günter Grass, der Helmut Kohl und Ronald Reagan 1985 wegen ihres Besuchs des Soldatenfriedhofs Bitburg massiv kritisiert hat, auf dem auch Angehörige der Waffen-SS liegen, 1944 selbst in die Waffen-SS eingetreten war; 2007 berichteten die Medien, dass im Kernkraftwerk Krümmel ein Transformator in Brand geraten war und die Schnellabschaltung des Reaktors ausgelöst wurde, dass die Geliebte von Minister Horst Seehofer ein Kind erwartete, dass Ministerpräsident Günther Oettinger bei der Beerdigung von Hans Filbinger gesagt hat, Filbinger sei kein Nationalsozialist gewesen und seine Urteile hätten niemanden das Leben gekostet sowie dass Eva Herman bei der Vorstellung ihres neuen Buchs die Abschaffung des Mutterbildes der Nationalsozialisten durch die Achtundsechziger-Bewegung bedauert hat.

2008 wurde der ehemalige Aufsichtsratsvorsitzende der Deutschen Post, Klaus Zumwinkel, wegen des Verdachts der Steuerhinterziehung vor laufenden Kameras in seinem Haus verhaftet. Außerdem wurde bekannt, dass die Telekom und der Discounter Lidl illegal Mitarbeiter ausspioniert haben; 2009 erfuhr man, dass die Deutsche Bahn den E-Mail-Verkehr ihrer Mitarbeiter gefiltert hat, dass der Dienstwagen der Gesundheitsministerin, Ulla Schmidt, bei ihrem Spanien-

Urlaub gestohlen worden war und dass es sich bei der in Mexiko ausgebrochenen Schweinegrippe um eine Pandemie handelte, die die deutsche Bevölkerung bedroht; 2010 berichteten die Medien, dass es in den vergangenen Jahren zahlreiche Fälle von sexuellem Missbrauch in der katholischen Kirche gegeben und Bischof Walter Mixa, der der sexuellen Revolution der Achtundsechziger eine Mitschuld an den Missbrauchsfällen gab, als Stadtpfarrer Kinder geschlagen hat, dass der damalige Leiter der Odenwaldschule, Gerold Becker, eine Leitfigur der Reformpädagogik, jahrelang Schüler sexuell missbraucht hat und dass Jörg Kachelmann wegen des Verdachts der Vergewaltigung einer seiner Geliebten festgenommen wurde. Zudem erfuhr man, dass Bundespräsident Horst Köhler in einem Hörfunkinterview gesagt hat, Deutschland müsse seine Interessen auch mit militärischen Mitteln wahren, um „Arbeitsplätze und Einkommen zu sichern", dass der beliebteste Politiker des Landes, Verteidigungsminister Karl-Theodor zu Guttenberg, wesentliche Teile seiner Dissertation abgeschrieben hat, dass nach dem Tod von mehreren Schwerkranken, die Gurken aus Spanien gegessen hatten, eine Ehec-Epidemie drohte, dass bei massenhaften und teilweise gewaltsamen Protesten gegen Stuttgart 21 ein Demonstrant von einem Wasserwerfer schwer verletzt wurde und dass Dioxin-belastetes Tierfutter u. a. an Geflügel verfüttert wurde, deren Eier in den Handel kamen.

2011 berichteten die Medien, dass die Reaktorkatastrophe in Fukushima, die durch ein Seebeben und einen Tsunami verursacht wurde, begründete Zweifel an der Sicherheit der deutschen Kernkraftwerke weckt, dass der Direktor des Internationalen Währungsfonds, Dominique Strauss-Kahn, in New York verhaftet wurde, weil er ein Zimmermädchen vergewaltigt hat, und dass ein Reporter des *Spiegel*, René Pfister, für einen Beitrag den Henri-Nannen-Preis erhalten hatte, in dem er nur eine Szene aus dem Privatleben von Minister Seehofer, die er nur vom Hörensagen kannte, so beschrieb, als habe er sie selbst beobachtet. Wenig später erfuhr man, dass die Staatsanwaltschaft gegen das Netzwerk Recherche ermittelt, weil deren Vorsitzender, Thomas Leif, mit falschen Angaben von der Bundeszentrale für politische Bildung Geld erschwindelt hat, und dass der 40-jährige Vorsitzende der CDU in Schleswig-Holstein, Christian von Boetticher, ein Jahr vor seiner Kandidatur für das Amt des Ministerpräsidenten ein Verhältnis mit einer damals 16-Jährigen hatte.

Im Skandal werden die Schuldigen bestraft. Der Absatz von Birkel-Nudeln brach zusammen, ca. 500 Mitarbeiter mussten entlassen werden. Jenninger und Späth mussten von ihren Ämtern zurücktreten. Barschel wurde abgewählt und starb unter mysteriösen Umständen in einem Genfer Hotel. Innenminister Seiters trat nach dem Einsatz der GSG 9 in Bad Kleinen zurück, Generalbundesanwalt von Stahl wurde entlassen. Die Hoechst AG musste Schadenersatz in Millionenhöhe leisten und litt noch Jahre später unter dem Imageverlust. Die Brent Spar wurde nicht versenkt. Shell ließ sie nach Norwegen schleppen und musste die erhöhten Kosten für die Abwrackung an Land tragen. Kohl legte den Ehrenvorsitz der CDU nieder, die gesamte Führung der CDU wurde abgelöst, und die Partei verlor zwei sicher geglaubte Landtagswahlen. Daum wurde nicht Trainer der Fußball-Nationalmannschaft und musste seinen Trainerposten bei Bayer Leverkusen aufgeben. Özdemir gab sein Bundestagsmandat auf, Gysi trat vom Amt des Berliner Wirtschaftssenators zurück. Hohmann wurde aus der CDU/CSU-Fraktion und der hessischen CDU ausgeschlossen. Scharping wurde als Verteidigungsminister entlassen. Härtel wurde von der Hanauer Bürgerschaft abgewählt. Friedman musste seine Fernsehsendungen abgeben und verzichtete auf das Amt des Vizepräsidenten des Zentralrates der Juden in Deutschland. Gerster wurde entlassen, Welteke trat zurück. Wegen der mit Nitrofen belasteten Futtermittel wurden 500 landwirtschaftliche Betriebe gesperrt. Der Kurs der Bayer-Aktien stürzte wegen des Lipobay-Skandals von fast 40 auf 10 Euro, zudem musste das Unternehmen mehr als 200 Millionen Euro Schadenersatz leisten. Möllemann sprang in den Tod, während über 100 Beamte an zahlreichen Orten im In- und Ausland seine Büros und Privatwohnungen durchsuchten.

Die CDU-Politiker Arentz und Meyer traten im Verlauf der Gehaltsaffäre von ihren Ämtern zurück, Volmer legte im Zuge der Visa-Affäre seinen Sitz im Auswärtigen Ausschuss und seine Funktion als außenpolitischer Sprecher der Bundestagsfraktion der Grünen nieder. Als Folge der VW-Affäre trat der Personalvorstand von VW, Hartz, zurück und wurde wie weitere Mitarbeiter zu mehrjährigen

Haftstrafen verurteilt. Zwei leitende Mitarbeiter der Firma Vattenfall, die das Kernkraftwerk Krümmel betreibt, wurden entlassen, der Vorstandsvorsitzende von Vattenfall Europa trat zurück. Der NDR beendete nach der Äußerung von Herman die Zusammenarbeit mit ihr und Johannes B. Kerner verwies sie demonstrativ aus seiner Talkshow. Zumwinkel wurde zu einer Bewährungsstrafe von zwei Jahren und Geldzahlungen in Millionenhöhe verurteilt, Lidl musste wegen der Bespitzelung von Mitarbeitern ein Bußgeld in Millionenhöhe bezahlen. Mehdorn musste wegen der Datenaffäre als Bahnchef zurücktreten, Bischof Mixa wegen der massiven Kritik an seinen Prügelstrafen. Kachelmann verlor seine Rolle als Wettermoderator im Fernsehen, seine Firma den Auftrag zur Produktion der Sendungen. Köhler trat nach der scharfen Kritik an seiner Äußerung zum militärischen Einsatz der Bundeswehr vom Amt des Bundespräsidenten zurück, zu Guttenberg trat als Verteidigungsminister zurück und verließ mit seiner Familie das Land, der Firma Harles & Jentzsch, die das Dioxinbelastete Tierfutter hergestellt hatte, drohte die Insolvenz, mehrere Angestellte erhielten Morddrohungen. Die Jury des Henri-Nannen-Preises erkannte Pfister die Auszeichnung ab und der Vorsitzende des Netzwerks Recherche, Leif, verlor sein Amt. Die deutschen Kernkraftwerke wurden mit Verweis auf ungeklärte Sicherheitsfragen abgeschaltet. Strauss-Kahn trat vom Amt des IWF-Direktors zurück und gab Pläne für eine Kandidatur bei der französischen Präsidentschaftswahl auf. Angesichts solcher und ähnlicher Vorgänge erscheint es nicht verwunderlich, dass die *Süddeutsche Zeitung* während des CDU-Spendenskandals den Skandal als „Instrument der Aufklärung" bezeichnet hatte, in dem die „bürgerliche Öffentlichkeit … in multimedialer Verwandlung überlebt".[1]

Trifft diese optimistische Charakterisierung von Skandalen zu? Daran darf gezweifelt werden. In einigen Fällen waren die meisten Berichte falsch, obwohl die Fakten bekannt waren. Die Firma Birkel hatte sofort falsche Behauptungen über ihre Produkte zurückgewiesen. Sie drang aber bei der Masse der Medien damit nicht durch. Die Feststellung der Hoechst AG, dass ortho-Nitroanisol „mindergiftig"

1 *Süddeutsche Zeitung*, 18./19. März 2000.

ist, war sachlich richtig, wurde jedoch als Verharmlosung der tatsächlichen Gefahren dargestellt. Die Shell AG kam mit ihren Informationen über die Vor- und Nachteile einer Versenkung der Brent Spar der Wahrheit erheblich näher als Greenpeace. Die Brent Spar enthielt nicht, wie Greenpeace mit großer Publizität behauptet hatte, 5.500 Tonnen Ölrückstände, sondern entsprechend den ursprünglichen Angaben von Shell weniger als 200. Zudem wäre die Versenkung der Brent Spar billiger, ungefährlicher und ökologisch verträglicher gewesen als ihre Entsorgung an Land.[2] Hoeneß hatte von Beginn an darauf hingewiesen, dass er die Kokain-Vorwürfe gegen Daum nicht selbst erhoben, sondern festgestellt habe, dass Daum – falls sie zutreffen sollten – nicht Bundestrainer werden könne. Die meisten Todesfälle durch Lipobay wurden durch die unzulässige Kombination von Lipobay mit Gemfibrozil, einem anderen Cholesterinsenker, verursacht, weshalb die Bayer AG bereits 1997 einen entsprechenden Warnhinweis in die Packungsbeilage aufgenommen hatte. Dies ging im Skandal um Lipobay unter.

Das Verfahren gegen Kohl wegen der Annahme von Spenden wurde von der Bonner Staatsanwaltschaft 2001 gegen Zahlung einer Geldbuße von 300.000 Euro eingestellt. Von einem Verfassungsbruch war nicht mehr die Rede, weil es sich um einen Verstoß gegen das Parteiengesetz handelte, das zwar auf der Verfassung beruht, mit ihr jedoch nicht identisch ist. Mit der Annahme der Spenden hatte Kohl deshalb genauso wenig gegen die Verfassung verstoßen wie ein Journalist, der das Jugendschutzgesetz verletzt – obwohl das Grundgesetz den Jugendschutz ausdrücklich als Schranke der Pressefreiheit nennt. Die Ermittlungen wegen des Verdachts der Vernichtung von Akten des Bundeskanzleramtes wurden 2003 eingestellt. Die Mitarbeiter des Bundeskanzleramtes wurden rehabilitiert, weil die Bonner Staatsanwaltschaft keine Belege für die Behauptung fand, dass beim Regie-

2 Bei der Abwrackung der Brent Spar bildeten sich aus Bakterien in den Lagertanks tödliche Gase, die aufwendig neutralisiert werden mussten. Beim Reinigen der Tanks traten größere Mengen an Benzol und Methan auf, was umfangreiche Schutzmaßnahmen erforderlich machte. Die Verschrottung verbrauchte mehr als zweimal so viel Energie wie die Versenkung. Die Emissionen in die Umwelt waren mehr als doppelt so hoch. Vgl. hierzu die *Frankfurter Allgemeine Zeitung*, 3. September 1999.

rungswechsel Akten in nennenswertem Umfang vernichtet wurden.[3] Die Äußerung von Köhler über den Einsatz militärischer Mittel zur Verteidigung deutscher Wirtschaftsinteressen bezog sich nicht, wie ihm unterstellt wurde, auf den Bundeswehreinsatz in Afghanistan, sondern auf den Einsatz der Bundesmarine gegen Piratenüberfälle im Indischen Ozean.

In einigen Fällen standen die Folgen in keinem Verhältnis zu den Ursachen. Die Absage der Hoechst AG an eine „stadtgängige" Chemie und die Aufgabe der meisten Betriebe in Höchst waren auch Folgen der Skandalisierung des Unternehmens wegen der „Störfallserie" im Frühjahr 1993 – tatsächlich gab es drei Störfälle sowie zahlreiche Betriebsstörungen minderer Bedeutung, die normalerweise kaum beachtet werden.[4] Die Barschel-Affäre, die auch deshalb so empörend erschien, weil die Mitwisserschaft Engholms nicht bekannt war, endete mit dem Mord oder Selbstmord des teilweise zu Unrecht Beschuldigten.[5] Auch der Tod von Möllemann steht in keinem Verhältnis zu den Anschuldigungen gegen ihn. Als Folge des BSE-Skandals verloren etwa 10.000 Beschäftigte ihren Arbeitsplatz. Der Rindfleischmarkt brach zusammen, über 80.000 Rinder wurden notgeschlachtet und auch dann vernichtet, wenn sie nicht infiziert waren. Die Belastung von Futtermitteln mit Nitrofen war so gering, dass zu keiner Zeit eine Gefahr für die Verbraucher bestand. Man hätte 200.000 Eier essen müssen, um den zulässigen Grenzwert zu erreichen. Trotzdem wurden mehrere hundert Betriebe stillgelegt und Tausende von Masthähnchen und Legehennen notgeschlachtet und verbrannt. Scharping wurde wegen geringfügiger Vergünstigungen im privaten Bereich entlassen, nachdem er ohne vergleichbare Folgen mehrfach versucht

---

3 Vgl. *Frankfurter Allgemeine Zeitung*, 29. Dezember 2006. Siehe hierzu auch Maier, Jürgen: Der CDU-Parteispendenskandal. Medienberichterstattung und Bevölkerungsreaktion. In: *Publizistik*, 48/2003, S. 135–155.

4 Vgl. Kepplinger, Hans Mathias / Hartung, Uwe: Störfallfieber. Wie ein Unfall zum Schlüsselereignis einer Unfallserie wird. Freiburg im Breisgau, München 1995, S. 14–20.

5 Vgl. Mergen, Armand: Tod in Genf. Ermittlungsfehler im Fall Barschel: Mordthese vernachlässigt? Heidelberg 1988.

hatte, bei der Beschaffung von 73 Transportflugzeugen im Wert von 8,6 Milliarden das Haushaltsrecht des Bundestages auszuhebeln.

Die Hanauer Oberbürgermeisterin, Härtel, war von der Bürgerschaft abgewählt worden, bevor das Landgericht Hanau ein Strafverfahren wegen geringer Schuld gegen Zahlung von 4.000 Euro einstellte. Den Schaden, den sie der Stadtkasse verursacht hatte, bezifferte das Gericht auf etwa 3.000 Euro. Dagegen beliefen sich die Anwaltskosten der Stadt Hanau im Verfahren gegen Härtel auf über 100.000 Euro. In der richterlichen Urteilsbegründung hieß es, „wegen einer strafrechtlichen Marginalie" sei die „Existenz eines Menschen schwer beschädigt worden". Der Unfall im Kernkraftwerk Krümmel besaß keine Relevanz für den Betrieb der kerntechnischen Anlage und wurde deshalb von zwei unabhängigen Untersuchungskommissionen auf der 7-stufigen „International Nuclear Event Scale" mit dem niedrigsten Wert 0 eingestuft. Als der damalige Pfarrer Walter Mixa sich mit Prügelstrafen durchsetzen wollte, war fast die Hälfte der Deutschen der Meinung, Schläge gehörten „auch zur Erziehung" und hätten „noch keinem Kind geschadet". In Bayern galten derartige Züchtigungen damals als Gewohnheitsrecht.[6]

Die Belastung von Eiern mit Dioxin war 2010 wesentlich geringer als die zulässige Belastung von Kabeljau und Heringen. Trotzdem wurden 4.500 Bauernhöfe gesperrt, der Absatz von Eiern ging bundesweit um etwa 20 Prozent zurück und der Preis für Schweinefleisch brach um 17 Prozent ein.[7] An der Schweinegrippe sind in Deutschland 258 Menschen gestorben, an der saisonalen Grippe sterben hierzulande jährlich zwischen 10.000 und 20.000. An Ehec-Erkrankungen sind in Deutschland mindestens 50 Menschen gestorben, in jedem Jahr sterben hier aber zwischen 15.000 und 20.000 Menschen an Infektionen, die sie sich in Krankenhäusern zugezogen haben. Die Reaktor-Sicherheitskommission stellte fest, dass die Reaktorkatastro-

6 Vgl. Noelle-Neumann, Elisabeth / Piel, Edgar (Hg.): Allensbacher Jahrbuch der Demoskopie 1978–1983. München 1983, S. 94. Siehe auch *Frankfurter Allgemeine Zeitung*, 17. April 2010.

7 Vgl. Grossarth, Jan: Wer hat Angst vorm Dioxin? In: *Frankfurter Allgemeine Zeitung*, 22. Januar 2011.

phe in Japan keinen Einfluss auf die Einschätzung der Sicherheit der Kernkraftwerke in Deutschland besitzt und ihre Stilllegung aus sicherheitstechnischen Gründen nicht erforderlich ist.

In einigen Fällen wurden Unschuldige durch öffentliche Ächtung mit erheblichen materiellen und immateriellen Folgen bestraft. Aufgrund der Skandalisierung von Birkel-Nudeln, die sich als sachlich unbegründet erwies, brach der Absatz des Unternehmens zusammen, und ein Großteil der Mitarbeiter des Unternehmens verlor seine Arbeit.[8] Die Rede von Bundestagspräsident Jenninger erwies sich bei ruhiger Lektüre keineswegs als rechtsradikal. Dennoch verlor er sein Amt. Die Vorwürfe gegen das Vorgehen der GSG 9 bei ihrem Einsatz in Bad Kleinen wurden nie bewiesen. Der Erschossene war, wie sich später herausstellte, an der Ermordung des Treuhand-Chefs Carsten Rohwedder beteiligt. Trotzdem wurden weder von Stahl noch Seiters rehabilitiert.[9] Hoeneß wurde wegen Äußerungen, die er in der berichteten Weise nicht gemacht hatte, moralisch deklassiert, wobei das ihm unterstellte Verhalten vielfach als typisch für ihn charakterisiert wurde. Als Folge der falschen Behauptung, Rechtsradikale hätten im Schwimmbad von Sebnitz unter den Augen der Umstehenden und mit Wissen aller Einwohner einen Jungen ermordet, wurde die ganze Stadt kriminalisiert. Als Folge des Skandals wegen des Missbrauchs Jugendlicher an der Odenwaldschule musste ein homosexueller Lehrer das Internat Salem verlassen, weil die Leitung kein Risiko eingehen wollte. Als Folge der Berichterstattung über die vermeintliche Ursache der Ehec-Erkrankungen brach der Markt für Gurken und anderes Gemüse aus Spanien zusammen, obwohl diese Produkte damit nichts zu tun hatten. Dem Rufmord durch die Zurschaustellung von Zumwinkel, Kachelmann und Strauss-Kahn folgten ein relativ mildes Urteil, ein Freispruch und die Einstellung des Verfahrens. Kann man angesichts dieser Bilanzen die These vertreten, der Skandal sei ein

---

8 Vgl. Lerz, Michael: Skandalberichterstattung. Die Entwicklung des „Flüssigei-Skandals“ 1985 und der Fall Birkel. München 1996 (unveröffentlichte Magisterarbeit).

9 Vgl. Mocken, Daniela: Bad Kleinen. Entstehung eines Skandals. Mainz 1995 (unveröffentlichte Magisterarbeit).

Instrument der Aufklärung, in dem die bürgerliche Öffentlichkeit in multimedialer Verwandlung überlebt? Oder liefert die Skandalisierung von Missständen Beispiele für die fortdauernde Aktualität der Forderung des päpstlichen Legaten vor dem Sturm auf die Hochburg der Ketzer im Albigenserkrieg: „Tötet sie alle! Der Herr wird die Seinen erkennen"?

Blickt man vom Ausland auf Skandale in Deutschland, erscheint das hiesige Verhalten häufig kurios. Aus englischer Sicht waren die Reaktionen der Deutschen auf die geplante Versenkung der Brent Spar reine Hysterie. In Frankreich wurde Kohls geheime Spendensammlung allgemein kritisiert. Blätter aller politischen Richtungen waren erstaunt über die Art und Weise, wie die deutsche Öffentlichkeit damit umging. In *Le Point* hieß es, Deutschland gleiche einem „Schlachthaus", in dem sich „Erzengel der Tugend in der Abdeckerei ziemlich lustvoll" austobten. In Frankreich, England und den USA ist die Verteidigung der Wirtschaftsinteressen der jeweiligen Länder auch mit militärischen Mitteln eine Selbstverständlichkeit. In England gehörte die Bespitzelung von Prominenten zur Praxis einer ganzen Reihe von Medien und wurde erst dann zum Skandal, als es darum ging, den totalen Zugriff des Großverlegers Rupert Murdoch auf das englische Privatfernsehen zu verhindern.

Blickt man von Deutschland auf Affären im Ausland, zeigen sich ähnliche Diskrepanzen. So empfanden die meisten Deutschen den Umgang der amerikanischen Medien mit Bill Clinton in der Lewinsky-Affäre als absurden Schauprozess. Dagegen wunderten sie sich über den geduldigen Umgang der amerikanischen Medien mit George W. Bush nach der vergeblichen Suche nach Massenvernichtungswaffen im Irak. Offensichtlich wiegen dort falsche Aussagen über sexuelle Beziehungen schwerer als falsche Gründe für kriegerische Handlungen. Diese kulturellen Unterschiede sehen auch Journalisten. So charakterisierte die *Süddeutsche Zeitung*, die am 18. März 2000 den Skandal als mediale Form der Aufklärung gefeiert hatte, am 18. November 2000 den englischen Skandaljournalismus unter der Überschrift „Knietief in Druckerschwärze" als „Heimsuchung". Während das hiesige Verhalten als journalistische Heldentat erscheint, wird das dortige als journalistische Schlammschlacht gesehen.

Soziologen erklären derartige Diskrepanzen mit kulturellen Unterschieden, und tatsächlich gibt es Skandal-Kulturen. In England und den USA werden vor allem sexuelle Verhaltensweisen zu Skandalen, in Deutschland geldwerte Vorteile – Späth, Süssmuth, Streibl, Lafontaine, Scharping, Gysi, Özdemir und Schröder sind Beispiele dafür. In England und den USA macht die Skandalisierung auch vor dem Privatleben nicht halt, in Deutschland bleibt es ein Tabu, und selbst wenn das Tabu heute gelegentlich gebrochen wird, wie im Falle von Seehofer, hat es keine Auswirkungen auf die politische Karriere – Extremfälle wie die Beziehung zu einer 16-Jährigen, wo es weniger um den Sex als um den Altersunterschied ging, ausgenommen. Die erwähnten Unterschiede erkennt man besonders deutlich an der Behandlung der Vergewaltigungsvorwürfe gegen Kachelmann in Deutschland und gegen Strauss-Kahn in den USA. Während Strauss-Kahn wie ein überführter Schwerverbrecher in Handschellen den Medien vorgeführt wurde, konnte Kachelmann freundlich winkend vor Prozessbeginn das Gefängnis verlassen. Dies war eine Folge der unterschiedlichen Rolle der Staatsanwälte in beiden Ländern, hängt jedoch auch mit den verschiedenartigen Skandalkulturen zusammen. Besonders deutlich werden die Unterschiede zwischen den kontinentaleuropäischen und den angelsächsischen Ländern anhand des VW-Skandals. In Deutschland wurden die geldwerten Vergünstigungen für Mitarbeiter des Unternehmens zum Skandal. Es handelte sich um eine „Korruptionsaffäre". Die finanziellen Vorteile der Mitarbeiter und die entsprechenden Kosten des Unternehmens hätten in den USA niemanden aufgeregt. Dort wäre zum Skandal geworden, dass die Mitarbeiter von VW ihre Ehefrauen und Lebensgefährtinnen betrogen haben. Davon war hier überhaupt nicht die Rede.

Nationale Besonderheiten erklären allerdings nur einen Teil der Diskrepanzen zwischen den Reaktionen in verschiedenen Ländern, weil auch innerhalb eines Landes beim Rückblick auf frühere Skandale ähnliche Unterschiede bestehen: Wer versteht heute noch die Wut angesichts der geplanten Versenkung der Brent Spar, die Angst vor der radioaktiv belasteten Molke und den Dioxin-belasteten Eiern, die gewaltbereite Verzweiflung angesichts der Stationierung der Pershing II und angesichts des Vorgehens der Polizei gegen Gegner von

Stuttgart 21? Wer kann heute noch die Empörung über die Rede von Jenninger und über die Lebenslüge von Grass nachvollziehen – oder den Ärger über die Äußerungen von Mixa und Herman über den Verfall unserer Moral? All diese Vorgänge erscheinen, selbst wenn man sich gut daran erinnert, als weit entfernte Objekte, die man vielleicht mit Interesse, aber ohne große Leidenschaft Revue passieren lässt.

Aus der Distanz betrachtet kann man feststellen, dass in Skandalen die Wahrheit, der Kern der Sache, meist erkennbar ist, oft aber keine Chance hat. Bei fast allen Skandalen gibt es zwar einige Medien, die dieser Wahrheit – jener Einsicht, die nach Vorlage aller Fakten sichtbar wird – sehr nahekommen. Ohne sie hätten große Teile dieses Essays nicht geschrieben werden können. Die Wahrheit geht aber während des Skandals in einer Welle krass übertriebener oder gänzlich falscher Darstellungen unter. Die Oberhand gewinnt sie erst, wenn der Skandal zu Ende und die Flut der anklagenden Berichte verebbt ist. Dann interessiert sich aber kaum noch jemand dafür, weil sich die Medien und mit ihnen das Publikum längst anderen Themen zugewandt haben. Die Gründe für die selbstgerechte Empörung und ihr selbstvergessenes Versickern liegen weder im Charakter der Menschen noch in der Natur der Sache noch in der Bedeutung der verletzten Werte, sondern in der Art und Weise, wie wir kollektiv mit Ungewissheiten umgehen.

2. Der Umgang mit Ungewissheit

Der Sozialpsychologe Muzafer Sherif führte in den Dreißigerjahren des vergangenen Jahrhunderts Experimente zur Urteilsbildung in Situationen durch, in denen hohe Urteilsunsicherheit herrscht. Sherif machte sich dazu den „autokinetischen Effekt" zunutze: Vor den Augen eines Beobachters in einem dunklen Raum scheint sich ein fester Lichtpunkt vermutlich wegen der Eigenbewegung des Augapfels zu bewegen. Falls man nah an den Lichtpunkt herangeht, erkennt man dies als Illusion: Der Punkt ist regungslos. Die Versuchspersonen sehen jedoch den Lichtpunkt aus mehreren Metern Entfernung und urteilen notgedrungen auf der Grundlage unzureichender Informationen. Verschiedene Beobachter gewinnen in dieser Situation unterschiedliche Eindrücke – einige nehmen kleine Kreisbewegungen wahr, andere ein starkes Zittern usw. Beschreiben mehrere Personen in einer Gruppe nacheinander ihre Beobachtungen, gleichen sich ihre Urteile schnell an, weil eine Gruppennorm, eine in der Gruppe allgemein akzeptierte Sichtweise, entsteht. Indem sich die Urteile der Einzelnen annähern, trägt jeder zur Bildung der Gruppennorm bei. Je eindeutiger die Gruppennorm wird, desto stärker beeinflusst sie die Einzelnen: Sie fühlen sich in ihrem Urteil immer sicherer, weil sie die Urteile der anderen für eine Bestätigung ihrer eigenen Sichtweise halten. Trotzdem behaupten fast alle Versuchspersonen bei späteren Befragungen, sie hätten eigenständig geurteilt. So legen sie großen Wert auf die Feststellung, sie hätten sich ihr Urteil schon gebildet, bevor die anderen Gruppenmitglieder ihre Ansichten geäußert hätten.[1]

Die spezifischen Normen oder Schemata in den jeweiligen Gruppen sind eine Folge der Urteile von dominierenden Gruppenmitgliedern, denen sich die anderen bewusst oder unbewusst anschließen. Die Bedeutung der Normen geht jedoch weit über die Situation in der

1 Vgl. Lilli, Waldemar: Die Hypothesentheorie der sozialen Wahrnehmung. In: Dieter Frey / Martin Irle (Hg.): Theorien der Sozialpsychologie, Band 1: Kognitive Theorien. Bern u. a. 1984, S. 19–47.

Gruppe hinaus. Lässt man die gleichen Personen nach einiger Zeit allein urteilen, beschreiben sie die „Bewegung“ des Lichtpunktes wie zuvor in der Gruppe. Die in der Gruppe erworbene Sichtweise bleibt eine Weile bestehen und prägt auch die Sichtweise außerhalb der Gruppe, weil die Beobachter in Situationen mit hoher Unsicherheit ihre Urteile scheinbar logisch aus der Gruppennorm ableiten. Dies gibt ihnen auch dann noch das Gefühl der Urteilssicherheit, wenn der ursprünglich vorhandene Gruppendruck keine Rolle mehr spielt.

Die Urteile der Bevölkerung in einem Skandal folgen den gleichen Prinzipien. Auch hier geht es um objektive Tatsachen, wie beispielsweise die Existenz von Schadstoffen in der Brent Spar, die Relevanz des Brandes im AKW Krümmel für die Sicherheit der Reaktoren, die Gefahr durch Dioxin-belastetes Tierfutter für den Verbraucher usw. Die Richtigkeit dieser Informationen ist von den Einzelnen meist nicht prüfbar, weil die dafür erforderlichen Daten oder Fachkenntnisse fehlen. So war einige Tage unklar, wie viele Schadstoffe tatsächlich in der Brent Spar lagerten. Es war auch unklar, welche Verbindung zwischen den anonymen Spenden an Kohl und anderen Finanzierungspraktiken der CDU bestand, ob Friedman tatsächlich Kokain geschnupft hatte und wie der sechsjährige Junge in Sebnitz wirklich gestorben ist. Dies trifft in ähnlicher Weise auf die zunächst kaum abschätzbare Gefährdung durch SARS, Nitrofen, Dioxin, Ehec und andere Gefahrenquellen zu. Schließlich gilt es auch für die serielle Skandalisierung ähnlicher Missstände, etwa die im Wochen- und Monatsrhythmus wechselnden Vorwürfe gegen Arentz, Meyer und andere Politiker der CDU und der SPD, gegen Becker und andere Lehrer der Odenwaldschule sowie Bischof Mixa und andere katholische Geistliche, gegen Lidl, die Telekom und die Deutsche Bahn, deren sachlicher Gehalt in der verfügbaren Zeit kaum prüfbar war. Aufgrund solcher Unsicherheiten bilden sich im Zusammenspiel zahlreicher Quellen Urteilsnormen bzw. Schemata, die die Wahrnehmung der Missstände steuern.

Am Beginn eines Skandals beurteilen verschiedene Personen den fraglichen Sachverhalt unterschiedlich. Einige halten ihn für einen Missstand, andere nicht. Einige sind von der Schuld eines Akteurs überzeugt, andere bestreiten sie. Einige halten den Missstand für einen Skandal, andere sehen das anders. Je überzeugender die Deutungsmuster derjenigen sind, die den Sachverhalt für einen Skandal halten, und je mehr die Fakten ihre Sichtweise zu bestätigen scheinen, desto stärker gleichen sich ihnen die Sichtweisen anderer Menschen an. Ihre Sichtweise wird zu einer allgemein verbindlichen Norm. Auch hier entstehen die Normen oder Schemata im dialektischen Zusammenspiel verschiedener Personen: Die Einzelnen etablieren die Schemata, die immer stärker auch jene binden, die sie etabliert haben. Sind Schemata einmal etabliert, erscheinen alle Fakten und Interpretationen, die ihnen widersprechen, als falsch oder irreführend, als Übertreibung oder Untertreibung. Dagegen wird alles, was die Schemata zu bestätigen scheint, bereitwillig akzeptiert und notfalls stimmig gemacht. Geglaubt wird nur noch, was in das Schema passt. Die eigene Sichtweise erscheint dabei nicht als subjektive Meinung, sondern als objektive Einsicht in die Natur der Sache. Andersdenkende haben folglich nicht nur eine unmögliche Meinung. Sie können die Wirklichkeit nicht erkennen oder sie wollen es nicht. Sie sind realitätsblind, verweigern sich der Wirklichkeit.

Nach der Empörung über einen angeblich rechtsradikalen Anschlag auf die jüdische Synagoge in Düsseldorf, der in Wirklichkeit von Nationalisten arabischer Herkunft begangen worden war, nach einer Serie schwerer Straftaten von Rechtsradikalen vor allem in den neuen Bundesländern sowie nach einer monatelangen Kampagne führender Politiker gegen Rechtsradikale, die den Eindruck erweckte, das ganze Land stehe vor einem Abgrund rechtsradikaler Gewalt, erschien Vielen nichts mehr unmöglich – auch nicht die öffentliche Ermordung eines Kindes. Folgerichtig besuchte der sächsische Ministerpräsident Biedenkopf einen Gedenkgottesdienst in der Sebnitzer St.-Peter-und-Paul-Kirche und Bundeskanzler Schröder empfing die Eltern des vermeintlichen Mordopfers im Willy-Brandt-Haus in Berlin. Nicht alle kollektiven Normen gehen so eklatant an der Realität vorbei wie im Fall Sebnitz oder im Fall der Kernenergie. Bei zahlreichen Skandalen entsprechen sie weitgehend dem, was man nachträglich auch in Kenntnis aller Fakten als Wahrheit erkennt. Solche Fälle eignen sich jedoch nicht für die Analyse der Urteilsbildung in Skandalen, weil man hier den Einfluss kollektiver Normen auf die Urteile nicht von der Orientierung an der Natur der Sache trennen kann. Man schreibt vielmehr die richtigen Urteile irrtümlicherweise der Einsicht in die Art der Urteilsobjekte zu. Tatsächlich folgt die Kommunikation jedoch auch in diesen Fällen den gleichen Prinzipien, weil auch hier die Wahrheit am Anfang nicht erkennbar ist – mit dem einzigen Unterschied, dass die kollektiven Normen der später feststellbaren Wahrheit sehr nahekommen. Wissen können dies während des Skandals jedoch in der Regel nur wenige. Deshalb repräsentieren auch in solchen Fällen die selbstgewissen Urteile nichts anderes als den starken Glauben an die eigene Sichtweise.

Im Laborexperiment entwickeln sich allgemein verbindliche Urteilsnormen innerhalb einiger Minuten. Bei der Skandalisierung eines Missstandes verläuft dieser Prozess langsamer, im Vergleich zum normalen Verlauf der öffentlichen Meinungsbildung jedoch meist sehr schnell. Analysiert man die wertenden Aussagen für und gegen eine skandalisierte Person in der Presse und trägt die Ergebnisse auf einer Zeitachse ab, bewegen sich die Äußerungen – einem liegenden V gleich – innerhalb weniger Tage aufeinander zu. Die Urteile der Verteidiger der Skandalisierten gleichen sich den extremen Urteilen der Skandalisierer zunehmend an, während diese häufig etwas moderater werden. Treffen sich beide im negativen Bereich, ist der Skandalisierungsversuch gelungen. Bei der erfolgreichen Skandalisierung der Flugreisen von Ministerpräsident Späth stand das Urteil in den Medien nach etwa zwölf Tagen fest: Er hatte nach der dominierenden Meinung schwer gefehlt und musste zurücktreten.[2] Zwischen den ersten Angriffen auf Bundesbankpräsident Welteke und seinem Rücktritt am 16. April 2004 vergingen ebenfalls etwa zwei Wochen. In Einzelfällen wie bei der Skandalisierung von Werner Höfer wegen eines Kommentars im Dritten Reich[3] und der Skandalisierung der Hoechst AG wegen des Aus-

2 Vgl. Kepplinger, Hans Mathias: Am Pranger. Der Fall Späth und der Fall Stolpe. In: Wolfgang Donsbach / Otfried Jarren / Hans Mathias Kepplinger / Barbara Pfetsch (Hg.): Beziehungsspiele. Medien und Politik in der öffentlichen Diskussion. Gütersloh 1993, S. 159–220.

3 Vgl. Eps, Peter / Hartung, Uwe / Dahlem, Stefan: Von der Anprangerung zum Skandal. Konsensbildung im Fall Werner Höfer. In: Otfried Jarren / Heribert Schatz / Hartmut Weßler (Hg.): Medien und politischer Prozess.

tritts von ortho-Nitroanisol[4] verlief die Normbildung sogar noch schneller. Hier genügten ca. drei bis sieben Tage: Höfer erschien als Leiter des Internationalen Frühschoppens untragbar und musste gehen, ortho-Nitroanisol erschien als gefährliches Gift, und die Hoechst AG führte einschneidende Sanierungsmaßnahmen durch. Noch schneller verläuft die Skandalisierung von Missständen, die als akute Bedrohung der Allgemeinheit erscheinen. Ein Beispiel hierfür ist die Skandalisierung des Nematoden-Befalls von Fischen, die nur knapp einen Tag benötigte. Dann stand das Urteil innerhalb und außerhalb der Medien weitgehend fest. Der Absatz von Fischen aus der Nordsee brach zusammen.[5] Ähnlich schnell verlief die Skandalisierung des Hühner- und Schweinefutters, der Gurken aus Spanien sowie von Lipobay und Vioxx – dies geschah praktisch über Nacht.

Befördert wird die beschriebene Art der Urteilsbildung der Bevölkerung durch eine Eigenart der Berichterstattung der Medien über negative Ereignisse aller Art – die nahezu vollständige Vernachlässigung ihrer relativen Häufigkeit. Ein Beispiel hierfür ist der Umgang mit BSE-Erkrankungen von Rindern.[6] In Deutschland wurden von Dezember 2000 bis Ende 2001 von 2,8 Millionen getesteten Rindern insgesamt 131 Rinder positiv getestet. Die Wahrscheinlichkeit, dass ein Rind an BSE litt, betrug folglich 1 : 22.400. Dies entspricht 0,004 Prozent der Rinder und war folglich extrem gering. Wie haben die deutschen Medien darüber berichtet? Die *Frankfurter Allgemeine Zeitung*, die *Süddeutsche Zeitung*, *Bild*, *Spiegel*, *Stern* und *Focus* haben von Anfang Dezember 2000 bis Anfang April 2001 insgesamt 487 Beiträge zum Thema BSE und CJK/vCJK, die damit verbundenen

---

Politische Öffentlichkeit und massenmediale Politikvermittlung im Wandel. Opladen 1996, S. 103–118.

4 Vgl. Kepplinger, Hans Mathias / Hartung, Uwe: Störfallfieber.

5 Vgl. Kepplinger, Hans Mathias: Ereignismanagement. Wirklichkeit und Massenmedien. Zürich 1992.

6 Vgl. zum Folgenden Kepplinger, Hans Mathias: Der Umgang der Medien mit Ungewissheit. In: Derselbe: Realitätskonstruktionen. Wiesbaden 2011, S. 99–115. Zur Wirkung der Konzentration auf Einzelfälle siehe Daschmann, Gregor: Der Einfluss von Fallbeispielen auf Leserurteile. Experimentelle Untersuchungen zur Medienwirkung. Konstanz 1999.

menschlichen Erkrankungen, veröffentlicht. Angaben über den Anteil der positiv getesteten Rinder fanden sich in 1 Prozent ihrer Beiträge. Informationen über die Zahl der in Deutschland registrierten Fälle von vCJK enthielt 1 Prozent der Beiträge. Angaben über die Wahrscheinlichkeit der Erkrankung an vCJK durch den Verzehr von Rindfleisch in Deutschland fanden sich in 3 Prozent. Angesichts der wenigen Beiträge, die überhaupt Risikoinformationen enthielten, kann man die Frage vernachlässigen, ob sie dem damaligen Stand der Kenntnisse entsprachen. Zu einem eigenen, rationalen Urteil und entsprechenden Handlungskonsequenzen war die Bevölkerung deshalb kaum in der Lage. Es blieb ihr nur die Orientierung an der angstgetriebenen und angsttreibenden sozialen und medialen Umwelt.

Im Experiment wie im Skandal erliegen die Urteilenden ähnlichen Irrtümern. In beiden Situationen erleben die Einzelnen die Annäherung ihrer Urteile als Beleg dafür, dass ihre Ansichten richtig sind. Zur Gewissheit wird diese Einschätzung, wenn sich die Gruppennorm so verfestigt hat, dass alle zum gleichen Urteil kommen. Trotzdem glaubt auch bei Skandalen jeder, er urteile unabhängig von den anderen – sozusagen aus eigener Einsicht. Jeder betrachtet sich fälschlich als autonome Person. Tatsächlich sind die Einzelnen Opfer der *Illusion der autonomen Urteilsbildung*: Was sie für ein individuelles Urteil halten, ist Ausdruck einer sich selbst bestärkenden Glaubensgemeinschaft. Diese Illusion ist eine Ursache der Entschiedenheit, mit der die Sichtweisen in einem Skandal verteidigt werden. Der Zweifel anderer erscheint als Zweifel an ihrer eigenen Urteilsfähigkeit und damit als Angriff auf die eigene Person. Deshalb haben auch nach dem Abklingen eines Skandals die meisten Personen kein Interesse an der Berichtigung falscher Behauptungen. Sie würde ihr Urteil als das entlarven, was es ist – als Nachvollzug medialer Vorgaben. Während eines Skandals, wenn man sich der Revision durch Desinteresse kaum entziehen kann, werden die verfestigten Sichtweisen nur durch Beweise erschüttert, die man unter keinen Umständen leugnen kann.

Im Experiment wie im Skandal sind die Urteilenden davon überzeugt, dass sie mit ihren Aussagen den Sachverhalt beschreiben – die „Bewegung" des Lichtpunktes im Experiment, die Größe des Umweltschadens oder das Ausmaß der politischen Verfehlung im Skandal. Tatsächlich sind sie Opfer eines *essentialistischen Trugschlusses*: Was sie für ihr Urteil über die Natur der Sache halten, ist in Wirklichkeit Ausdruck einer gruppen- oder landesspezifischen Sichtweise. Die Urteile charakterisieren weniger das Objekt der Aussagen als die Normen ihrer Urheber. Wer eine Überschwemmung mit zehn Toten als Katastrophe bezeichnet, sagt nichts über das Geschehen aus, aber viel über seine eigenen Maßstäbe. Dies ist den Urteilenden allerdings selten bewusst. So glaubten beispielsweise die Redakteure des *Stern*,[7] die 1986 den Brand bei Sandoz in Basel auf der Titelseite ihres Blattes als „Tschernobyl am Rhein" bezeichneten, vermutlich wirklich, dass es sich um einen Unfall mit ähnlichen Dimensionen handelte. Tatsächlich gaben sie nur der apokalyptischen Sichtweise Ausdruck, die sich vor dem Hintergrund des Reaktorunfalls in der Ukraine entwickelt hatte und durch die dramatischen Aufnahmen vom Unfallort in Basel scheinbar bestätigt wurde. Ähnlich verhielt es sich bei den Berichten in zahlreichen deutschen Medien über die Reaktorkatastrophe 2011 in Fukushima, Japan, die sie nicht als Folge einer nur dort möglichen Kombination von Ursachen darstellten, sondern als Beleg für die generelle Unbeherrschbarkeit der Nukleartechnologie. Für die Verfasser dieser Berichte und die Mehrheit ihrer Kollegen bestätigte die Katastrophe in Japan nur, was sie schon immer behauptet und befürchtet hatten, aber nie so klar „beweisen" konnten.

Die Macht etablierter Sichtweisen erklärt, weshalb hiesige Skandale vom Ausland her betrachtet häufig eher kurios als empörend erscheinen: Dort haben sich die Normen – die allgemein geltenden Sichtweisen – nicht etabliert, weil die Missstände keine herausragenden Themen waren. Folglich ist, aus der Distanz betrachtet, kaum nachvollziehbar, warum man hier so empört auf einen Missstand reagiert. Nicht der Missstand macht den Skandal aus, sondern die kollektive Sichtweise. Dagegen könnte man einwenden, dass der Missstand die Bevölkerung in dem Land, in dem er besteht, stärker bedroht, weshalb sie auch intensiver reagiert. Dies trifft meist zu, geht jedoch – wie die Vermutung über die Ursache von gescheiterten Richtigstellungen

7 Vgl. den *Stern*, 13. November 1986.

– am Kern der Problematik vorbei. Einen Beleg hierfür liefern die Reaktionen auf die geplante Versenkung der Brent Spar. Sie hätte die britischen Gewässer und Küsten aufgrund der räumlichen Nähe ökologisch viel eher bedroht als die deutschen, führte dort aber nicht zu einem Skandal – nicht weil die objektiven Fakten dagegensprachen, sondern weil das „richtige Bewusstsein" fehlte. Einen neueren Beleg liefern die Reaktionen auf den Reaktorunfall von Fukushima als Folge des Seebebens und des dadurch ausgelösten Tsunami in Japan. Auch hierbei ist nicht der Missstand bzw. die reale Gefährdung die Ursache der Skandalisierung der Kernenergie in Deutschland, sondern eine in Deutschland in Jahrzehnten etablierte Sichtweise.[8] Tatsächlich war die Gefahr, die von den deutschen Kernkraftwerken ausging, aufgrund ihres Sicherheitsstandards geringer als in den anderen Ländern. Trotzdem waren die Ängste hier größer und die Entscheidungen weitreichender als dort. Auch hier waren nicht die intersubjektiv feststellbaren Fakten die Ursachen der Reaktionen, sondern das „richtige" Bewusstsein.

Martin Walser, der während der skandalisierten Gedenkrede von Bundestagspräsident Jenninger im Jahr 1988 im Ausland war, hat diesen Unterschied zwischen Innen- und Außensicht erlebt und anschaulich beschrieben. Als er die Rede Jenningers gelesen habe, so Walser, habe er „nicht begriffen, warum der Präsident des Deutschen Bundestages wegen dieser Rede so senkrecht hinabgestürzt wurde wie kein anderer Politiker seit 1945. Offenbar musste man, um die Erledigung einer Person zu verstehen, die Kassette anschauen. Die Zuhörer haben durch ihre Reaktionen den Skandal bewirkt. Unverabredet und als lauter ehrenwerte, höchst anständige Zeitgenossinnen und Zeitgenossen. Eine Art unwillkürlicher politisch-moralischer Lynchstimmung muss da aufgekommen sein. Dass die Fragen, die diese Stimmung produzierten, rhetorische Fragen waren, … das merkte im Correct-

8 Vgl. hierzu Kepplinger, Hans Mathias: Die Konstruktion der Kernenergiegegnerschaft. In: Derselbe: Realitätskonstruktionen. Wiesbaden 2011, S. 205–232.

ness-Rausch des Augenblicks niemand mehr …“.[9] Einige Jahre später, bei der Skandalisierung seines satirischen Romans „Tod eines Kritikers“ als antisemitisches Machwerk, konnte er die psychischen und physischen Folgen einer solchen Stimmung an sich selbst erleben. Damals gingen die rhetorischen und satirischen Elemente seines Romans in den empörten, allerdings wohl nicht ganz unverabredeten Reaktionen von ehrenwerten und höchst anständigen Rezensenten und Kommentatoren unter.

9 Vgl. Walser, Martin: Öffentliches Gewissen und deutsche Tabus. In: *Die politische Meinung*, 302/1995, S. 15–23.

3. Die Etablierung von Schemata

Leser, Hörer und Zuschauer von aktuellen Berichten nehmen die einzelnen Informationen in Medienbeiträgen nicht isoliert wahr und leiten daraus ihre Vorstellungen und Meinungen ab, sondern orientieren sich an einigen Schlüsselinformationen, die den Gesamtsinn vorgeben, und interpretieren die anderen Informationen entsprechend dem vorgegebenen Schema. Dies bedeutet auch, dass sie schemagerechte Informationen besser behalten als schemafremde, dass sie neutrale Informationen schemagerecht deuten und dass sie glauben, schemagerechte Informationen gelesen, gesehen oder gehört zu haben, die die Beiträge überhaupt nicht enthalten haben.[1] Dies trifft nicht nur auf die Mediennutzung zu, sondern auch auf die Alltagskommunikation. Ein beliebtes Beispiel für eine schemageleitete Informationsverarbeitung ist folgende Situationsbeschreibung: „Peter ging in ein Restaurant und setzte sich an einen Tisch. Nachdem der Keller gekommen war, bestellte er ein Bier." Jeder wird annehmen, dass Peter das Bier bestellt hat. Das wurde aber nicht gesagt bzw. steht nicht da. Theoretisch könnte auch der Kellner das Bier bestellt haben. Unsere Interpretation der Beschreibung – der Sinn der Aussagen und unser Verständnis des beschriebenen Geschehens – folgt demnach nicht nur aus den vermittelten Informationen, sondern auch aus einiger Schlüsselinformation – dem Wort „Kellner"– und unserem Wissen über die Tätigkeit eines Kellners.

Von den „Medienframes" – Schemata, die die Medien vorgeben – muss man die „Publikumsframes" unterscheiden – Schemata, die das Publikum bereits mitbringt.[2] Bei den Publikumsframes handelt es sich jedoch häufig nicht um eigenständige Wirkfaktoren. Vielmehr

1 Vgl. Brosius, Hans-Bernd: Alltagsrationalität und Nachrichtenrezeption. Ein Modell zur Wahrnehmung und Verarbeitung von Nachrichteninhalten. Opladen 1995.

2 Vgl. Scheufele, Dietram A.: Framing as a Theory of Media Effects. In: *Journal of Communication*, 49/1999, S. 103–122.

sind sie häufig selbst schon eine Folge von früheren Medienberichten.[3] Aufgrund der schemageleiteten Rezeption gehen das Verständnis der Informationen und ihre Wirkung über den manifesten Gehalt der Informationen hinaus, weil die Rezipienten daraus Folgerungen ableiten. Dies geschieht jedoch nicht willkürlich, sondern wird von der Art des Informationsangebotes auf z. T. subtile und von den Rezipienten kaum durchschaubare Weise gesteuert. Das kann durch den Gebrauch von sprachlichen Mitteln und durch den Einsatz von Bildern und Grafiken geschehen.

Ein gut untersuchtes Beispiel hierfür ist die Berichterstattung von *Time* und *Newsweek* über den Abschuss eines koreanischen Verkehrsflugzeugs am 1. September 1983 durch einen sowjetischen Kampfjet sowie den Abschuss eines iranischen Verkehrsflugzeugs am 3. Juli 1988 durch eine Rakete eines amerikanischen Kriegsschiffs.[4] In beiden Fällen wurden fast 300 Menschen getötet. *Time* und *Newsweek* vermittelten nach dem Abschuss des koreanischen Verkehrsflugzeugs durch Fotomontagen den Eindruck, die sowjetische Maschine sei dem koreanischen Verkehrsflugzeug so nahe gewesen, dass der Pilot genau erkennen konnte, dass er ein Verkehrsflugzeug vor sich hatte. Beide Blätter verstärkten diesen Eindruck durch grafische Rekonstruktionen in ihren Innenteilen. In ihren Textbeiträgen charakterisierten sie den Abschuss als Angriff und gingen umfangreich auf seine Opfer ein. Nach dem Abschuss eines iranischen Verkehrsflugzeugs durch eine amerikanische Rakete vermittelte *Newsweek* dagegen auf seiner Titelseite durch das Foto einer startenden Rakete den Eindruck, dass die Rakete zu einem unbekannten Ziel jenseits der Bildgrenzen flog. *Time* erwähnte den Abschuss auf seiner Titelseite nur am Rande. Beide Blätter zeigten in ihren Innenteilen anhand von Grafiken und Fotos amerikanische Soldaten vor komplexen Geräten und charakterisier-

3 Vgl. Kepplinger, Hans Mathias: Verarbeitung von Fernsehnachrichten. In: Derselbe: Medieneffekte. Wiesbaden 2010, S. 85–104.

4 Vgl. zum Folgenden Entmann, Robert M.: Framing U.S. Coverage of International News. Contrast in Narratives of KAL and Iran Air Incidents. In: *Journal of Communication*, 41/1991, S. 6–27.

ten in ihren Textbeiträgen den Abschuss als eine Tragödie. Auf die Opfer in dem abgeschossenen Flugzeug gingen sie kaum ein.

Die beiden Nachrichtenmagazine, die hier exemplarisch für mehrere andere amerikanische Medien stehen, haben bei ihrer Berichterstattung über den Abschuss des koreanischen Verkehrsflugzeugs ein Täter-Schema präsentiert und entsprechende Interpretationen des Geschehens durch ihre Rezipienten vorbereitet: Der Kampfpilot wusste, was er tat, und ist deshalb für seine Tat voll verantwortlich. Dieser Eindruck wurde durch die Emotionen verstärkt, die die Spekulationen über die Opfer seines verantwortungslosen Verhaltens hervorriefen. Bei ihrer Berichterstattung über den Abschuss eines iranischen Verkehrsflugzeugs haben sie dagegen ein Opfer-Schema präsentiert und eine dementsprechende Interpretation des Geschehens vorbereitet: Die Marinesoldaten wussten nicht, welches Flugzeug sie vor sich hatten, sondern wurden selbst Opfer komplexer technischer Zusammenhänge. Dieser Eindruck wurde durch Emotionen, die Spekulationen über die Opfer ihres Irrtums hätten auslösen können, kaum gestört, weil die Opfer allenfalls am Rande erwähnt wurden. Damit kann man feststellen: Die Medien skandalisierten durch ihre verbale und visuelle Darstellung auf subtile Weise den Abschuss des koreanischen Verkehrsflugzeugs, nicht jedoch den Abschuss des iranischen Verkehrsflugzeugs – obwohl es sich in beiden Fällen um ähnliche Vorfälle gehandelt hat.

Schemata oder Frames besitzen vor allem dann einen erheblichen Einfluss, wenn sie am Beginn der Berichterstattung präsentiert werden, klare Deutungsmuster vorgeben und zumindest zunächst unwidersprochen bleiben. Deshalb kommt es für die Skandalisierer von Missständen darauf an, ihre Sichtweisen so schnell wie möglich öffentlich durchzusetzen – am besten bevor der Missstand selbst allgemein bekannt wird. Ein Beispiel hierfür hat die Weltgesundheitsorganisation (WHO) geliefert, bevor die Gefahr durch die Schweinegrippe allgemein bekannt wurde. Ursprünglich handelte es sich bei einer infektiösen Krankheit per definitionem nur dann um eine Pandemie, wenn ein großer Anteil der Erkrankten stirbt. Danach wäre die Schweinegrippe keine Pandemie gewesen. Da die WHO im Mai 2009 den Hinweis auf die Sterblichkeitsrate aus der Definition gestrichen hat, wurde die Schweinegrippe aber aufgrund anderer Eigenschaften per definitionem zu einer Pandemie, was weitreichende Warnungen und Vorbereitungen ermöglichte sowie entsprechende Sorgen und Ängste auslöste – etwa bei der Planung von Urlaubsreisen nach Mexiko.[5] Ein Beispiel für die erfolgreiche Schemabildung im Vorfeld des Geschehens ist auch Frank Schirrmachers offener Brief an Martin Walser, in dem er dessen neuen Roman „Tod eines Kritikers" als ein „Dokument des Hasses" bezeichnete, als antisemitisches Machwerk charakterisierte und deshalb einen Vorabdruck des Buchs in der *Frankfurter Allgemeinen Zeitung* ablehnte.[6] Damit hatte Schirrmacher, bevor die Leser eine Chance hatten, sich selbst ein Urteil zu bilden, ein Interpretations- und Diskussionsschema vorgegeben, das die Rezeption des Buches durch Rezensenten und andere Leser präformierte, zumal weitere Autoren die Sichtweise Schirrmachers in der *Frankfurter Allgemeinen Zeitung* bekräftigten und ausmalten.[7]

Im Skandal liegt die Chance der Überzeugungstäter. Die Skandalisierer sind meist zutiefst von der sachlichen Richtigkeit ihrer Sichtweisen und der moralischen Notwendigkeit ihres Engagements überzeugt. Sie betrachten ihre Aktivität auch dann als Dienst an der Sache, wenn die Skandalisierung nicht zuletzt ihnen selbst dient – ihrer Karriere, ihrem Einkommen, ihrem Ruf. Dabei gehen sie häufig strategisch vor: Sie planen den schrittweisen Aufbau ihrer Anklagen, entwickeln schlagkräftige Etiketten („Amigo-Affäre", „Störfall-Serie", „Vettern-Affäre", „Datenlöschtage", „Todesdrängler"), suchen Allianzen mit ähnlich Gesinnten in verschiedenen Medien und spielen sich, für die Öffentlichkeit kaum erkennbar, gegenseitig die Bälle zu. Scheitern ihre ersten Skandalisierungsversuche am Desinteresse der Medien oder des Publikums, lassen sie sich davon kaum entmutigen. Stattdessen suchen sie nach erfolgreicheren Schlagworten, Argumenten und Strategien. Dabei haben sie nicht selten Erfolg – wie die erst

5 Vgl. *Spiegel online*, 18. Juli 2009.

6 Vgl. *Frankfurter Allgemeine Zeitung*, 29. Mai 2002.

7 Vgl. u. a. den Beitrag von Reemtsma, Jan Philipp in der *Frankfurter Allgemeinen Zeitung*, 27. Juni 2002.

im zweiten Anlauf erfolgreichen Skandalisierungen von Müller-Milch und Birkel-Nudeln belegen.[8]

Journalisten übernehmen die skandalträchtigen Perspektiven vielfach von Skandalisierern im vormedialen Raum – von einzelnen Personen wie Geißler bei der Skandalisierung von Kohl, wie dem Rektor des Canisius-Kolleg in Berlin, Pater Mertes SJ, bei der Skandalisierung des sexuellen Missbrauchs von Kindern in kirchlichen Organisationen, wie dem Bremer Professor Fischer-Lescano bei der Skandalisierung von zu Guttenberg; von Organisationen wie Greenpeace bei der Skandalisierung der Versenkung der Brent Spar; und von informellen Gruppen, hinter denen jedoch auch oft einzelne Aktivisten stehen, wie der Internetaktivist Martin Heidingsfelder bei der Skandalisierung von Silvana Koch-Mehrin. Vielfach entstehen die skandalträchtigen Sichtweisen auch in den Medien, wie im Falle der Skandalisierung von Werner Höfer und Eva Herman. Gelegentlich spielen Akteure im vormedialen Raum und einige Journalisten so eng zusammen, dass sich kaum entscheiden lässt, von wem die skandalträchtige Perspektive stammt. Ein Beispiel hierfür ist die Skandalisierung der Firma Müller-Milch durch den Abgeordneten der Grünen im Bayerischen Landtag, Kamm, und den Journalisten Wittmann.[9] Ein neueres Beispiel hierfür ist das Zusammenwirken der anonymen Rechercheure und Journalisten mehrerer Medien bei der Skandalisierung von mehreren Politikern – zu Guttenberg, Koch-Mehrin und Chatzimarkakis. Die Tatsache, dass sich der Anteil der verschiedenen Akteure kaum bestimmen lässt, ist jedoch für ihren Erfolg unwichtig, weil die Chancen einer Skandalisierung letztlich von den Journalisten abhängen. Wenn sie nicht mitspielen, bleibt jeder Skandalisierungsversuch aus dem vormedialen Raum erfolglos.

In den meisten Fällen sieht man nur die Journalisten, die die berechtigten, überzogenen oder verfehlten Vorwürfe gegen Personen oder Organisationen in die Öffentlichkeit tragen. Den Anlass zur

8 Vgl. Kepplinger, Hans Mathias / Hartung, Uwe: Am Pranger. Eine Fallstudie zur Rationalität öffentlicher Kommunikation. München 1993.
9 Vgl. Kepplinger, Hans Mathias / Hartung, Uwe, ebd.

Skandalisierung des Bundesbankpräsidenten Welteke bildeten mehrere anonyme Schreiben, die in Berlin aufgegeben und an den *Spiegel* adressiert waren. Auch bei der seriellen Skandalisierung des Vorstandsvorsitzenden der Bundesagentur für Arbeit, Florian Gerster, wurden einzelnen Medien wiederholt belastende Unterlagen zugespielt. In diesen wie in den meisten anderen Fällen bleiben die treibenden Kräfte dahinter ebenso im Dunkeln wie ihr Beitrag zur Etablierung skandalträchtiger Sichtweisen. Dies war bei der Skandalisierung der Versenkung der Brent Spar anders. Weil es hier zwei deutlich getrennte Phasen gab, lässt sich modellhaft der Einfluss einer skandalträchtigen Sichtweise auf die nachfolgende Berichterstattung verfolgen. In der ersten Phase konnte Greenpeace weitgehend ungestört seine Sichtweise verbreiten, in der zweiten Phase wirkte sich das dadurch etablierte Schema auf die Berichterstattung über die von der Deutschen Shell AG verbreitete Sichtweise aus.

Die erste Phase begann am 30. April 1995 mit einer Presseerklärung von Greenpeace. Dort hieß es unter der Überschrift „Greenpeace besetzt Shell-Ölplattform in der Nordsee": „Im Tank und in den Rohrleitungen der ‚Brent Spar' lagern über 100 Tonnen Giftschlamm aus einem Cocktail von Öl, chlorhaltigen Substanzen wie PVC und PCB, sowie Schwermetallen wie Arsen, Cadmium und Blei. Darunter sind auch 30 Tonnen radioaktiver Abfall." Am Ende der Presseerklärung bot Greenpeace an: „Weitere Fragen beantworten Ihnen: Greenpeace-Experte Roland Hipp und Pressesprecher Fouad Hamdan … Achtung TV- und Radio-Redaktionen: Rufen Sie uns an, wenn Sie mit Jörg Naumann … reden wollen. Beta-SP-Bilder von der Aktion erhalten Sie bei *RTR TV* oder *WTN* in London." Damit hatte sich Greenpeace als kundige, auskunftswillige und, wie sich bald herausstellte, für lange Zeit konkurrenzlose Quelle etabliert.[10]

In den folgenden elf Wochen gab Greenpeace 23 Presseerklärungen heraus. Jede dieser Presseerklärungen enthielt Angebote für zusätzliche Informationen sowie aktuelle Foto- und Fernsehaufnahmen.

10 Vgl. Mikalsen, Yngve: Der Einfluss von Schemata auf die Akzeptanz von PR-Meldungen am Beispiel Brent Spar. Mainz 1998 (unveröffentlichte Magisterarbeit).

Sie lieferten auch die Deutungsmuster, die die Vorstellungen der Journalisten, ihre Darstellung des Geschehens und dessen Wahrnehmung durch die Bevölkerung prägten. Ein Beispiel hierfür ist der Vergleich der Versenkung der Brent Spar mit der Versenkung eines Schrottautos durch einen Normalbürger. Die angebotene Sichtweise – das Schema – lautete: „Wir da unten, die da oben." Ein weiteres Beispiel ist die Behauptung, Shell gehe nur aus Kostengründen nicht auf die Forderungen von Greenpeace ein. Das Schema war hier: „Egoistische Profitgier versus altruistischer Umweltschutz." Einige Presseerklärungen dienten vor allem der Dramatisierung des Geschehens. Dies geschah durch Foto- und Fernsehaufnahmen sowie durch die wiederholte Behauptung, bei der Versenkung der Brent Spar handle es sich um einen Präzedenzfall, der nur die Spitze eines Eisberges sichtbar mache. Dazu wurde die Gefahr der Versenkung einer anderen Plattform, des „Giganten Troll", beschworen, gegen die die Brent Spar eine „relativ kleine Ölplattform" war. Den gleichen Effekt hatte der korrekte Hinweis auf den „radioaktiven Abfall", dessen Gefahrenpotenzial aber im Dunkeln blieb, weil keine konkreten Angaben gemacht wurden.

Die zweite Phase begann am 16. Juni 1995 – sieben Wochen nach der ersten Presseerklärung von Greenpeace. An diesem Tag reagierte die Deutsche Shell AG zum ersten Mal mit einer eigenen Presseerklärung auf die Presseerklärungen von Greenpeace und beschrieb dabei den Sachverhalt ganz anders. Laut Shell bestanden erhebliche „Sicherheitsrisiken [bei] einer Landentsorgung": „Die Belastung des Meeresbodens [durch die Versenkung] wurde von unabhängigen Meeresbiologen als vernachlässigbar gering eingestuft. […] Die im Höchstfall verbleibenden 100 Tonnen feste Rückstände bestehen zu 90 % aus Sand und zu 10 % aus bitumenähnlichen Rohölrückständen…. Die Intensität der [radioaktiven] Strahlung entspricht […] derjenigen von Häuserfassaden oder Gehwegplatten aus Granit."

Die publizistische Resonanz der Presseerklärung der Deutschen Shell AG war aus Sicht des Unternehmens verheerend: Die Darstellung des Sachverhaltes wurde überwiegend nicht oder nur abwertend wiedergegeben. Ein Beispiel dafür sind die *Kieler Nachrichten*. Das Blatt hatte am 10. Mai die Angaben von Greenpeace mit Quellenhinweis und ohne sprachliche Relativierungen als Tatsachen gebracht: „Nach Angaben von Greenpeace lagern [nicht: „lagerten"] in Tanks und Rohrleitungen des Shell-Wracks noch etwa 100 Tonnen Giftschlamm und mehrere tausend Kubikmeter verseuchtes Wasser." Am 16. Juni berichtete das Blatt über die Stellungnahme der Deutschen Shell AG dagegen nur distanzierend auf der Grundlage der Darstellung von Greenpeace: Nach Aussage von Shell „seien [nicht: „sind"] von den angeblich 100 Tonnen giftigen Schlamms, die nach Angaben von Greenpeace durch die Versenkung der ‚Brent Spar' ins Meer gelangen" [nicht: „gelangten"] der größte Teil Sand. Der Rest bestehe [nicht: „besteht"] aus Ölrückständen, wie sie auch im Straßenbelag enthalten seien [nicht: „sind"]. Und die radioaktiven Rückstände? Die gleiche Menge könne [nicht: „kann"] man auch im Granit der Häuser … " finden. Vor dem Hintergrund der im Indikativ berichteten Sichtweise von Greenpeace erschien die in der indirekten Rede präsentierte Stellungnahme von Shell als fragwürdige Meinung. Den Abschluss bildete der Generalverdacht, Shell wolle beschwichtigen statt berichtigen: „Für alles hat Shell eine beruhigende Antwort parat."

Der Grund für den Fehlschlag der Presseerklärung von Shell lag nicht darin, dass sie falsche Informationen enthielt. Die Informationen waren richtig. Der Hauptgrund lag darin, dass die Informationen im krassen Widerspruch zu den längst etablierten Schemata standen. Ein weiterer Grund bestand darin, dass sie den Überzeugungen der meisten deutschen Journalisten widersprachen. Bereits Ende der Achtzigerjahre waren weit mehr als zwei Drittel der deutschen Journalisten der Überzeugung, dass „der Umweltschutz … Vorrang vor wirtschaftlichen Interessen haben" sollte. Von den Journalisten, die sich politisch „rechts" einstuften, sahen das 72 Prozent so, von jenen, die sich als „links" bezeichneten, sogar 86 Prozent.[11] Dieser weitverbreiteten Sichtweise gaben die Presseerklärungen von Greenpeace vorzüglich Ausdruck. Dagegen ließen sie die Pläne von Shell als Beleg für die Notwendigkeit des Misstrauens gegen Großunternehmen

11 Vgl. Kepplinger, Hans Mathias: Entwicklung und Messung politischer Einstellungen von Journalisten. In: Derselbe: Journalismus als Beruf. Wiesbaden 2011, S. 129–148.

erscheinen. Folglich hielten die meisten Journalisten die Informationen von Shell in hohem Maße für unglaubwürdig. In der alles entscheidenden Phase des Konfliktes vom 17. bis 22. Juni 1995 entsprachen 93 Prozent aller relevanten Aussagen den von Greenpeace etablierten Sichtweisen. Shell besaß folglich damals keine Chance, die eigene Sichtweise erfolgreich zu verbreiten. Das Unternehmen konnte sie erst dann besser zur Geltung bringen, als der Konflikt entschieden war: In der Nachhallphase vom 23. Juni bis 9. September 1995 reflektierten nur noch 53 Prozent aller Beiträge die von Greenpeace etablierten Sichtweisen. Allerdings war die Berichterstattung nun wesentlich weniger intensiv. Zudem interessierte das Thema die Bevölkerung weit weniger.[12]

Die Auswirkung skandalträchtiger Sichtweisen auf die Bevölkerung kann man anhand der Skandalisierung der anonymen Spenden an Kohl verfolgen. Erste Versuche zur Skandalisierung des Finanzgebarens der CDU gab es bereits im Sommer 1999. Sie blieben jedoch, weil sie bei anderen Medien kaum Anklang fanden, erfolglos. Dies änderte sich schlagartig, als bekannt wurde, dass der frühere Schatzmeister der CDU, Walther Leisler Kiep, von Karlheinz Schreiber eine Million DM in einem Koffer erhalten hatte und mit Haftbefehl gesucht wurde. Ihre einzigartige Wucht erhielten die Vorwürfe gegen die CDU jedoch erst dadurch, dass sich einige prominente CDU-Politiker an die Spitze der Skandalisierer setzten. Den Auftakt bildete ein Bericht der *Süddeutschen Zeitung* vom 26. November 1999, wonach Helmut Kohl Landesverbände der CDU und einzelne Politiker mit Geld aus schwarzen Kassen unterstützt habe. Zur Sensation geriet diese Meldung, als Heiner Geißler im *WDR*-Mittagsmagazin erklärte, die Darstellung des Blattes sei „im Wesentlichen richtig".[13] Die Folge war eine

12 Vgl. Berens, Harald: Prozesse der Thematisierung in publizistischen Konflikten. Ereignismanagement, Medienresonanz und Mobilisierung der Öffentlichkeit am Beispiel von Castor und Brent Spar. Wiesbaden 2001.

13 Leyendecker, Hans: Helmut Kohl, die CDU und die Spenden. Eine Fortsetzungsgeschichte. In: Hans Leyendecker / Heribert Prantl / Michael Stiller (Hg.): Helmut Kohl, die Macht und das Geld. Göttingen 2000, S. 198.

Welle von Vorwürfen und Forderungen von führenden CDU-Politikern an die Adresse von Kohl.

Die Äußerungen der „Aufklärer" in der CDU, wie sie vor allem von links-liberalen Medien anerkennend genannt wurden, besaßen vier Argumentationsstränge. Den ersten Strang bildete die Forderung, Kohl solle die anonymen Spender nennen. Nachdem Geißler am 5. Dezember in der *Frankfurter Allgemeinen Sonntagszeitung* Kohl aufgefordert hatte, Auskunft über die „Herkunft und Verwendung dieser Konten" zu geben, entwickelte sich dies zum zentralen Thema der CDU-Führung. Der zweite Strang war die Ämterdiskussion. Die Grundlage hierfür bildete am 22. Dezember ein Artikel von Angela Merkel in der *Frankfurter Allgemeinen Zeitung*. Darin schrieb sie, es sei von Kohl vielleicht „zu viel verlangt, von heute auf morgen alle Ämter niederzulegen [und] sich völlig aus der Politik zurückzuziehen". Schon damals ging es Merkel um „alle Ämter", offen war nur noch der Zeitpunkt. Beides wurde schrittweise konkretisiert. Am 18. Januar forderten Präsidium und Vorstand der CDU Kohl auf, sein Amt als Ehrenvorsitzender ruhen zu lassen, bis er die Spender genannt habe.

Den dritten Strang bildete die Schadensdiskussion. Ihre Grundlage war die Forderung des Präsidiums vom 22. Dezember, Kohl müsse die Namen der Spender nennen, weil es keine andere Möglichkeit gebe, „Schaden von der Partei abzuwenden". Am gleichen Tag hatte Merkel in dem bereits erwähnten Artikel behauptet, es gehe nicht nur um einen finanziellen Schaden in „Millionenhöhe", sondern auch um den immateriellen – „um die Glaubwürdigkeit Kohls, … um die Glaubwürdigkeit der CDU, … um die Glaubwürdigkeit politischer Parteien insgesamt". Den vierten Strang und den thematischen Höhepunkt bildete die Kriminalisierung von Kohl. Ende November 1999 sprach Geißler in dem bereits erwähnten *WDR*-Interview von „schwarzen Konten" der CDU. Mitte Januar behauptete der CDU-Abgeordnete Eylmann, Kohl befände sich im Zustand des „permanenten Verfassungsbruchs".[14] Wenige Tage später äußerte Geißler, Kohls Schweigen wecke den Verdacht, die CDU sei in „Straftaten

14 *Frankfurter Allgemeine Zeitung*, 18. Januar 2000.

organisierter Kriminalität" verwickelt.[15] Am 4. Februar behauptete Merkel, nach den Aussagen der ehemaligen CDU-Mitarbeiter Horst Weyrauch und Uwe Lüthje gegenüber dem CDU-Bundesgeschäftsführer sei das „Kartell des Schweigens" durchbrochen.[16] Am darauf folgenden Wochenende antwortete sie in der *Süddeutschen Zeitung* auf die Frage, ob Kohl Schäuble erpresst habe: „Ja, ich denke schon. Kohl hat immer versucht, alles auszureizen, was er an Erpressungspotenzial" gegen andere hat.[17] Einige Wochen später erklärte Schäuble, ohne Kohl explizit zu nennen, sein eigener Rücktritt sei die Folge einer „Intrige … mit kriminellen Elementen" gewesen. Dabei seien „immer neue Fährten aus dem Handbuch der konspirativen Desinformation" gelegt worden.[18]

Die Bevölkerung reagierte auf die Enthüllungen und Vorwürfe keineswegs mit spontaner Empörung.[19] Mitte November 1999 hatte die CDU laut Infratest dimap mit 49 Prozent die größte Akzeptanz ihrer jüngeren Geschichte verzeichnet. Danach gingen die Werte unter dem Einfluss der Berichte über die anonymen Spenden leicht zurück – auf 47 Prozent in der zweiten und 45 Prozent in der vierten Dezemberwoche. Auch in der ersten Januarwoche war die Zustimmung zur CDU noch ähnlich groß. Die Berichterstattung über die bis dahin bekannten Sachverhalte und ihre Bewertung hatten folglich noch keine starke Wirkung hinterlassen. Ab Mitte Januar erlebte die Union dann aber einen einmaligen Absturz in der Gunst der Wähler. Die Akzeptanz der CDU fiel von 43 Prozent Anfang Januar auf 31 Prozent Ende Februar. Im Sommer 2000 – nach achtmonatigen Attacken – war auch das Urteil über Kohls Schweigen umgedreht. Die Mehrheit, die zunächst noch Verständnis für Kohls Haltung gehabt hatte, war nun der Meinung, die CDU-Spitze sollte sich „weiter von Altkanzler Kohl distanzieren, wenn er die Spender nicht nennt".[20] Für die neue CDU-Führung war das

15 *Frankfurter Allgemeine Zeitung*, 20. Januar 2000.
16 *Frankfurter Allgemeine Zeitung*, 5. Februar 2000.
17 *Süddeutsche Zeitung*, 5./6. Februar 2000.
18 *Frankfurter Rundschau*, 3. April 2000.
19 Siehe hierzu auch Maier, Jürgen: Der CDU-Parteispendenskandal.
20 *Bild*, 15. Juni 2000.

Ergebnis nicht besser. Nach wochenlangen Forderungen und Bekenntnissen führender CDU-Politiker glaubten im Februar 2000 nach Angaben der *Süddeutschen Zeitung* nur 19 Prozent, die CDU sei dazu bereit, die Affäre vollständig aufzuklären, 79 Prozent bezweifelten dies.[21] Im gleichen Zeitraum war mehr als die Hälfte der Bevölkerung davon überzeugt, dass die CDU-Führung „durch ihr Verhalten alles nur noch schlimmer gemacht hat". Nahezu die Hälfte hatte den Eindruck, dass einige versucht hatten, „alles Kohl anzulasten, um von eigenen Fehlern abzulenken".[22]

Warum schenkte die Bevölkerung der CDU nicht wieder ihr Vertrauen, nachdem führende CDU-Politiker Kohl als Quelle aller Missstände ausgemacht und ausgeschaltet hatten? Ein wesentlicher Grund lag darin, dass die Parteiführung der CDU die Sichtweise der Skandalisierer übernommen und autorisiert hatte: Wenn die Betroffenen die Vorwürfe ihrer schärfsten Kritiker akzeptieren und gelegentlich noch übertreffen, dann müssen sie richtig sein. Zweifel daran wären logisch widersinnig und praktisch aussichtslos. Während den ersten Skandalisierern vor allem die Gegner der CDU geglaubt hatten, überzeugten die CDU-Politiker auch die Anhänger, Mitglieder und Mitarbeiter der Partei. Der Irrtum der neuen Parteiführung bestand in der Annahme, bei der Skandalisierung gehe es vor allem um Urteile über eng umgrenzte Sachverhalte. Tatsächlich geht es dabei jedoch um die Etablierung von Schemata. Sie werden intuitiv auf andere Fälle übertragen und lassen andersartige Einzelfälle auch dann ähnlich erscheinen, wenn sie mit dem eigentlichen Sachverhalt nichts zu tun haben. Folglich erschien nun jeder Finanzvorwurf gegen die CDU, gleich welcher Art und Größenordnung, als Beleg für ihre „Einsicht" in die Sache. Einem ähnlichen Irrtum ist die Bundesregierung unter Merkel bei ihrem überhasteten Beschluss zum Ausstieg aus der Kernenergie erlegen, weil es auch bei der Forderung danach in Teilen der Medien nicht nur um das Ende einer ungeliebten Energiequelle ging, sondern auch

21 *Süddeutsche Zeitung*, 19. Februar 2000.

22 Köcher, Renate: Einigkeit macht anziehend. Wie die Bevölkerung die Krise der CDU und die Schwierigkeiten der SPD beurteilt. In: *Frankfurter Allgemeine Zeitung*, 23. Februar 2000.

um das Ende einer ungeliebten Koalition von CDU/CSU und FDP. Alle negativen Folgen des Ausstiegs – Stromausfälle durch Spannungsschwankungen, Anstieg der Strompreise, Import von Atomstrom, Bau von Hochspannungsleitungen – werden deshalb vor allem den Unionsparteien angelastet und nicht den Parteien, die schon lange vorher den sofortigen Ausstieg aus der Kernenergie gefordert hatten.

4. Die Dramatisierung des Geschehens

Fast alle Skandale beruhen auf Dramatisierungen. Dramatisierungen sind eine Spezialität der Boulevardmedien, werden jedoch auch von anderen Medien betrieben, die mit Verweis auf die Boulevardpresse gerne von ihren eigenen Praktiken ablenken . Ein Beispiel ist die Skandalisierung von Ehec durch die in Mainz erscheinende *Rhein Main Presse.* Als die ersten Hinweise auf Ehec-Erkrankungen vorlagen, am 23. Mai 2011, veröffentlichte das Blatt die noch relativ nüchterne, aber schon alarmierende Kurzmeldung: „Lebensgefährlicher Darmkeim entdeckt". Danach ging es Schlag auf Schlag. Am 25. Mai titelte sie: „Ehec – die ersten Toten". Am 26. Mai lautete die Überschrift auf Seite 1 bereits: „Immer mehr schwere Ehec-Fälle". Am 28. Mai machte das Blatt mit der Schlagzeile auf: „Ehec breitet sich rasant aus". In der Unterzeile war zu lesen, dass es „jetzt schon sechs Tote" gab. Im Zeitraum von sechs Berichtstagen sterben in Deutschland nicht sechs, sondern durchschnittlich 250 bis 500 Menschen an Infektionen, die sie sich in Krankenhäusern zugezogen haben. Davon war in den erwähnten Artikeln aber nichts zu lesen.

Ein weiteres Beispiel ist die Dramatisierung des Brandes eines Transformators im AKW Krümmel am 28. Juni 2007 durch *n-tv* und *Sueddeutsche.de.* Fünf Tage danach, als längst klar war, dass der Vorfall kerntechnisch irrelevant war, behauptete *n-tv*, aufgrund des Brandes sei „es zu wesentlich weitgehenderen Störungen gekommen als bisher bekannt" wurde. Einen Tag darauf, am 4. Juli 2007, suggerierte *n-tv* mit der Behauptung, sie hätten „Auswirkungen auch auf das ‚Herz' des Atommeilers" gehabt, das Gegenteil dessen, was inzwischen bekannt war. *Sueddeutsche.de* verstieg sich am Morgen des gleichen Tages in einer Überschrift zu der Behauptung „Auch Reaktorgebäude vom Feuer betroffen". Am späten Nachmittag schob sie die Behauptung nach, der Brand habe „sich auch auf den Reaktor ausgewirkt", was den falschen Eindruck vermittelte, der Reaktor sei in irgendeiner Weise beschädigt worden. Zugleich bekannte *Sueddeutsche.de*, was das Ziel der Skandalisierung des Transformatorbrandes war: eine generelle „Sicherheitsdebatte um die Kernkraft". Als die Behauptungen über die Auswirkungen des Brandes auf die kerntechnischen Anlagen sich auch mit sprachlicher Phantasie nicht mehr aufrechterhalten ließen, machten viele Medien aus den tatsächlich vorhandenen Kommunikationsmängeln bei einem kerntechnisch nicht relevanten Vorfall ersatzweise ein für die Kernenergie relevantes Drama. So berichtete *Der Tagesspiegel* am 13. Juli, als handele es sich um eine Aktion gegen die Mafia, über eine staatsanwaltliche Untersuchung bei dem Betreiber des AKW mit der Überschrift „Razzia bei Vattenfall". Hierbei handelte es sich nicht um einen thematisch bedingten Sonderfall, sondern die typische Darstellung von scheinbar großen und folglich skandalösen Gefahren.

Nach dem Austritt von ortho-Nitroanisol bei der Hoechst AG am 22. Februar 1993 genügte nicht die Schlagzeile: „Chemikalien gefährden Anwohner".[1] Bereits am Folgetag hieß es in der *Frankfurter Rundschau:* „Gelber Giftregen verseucht Frankfurts westliche Stadtteile". Tags darauf steigerte *Bild* die Gefahr zur Langzeitbedrohung: „Frankfurter Gift-Explosion. Schwanheim ein Jahr verseucht". Eine Woche nach dem Unfall forderte der Toxikologe Otmar Wassermann im Dritten Programm des *Hessischen Fernsehens*, „dass die Kinder jetzt in der akuten Phase" evakuiert werden müssten. „Nach 14 Tagen ... oder nach einer Woche" könnten sie dann wieder zurückkehren. Am folgenden Tag legte *Bild* noch einmal nach: „Hoechst-Skandal. Mütter flehen: Holt unsere Kinder aus dem Gift". Anfang März präsentierte die *ARD* Mitarbeiter der Hoechst AG, deren Stimmen technisch verzerrt und deshalb unverständlich waren. Dazu hieß es: „Wissenschaftlicher Werte-Wirrwarr und Inflation von sogenannter Information, aber nichts, was die Angst nehmen könnte in Sachen Gift und Langzeitwirkung". „Die Giftbelastung soll", so der Reporter, „abnehmen, doch die Angst nimmt zu". Belegt wurde dies durch Zeitlupenaufnahmen von Reinigungsarbeiten, windverwehten Plastikteilen und einem einsamen Kind auf weiter Flur. Ihm stellte der Reporter die einfühlsame Frage: „Und wie ist es mit dir, hast du Angst vor dem Gift für dich?"

1 Vgl. zum Folgenden Kepplinger, Hans Mathias / Hartung, Uwe: Störfallfieber, S. 93 ff.

Bei der Skandalisierung des Militäreinsatzes gegen Saddam Hussein genügten keine nüchternen Berichte über die brennenden Ölquellen. Es mussten Untergangsszenarien sein. Der *Spiegel* ging am 4. März 1991 mit der ganzen Wucht einer Titelgeschichte über den „Schwarzen Regen" den Fragen nach: „Wird in Indien der Monsun ausbleiben? Wird das Weltklima gestört, der Treibhauseffekt weiter angeheizt?" Bereits im Vorspann hieß es: „Bis die Ölbrände gelöscht sind, können Jahre vergehen." Zweifel an den dramatischen Vorhersagen der zitierten Experten wurden als Beschwichtigungsversuche von Personen charakterisiert, „die auch den Atomkrieg noch für führbar halten wollten". Illustriert wurden die Horrorszenarien vom *Spiegel*, der normalerweise nicht durch Bibelgläubigkeit auffällt, mit einem Zitat aus Kapitel 9 der „Offenbarung", in dem der Prophet den Untergang der Welt als Folge eines Krieges um Babylon schildert: „Und er tat den Brunnen des Abgrunds auf, und es ging auf ein Rauch aus dem Brunnen wie der Rauch eines großen Ofens, und es ward verfinstert die Sonne und die Luft vom Rauch des Brunnens".

Die Skandalisierung des Einsatzes der GSG 9 auf dem Bahnhof von Bad Kleinen, bei dem der mutmaßliche Terrorist Wolfgang Grams erschossen wurde, erfolgte in *Bild* vom 29. Juni 1993 durch die Behauptung, auf dem Bahnhof habe eine „wilde Schießerei" stattgefunden, die zu einem „Blutbad" geführt habe. *Monitor* und der *Spiegel* stellten die Erschießung von Grams am 1. bzw. 5. Juli als Hinrichtung bzw. Exekution dar. Der *Spiegel* bezeichnete den Einsatz als „blutigen Shootout" und „Wildwest-Ballerei"; die *Zeit* charakterisierte ihn am 23. Juli als „Katastrophe" und „Desaster". Fehler beim Einsatz der GSG 9 wurden als Folge von Unfähigkeit dargestellt. Für die *Zeit* vom 20. August waren sie das Ergebnis „gedankenloser Versäumnisse", der *Spiegel* sprach am 27. September von „Schlampereien" und „Schludereien". Für die *Süddeutsche Zeitung* war am 8. November der Einsatz der GSG 9 in Bad Kleinen, obwohl mit der Verhaftung von Hogefeld die erste Festnahme seit mehreren Jahren gelungen war, sogar „das größte Desaster der Sicherheitskräfte im Kampf gegen den linken Terrorismus".

Bei der Skandalisierung der BSE-Infektion von deutschen Rindern wurden im Winter 2000/2001 wochenlang erschreckende und Ekel erregende Bilder von kranken, sterbenden und toten Tieren in den Nachrichten, Magazinen und Sondersendungen des Fernsehens gezeigt, die das Elend vieler Tiere dokumentierten und entsprechende Emotionen weckten, mit BSE aber nichts zu tun hatten. Ausgiebig wurde auch das grauenhafte Schicksal von Menschen, die an der mit BSE verwandten Version der Creutzfeldt-Jakob-Krankheit (vCJK) leiden, dokumentiert. Die alles entscheidende Frage wurde jedoch nicht gestellt oder ging in der Flut der empörenden Bilder unter: Wie wahrscheinlich ist es, dass in Deutschland jemand an der vCJK erkrankt, angesichts der Tatsachen, dass weniger als 0,01 Prozent der getesteten Rinder BSE hatten und die Gefahr einer Übertragung auf Menschen statistisch sehr gering ist? Die Antwort hätte lauten können: Es ist gefährlicher, zu heiraten als Rindfleisch zu essen, weil man eher vom eigenen Lebenspartner ermordet wird, als dass man durch Rindfleisch ums Leben kommt.

Überblickt man die Dramatisierungen in Skandalen, kann man sechs Typen erkennen:

1. *Horror-Etiketten*: Missstände oder Schäden werden mit extremen Begriffen bezeichnet („Waldsterben", „Giftregen", „Schwarzer Regen", „Killerbakterien", „Katastrophe", „Desaster", „Super-GAU", „Pandemie").
2. *Verbrechens-Assoziationen*: Normverletzungen werden als schwere Kriminalität oder als schwerer Verstoß gegen allgemeine ethische Grundsätze charakterisiert („Verfassungsbruch", „Wasserdiebstahl", „Blutbad", „Blutordensträger").
3. *Katastrophen-Suggestionen*: Maximale Schäden werden als wahrscheinlich präsentiert, ihre tatsächliche Unwahrscheinlichkeit wird ausgeblendet (massenhafte Erkrankungen an der vCJK, Vogelgrippe, Schweinegrippe usw.; Verallgemeinerung des Reaktorunfalls in Fukushima, der durch ein extremes Erdbeben und einen Tsunami ausgelöst wurde, auf Deutschland in den meisten deutschen Medien).
4. *Katastrophen-Collagen*: Missstände und Schäden werden in eine Reihe mit Extremfällen gestellt: „Nach dem unheimlichen Angriff der Aidsviren, des Rinderwahnsinns und der Schweinepest formie-

ren sich nun die Killerbakterien zum finalen Schlag gegen die Menschheit. Wie Aliens, Wesen aus einer anderen Welt, fressen sie den Homo sapiens mit Haut und Fettgewebe in Windeseile auf" – so *Spiegel-TV* am 29. Mai 1994.[2]

5. *Schuld-Stapelungen*: Kleinere Normbrüche, die kaum Konsequenzen nach sich ziehen würden, werden bei der seriellen Skandalisierung als Teile einer Serie von ähnlichen Fällen dargestellt, die aufeinandergestapelt den Eindruck eines großen Missstandes hervorrufen, dessen Ursachen im Charakter des Akteurs liegen. Beispiele hierfür liefern die Skandalisierung von Krause (Raststätten-, Grundstücks-, Putzfrauen-, Umzugs-, Kneipen-Affären), Biedenkopf (Gästehaus-, Koch-, Gärtner-, Putzfrauen-, Yacht-Affären) und Scharping (Pool-, Flugbereitschafts-, PR-Affäre).
6. *Optische Übertreibungen*: Missstände, Schäden und Normverletzungen werden durch Fotos oder Filme als besonders schwerwiegend, gefährlich oder beängstigend dargestellt – so die exzessive Darstellung von Schlachthofszenen in der BSE-Krise im Winter 2000/01. Gelegentlich werden Aufnahmen von Sachverhalten veröffentlicht, die ein Laie nicht interpretieren kann, die jedoch Angst erregen – so während der SARS-Epidemie die Aufnahmen von Chinesen mit Mundschutz, dessen Effektivität höchst fragwürdig war. Zuweilen wird die Wirkung der Bilder auch durch technische Mittel (Zeitlupe, Vergrößerung) oder durch suggestive Textzusätze gesteigert – so in dem oben skizzierten Bericht über den ortho-Nitroanisol-Unfall bei der Hoechst AG.

Was ist die Ursache solcher Übertreibungen, deren Charakter häufig leicht erkennbar ist? Liegt es an einer allgemeinen Vorliebe von Journalisten für Übertreibungen? Das trifft – wie eine Befragung von Redakteuren bei Tageszeitungen zeigt – nur bedingt zu. Dies belegen ihre Reaktionen auf folgende Sachdarstellung: „Journalisten stellen Probleme gelegentlich überspitzter dar, als sie nüchtern betrachtet

---

2 Vgl. Kalt, Gero / Hanfeld, Michael (Hg.): Schlecht informiert. Wie Medien die Wirklichkeit verzerren. Fallbeispiele aus den Jahren 1993–1995. Frankfurt 1995.

sind. Halten Sie eine solche Darstellung für vertretbar oder nicht?" Ein Viertel der Redakteure von Abonnementzeitungen (26 %) fand überspitzte Darstellungen generell akzeptabel. Dies ist eine bemerkenswerte Minderheit. Eine gewisse Bereitschaft zur Dramatisierung ist offensichtlich vorhanden. Eine generelle Neigung zur Dramatisierung von Missständen lässt sich daraus jedoch nicht ableiten. Für die meisten Redakteure (52 %) waren überspitzte Darstellungen nur „in Ausnahmefällen … vertretbar". Welche „Ausnahmefälle" rechtfertigen Übertreibungen? „Die Zwänge des Wettbewerbs um Leser" sind es nach Auskunft der Zeitungsredakteure nicht. Weniger als ein Fünftel (18 %) akzeptierte diesen Grund. Auch den „Reiz einer starken Geschichte", den man durch eine Zuspitzung von Problemen erreichen kann, ließ nur eine Minderheit (26 %) gelten. Noch weniger waren der Meinung, die Möglichkeit zur „Diskussionsanregung" rechtfertige einen Verstoß gegen das Prinzip der nüchternen Nachrichtengebung (5 %). Selbst „als Stilmittel, zum Beispiel in Glossen" wollte kaum ein Redakteur (2 %) sachlich fragwürdige Zuspitzungen hinnehmen. Ganz anders sieht es aus, wenn es um „die Beseitigung eines Missstandes" geht – und genau darum geht es bei einem Skandal. Dies rechtfertigt nach Ansicht fast aller Journalisten (88 %), die die Überspitzungen nur in Ausnahmefällen akzeptieren, eine übertriebene Darstellung des Geschehens. Bei der Skandalisierung von Missständen hält nicht nur das Viertel der Redakteure Übertreibungen für vertretbar, das dies allgemein so sieht. Hinzu kommen jene, die Übertreibungen normalerweise ablehnen. Dies sind weitere 46 Prozent von allen. Bei der Skandalisierung von Missständen halten folglich bis zu 72 Prozent der Redakteure von Abonnementzeitungen Übertreibungen für vertretbar.[3]

Zwischen der Einschätzung der Größe der Missstände und der Akzeptanz von Übertreibungen besteht ein enger Zusammenhang: Je größer der Missstand erscheint, desto eher sind Übertreibungen im Interesse seiner Beseitigung akzeptabel. Dies ist der Grund dafür, dass die absurdesten Übertreibungen bei der Skandalisierung der ver-

3 Vgl. Kepplinger, Hans Mathias: Erlaubte Übertreibungen im Journalismus. In: Derselbe: Journalismus als Beruf. Wiesbaden 2011, S. 163–176.

meintlich größten Missstände auftreten – bei der Darstellung der Gefährdung der Bevölkerung im Umkreis der Hoechst-Werke durch ortho-Nitroanisol, der Bewohner im Nahen Osten durch brennende Ölquellen, der Patienten durch „Killerbakterien" usw. Die Akzeptanz von Übertreibungen im Journalismus hängt folglich davon ab, ob es den Wortführern eines Skandals gelingt, den Schaden möglichst groß erscheinen zu lassen. Je besser ihnen dies gelingt, desto eher brechen die Dämme, die normalerweise eine Vorverurteilung verhindern. Eine Ursache der erfolgreichen Skandalisierung eines Missstandes ist deshalb seine glaubhafte Übertreibung. Im Extremfall geht es nicht mehr darum, dass die Darstellung der Realität möglichst nahekommt, sondern darum, dass sie sich möglichst weit davon entfernt, ohne dass sie unglaubwürdig wird oder rechtliche Konsequenzen nach sich zieht.

Die weitverbreitete Bereitschaft zur übertriebenen Darstellung von Missständen bzw. die Bereitschaft zu ihrer Hinnahme beruht auf einer Kette von impliziten Annahmen, über die die meisten Redakteure sich vermutlich nicht im Klaren sind: Der Missstand muss tatsächlich so groß sein, wie er ihnen im Moment erscheint. Seine publizistische Übertreibung muss tatsächlich die beabsichtigten Folgen auslösen, was kaum vorhersehbar ist. Die Folgen müssen tatsächlich allgemein als positiv gelten, was in vielen Fällen nicht zutrifft. Zudem darf die Übertreibung keine unbeabsichtigten negativen Nebenfolgen nach sich ziehen, was unwahrscheinlich ist. Die Analyse zahlreicher Skandale belegt vielmehr, dass solche Nebenfolgen häufig auftreten. Dazu gehören – wie noch anhand von konkreten Fällen gezeigt werden wird – nicht nur unbeabsichtigte Auswirkungen der Skandalberichte auf die Skandalisierten und ihre soziale Umgebung, sondern gelegentlich auch die massive Irreführung des Publikums.

Übertriebene Darstellungen sind keine sachlich vernachlässigbaren Stilmittel im Wettbewerb um Leser, Hörer und Zuschauer. Sie wecken vielmehr selbst dann falsche Vorstellungen von der Häufigkeit extremer Fälle, wenn die Beiträge richtige statistische Angaben über ihre tatsächliche Häufigkeit enthalten. Dies belegt die Wirkung von Berichten über Überfälle auf Autos („carjacking"). In der Regel gehen diese Überfälle glimpflich aus, Todesfälle sind extrem selten. Enthalten Berichte über solche Überfälle Schilderungen von Einzelfällen, dann überschätzen die Leser die Häufigkeit tödlicher Überfälle umso mehr, je extremer die geschilderten Einzelfälle sind – und zwar unabhängig von korrekten Hinweisen auf die tatsächlichen Folgen der Überfälle im Text. Zugleich halten die Leser die berichteten Extremfälle besonders häufig für typisch und betrachten zudem Auto-Überfälle insgesamt häufig als ein nationales Problem.[4] In die gleiche Richtung weisen die Ergebnisse eines Experimentes nach dem Ende des BSE-Skandals anhand von drei sachlich gleichen Berichten über das Auftreten von BSE in Nordamerika. Sie wurden jedoch durch dramatisierende Hinweise auf die Gefahren in Deutschland, neutrale Aussagen zum Kenntnisstand der BSE-Forschung und Relativierungen der früheren Befürchtungen eingeleitet und beendet. Die Versuchspersonen sollten u. a. schätzen, wie viel Prozent der Rinder in Deutschland BSE infiziert waren. Die Versuchspersonen, die die relativierende Version gelesen hatte, überschätzten den tatsächlichen Wert um das Zweitausendfache. Dies entspricht dem bekannten Befund, dass die meisten Menschen die Gefahr durch seltene Gefahrenquellen erheblich überschätzen. Die Versuchspersonen, die die dramatisierende Version gelesen hatten, überschätzten ihn jedoch fast um das Fünftausendfache. Sie meinten, 14,6 Prozent der Rinder seien BSE-infiziert gewesen – der tatsächliche Wert lag unter 0,01 Prozent.[5] Die Dramatisierung von Risiken führt folglich dazu, dass die Fehleinschätzungen noch größer werden, als sie es ohnehin sind. Es handelt sich mit anderen Worten um eine krasse Irreführung der Leser, Hörer und Zuschauer.

---

4 Vgl. Gibson, Rhonda / Zillmann, Dolf: Exaggerated Versus Representative Exemplification in News Reports. Perception of Issues and Personal Consequences. In: *Communication Research*, 21/1994, S. 603–624.

5 Vgl. Effgen, Thorsten: Der Einfluss von Frames auf die Einschätzung von BSE-Risiken. Mainz 2006 (unveröffentlichte Meisterarbeit).

5. Koorientierung und Konsens

Der Skandal vereint die Gleichgesinnten. Am 7. August 2000 – der CDU-Spenden-Skandal hatte seinen Höhepunkt bereits überschritten – veröffentlichte der *Spiegel* eine Meldung über die Verwendung der anonymen Spenden an Kohl. Unter der Überschrift „Spendenaffäre. Plakative Verwendung" hieß es dort: „Nach Ermittlungen der Bonner Staatsanwaltschaft steckte Kohl die 2,17 Millionen DM, die er zwischen 1993 und 1998 von unbekannten Gönnern bekam, nicht, wie er sagte, überwiegend in den Aufbau der ostdeutschen CDU, sondern in Wahlkampf und Meinungsforschung im Westen". Die implizite Botschaft lautete: Kohl hat gelogen. Weil der Kurzbericht als Vorabmeldung verbreitet worden war, berichteten die meisten der – durch die vorangegangene Skandalisierung Kohls bereits entsprechend eingestimmten – Hörfunk- und Fernsehsender sowie einige Sonntagsblätter die Neuigkeit, bevor der *Spiegel* an den Kiosken war. Nahezu die Hälfte der Zeitungen übernahm die Meldung. Viele spitzten ihre zentrale Aussage noch zu: „Kohl Ost-Lüge: Spenden gingen in den Westen" *(Berliner Kurier)*, „Helmut Kohl und die Spenden: Doch anders verwendet?" (*Frankfurter Neue Presse*), „Spenden doch nicht für Ost-CDU" (*Wiesbadener Kurier*), „Staatsanwalt: Kohl gab Spenden im Westen aus" (*Darmstädter Echo*), „Staatsanwaltschaft sieht Anhaltspunkte für Betrug Kohls am Staat" (*Passauer Neue Presse*). Damit war die *Spiegel*-Meldung zu einem Selbstläufer geworden, der sein skandalträchtiges Eigenleben entfaltete.

Der *Spiegel* hatte seine Behauptung mit Verweisen auf Ausgaben in Höhe von 585.00 DM belegt. Das sind 27 Prozent der fraglichen Spenden in Höhe von 2,17 Millionen DM, sodass – wenn man den Angaben des *Spiegel* folgt – 73 Prozent der Gelder an die ostdeutsche CDU geflossen sein können. Folglich hatte der *Spiegel* mit seinen Daten die Aussage Kohls nicht widerlegt, zumal der nur behauptet hatte, die Gelder seien „überwiegend" in den Osten geflossen. Unabhängig davon, ob man die vom *Spiegel* gelieferten Belege akzeptiert oder nicht, stützen sie in keinem Fall die vom *Spiegel* nahegelegte Folgerung, Kohl habe über die Verwendung die Unwahrheit gesagt. Dies konnte jeder anhand der Zahlen, die der *Spiegel* genannt hatte, feststellen, und tatsächlich hatte der *Spiegel* die erwähnte Folgerung selbst auch nicht gezogen. Stattdessen hatte er Kohls Behauptung nur infrage gestellt. Warum hatten aber zahlreiche Redakteure die implizite Botschaft der *Spiegel*-Meldung aufgegriffen, zugespitzt und weiterverbreitet? Warum hatten sie nicht mit einer Überschlagsrechnung geprüft, ob die Fakten die Folgerung belegen? Im Einzelfall dürfte die Absicht eine Rolle gespielt haben, Kohl und der CDU zu schaden. Wenn das der entscheidende Grund gewesen wäre, dann hätten die gleichen Redaktionen bereits 1995 den *Spiegel*-Artikel über die geheimen Konten der CDU aufgreifen müssen, zumal sie der Regierung Kohl damit erheblich mehr geschadet hätten. Zu den politischen Motiven, die einige Medien zur Übernahme und Übersteigerung der *Spiegel*-Meldung verleitet haben mögen, mussten folglich andere Gründe kommen, die in der Natur der Skandalberichterstattung liegen.

Der erste Grund für die erstaunliche Resonanz der fragwürdigen *Spiegel*-Meldung war die intensive Orientierung der Journalisten aneinander. Die Angehörigen aller Berufe beobachten ihre Kollegen. Sie sind Gegner im beruflichen Wettbewerb, liefern die Maßstäbe für Leistungsvergleiche und sind Autoritäten der Kollegenkritik. In keinem anderen Beruf ist jedoch die Kollegenorientierung so intensiv und schnell wie im Journalismus. Die Lektüre zahlreicher Tageszeitungen und Internetdienste gehört zur Routine von Fernsehredakteuren. Zeitungsredakteure verfolgen den ganzen Tag über die gleichen Internetangebote sowie die Nachrichten der Hörfunk- und Fernsehsender. Dabei gibt es Leitmedien wie die *Frankfurter Allgemeine Zeitung* und die *Süddeutsche Zeitung*, den *Spiegel*, *Focus* und eine Reihe anderer Blätter. Sie genießen innerhalb des Journalismus hohes Ansehen und werden intensiv gelesen. Sie dienen als Quellen der Anregung für eigene Artikel und als Richtmaß zur Beurteilung der eigenen Beiträge. Zu diesen Leitmedien gehört seit einigen Jahren auch die *Bild-Zeitung*, die innerhalb der Medienlandschaft neben den genannten Blättern eine zentrale Position gewonnen hat.[1] Ein Grund für den Aufstieg von *Bild* in den Kreis der Leitmedien ist die für die eigene Politikberichterstattung ergiebige Seite 2 des Blattes, ein weiterer Grund ist, dass die Zeitung zu einem der erfolgreichsten Skandalisierer geworden ist. Die Leitmedien werden von anderen Medien häufig zitiert, was nicht immer zustimmend geschehen muss, wodurch ihre Stimme aber auch jene erreicht, die die Leitmedien nicht lesen.

Die generell starke Koorientierung im Journalismus wird bei Skandalen und anderen spektakulären Ereignissen noch intensiver, weil die Redaktionen die Meldungen anderer Medien verstärkt zur Justierung ihrer eigenen Beiträge heranziehen. Deshalb ist bei der Skandalberichterstattung die Normbildung in den Medien spätestens in zwei bis drei Wochen, meist jedoch schon früher, abgeschlossen. Dies betrifft sowohl die Gewichtung der Themen als auch die Bewertung des Geschehens.[2] Die starke Koorientierung im Journalismus ist die entscheidende Ursache des für Skandale typischen Verlaufs der wertenden Berichterstattung: Die am Beginn noch unterschiedlichen Urteile verschiedener Medien gleichen sich innerhalb weniger Tage einander an und treffen sich im negativen Bereich. Sobald dieser Zustand eingetreten ist, ist die Skandalisierung gelungen und der Skandalisierte kann nur noch hoffen, dass sein Skandal von wichtigeren Themen verdrängt wird oder den aktiven Medien der schlagzeilenträchtige Stoff ausgeht. Ein Beispiel für den ersten Fall liefert die Berichterstattung über den Reaktorunfall bei Tschernobyl, der den gerade angelaufenen Skandal über das „Celler Loch" – den fingierten Ausbruch eines auf die RAF angesetzten V-Mannes aus dem Gefängnis in Celle – aus den Medien sprengte. Ein Beispiel für den zweiten Fall ist die Berichterstattung über die tödlichen Nebenwirkungen von Vioxx, die sich – im Gegensatz zur Skandalisierung der tödlichen

1 Vgl. Reinemann, Carsten: Medienmacher als Mediennutzer. Kommunikations- und Einflussstrukturen im politischen Journalismus der Gegenwart. Köln u. a. 2003.

2 Vgl. Berens, Harald: Prozesse der Thematisierung in publizistischen Konflikten.

Nebenwirkungen von Lipobay – aus einem Mangel an zusätzlichen Angriffspunkten innerhalb weniger Tage totlief.

Bei jedem Skandal gibt es im Journalismus wenige Wortführer, einige Mitläufer, viele Chronisten und kaum Skeptiker. Die Wortführer recherchieren meist intensiv an der Geschichte, bevor der Fall publik wird. Sie besitzen gute Kontakte zu Informanten, verfügen über Hintergrundinformationen und haben ausgezeichnete Detailkenntnisse. Ab einem bestimmten Punkt sind sie von der Wahrheit ihrer Geschichte fest überzeugt. Sie glauben an die Schuld des Skandalisierten, interpretieren ihre Informationen entsprechend, betrachten Zweifel an ihrer Darstellung als Vertuschungsversuch und revidieren sie meist auch dann nicht, wenn sie sich als falsch oder unwahrscheinlich herausstellt. Im Zweifelsfall haben sich die Gutachter geirrt, die Zeugen gelogen, die Gerichte falsch entschieden.

Bei den Wortführern der Skandalisierung von Missständen handelt es sich meist nur um höchstens fünf Journalisten. Die Skandalisierung der Firma Müller-Milch 1991 wurde von zwei Journalisten vorangetrieben: Klaus Wittmann, der für mehrere Blätter schrieb, und Andreas Roß von der *Süddeutschen Zeitung*. Die Wortführer der Skandalisierung von Lothar Späth waren drei Journalisten: Benno Bertsch und Martin Born vom *Südwestfunk* sowie Hans Leyendecker, der damals noch beim *Spiegel* war und jetzt für die *Süddeutsche Zeitung* schreibt.[3] Die Wortführer der Skandalisierung von Peter Gauweiler im Münchner OB-Wahlkampf von 1993 („Kanzlei-Affäre") waren ebenfalls drei Autoren: Ulrike Heidenreich von der *Abendzeitung* sowie Michael Stiller und Sven Loerzer von der *Süddeutschen Zeitung*.[4] Bei sehr großen Skandalen wie dem CDU-Spendenskandal treiben mehr Wortführer den Fall voran. Aber auch dann sind es allenfalls fünf bis zehn.

Der Erfolg oder Misserfolg der journalistischen Wortführer hängt vor allem von den Mitläufern und Chronisten ab. „Wir sind darauf

---

3 Vgl. Kepplinger, Hans Mathias: Am Pranger.

4 Vgl. Kepplinger, Hans Mathias / Eps, Peter / Augustin, Dirk: Skandal im Wahlbezirk. Der Einfluss der Presse auf die Wahl des Münchner Oberbürgermeisters 1993. In: *Publizistik*, 40/1995, S. 305–326.

angewiesen", so Georg Mascolo vom *Spiegel*, der wesentlichen Anteil an der Skandalisierung der CDU-Finanzen hatte und inzwischen einer der Chefredakteure des *Spiegel* ist, „dass sich Kollegen unterhaken, dass auch andere sagen: Da müssen wir weitermachen".[5] Nur wenn Kollegen die Vorgaben der Wortführer aufgreifen, wird aus einem Skandalisierungsversuch ein Skandal. Diese Erfahrung hatte Mascolo im CDU-Spendenskandal selbst gemacht: Am 19. Juli 1999 – dreieinhalb Monate bevor Berichte über die Koffer-Million an Leisler Kiep die allgemeine Empörung über das Finanzgebaren der CDU auslösten – hatte er im *Spiegel* den gleichen Sachverhalt berichtet, ohne dass dies eine erkennbare Reaktion auslöste. Dort hieß es bereits damals, Leisler Kiep habe von Karlheinz Schreiber „eine Million Mark ... bekommen". Einige Wochen später schrieb er an gleicher Stelle, Leisler Kiep habe von Schreiber „eine Million Mark kassiert". Einen Skandal entfachte auch das nicht, weil die anderen Medien das Thema nicht aufgriffen. Was fehlte, war nicht das Wissen, sondern der mafiöse Aufhänger – der Koffer, der Parkplatz, die Million in bar und der Haftbefehl gegen Leisler Kiep.

Bei den Mitläufern handelt es sich um Journalisten, die meist keine eigenständigen Recherchen vor Ort betreiben. Sie stützen sich vor allem auf ihre kundigen Kollegen und reichern die bekannten Tatsachenbehauptungen mit marginalen Details oder passenden Spekulationen an. Dies trifft selbst auf sensationelle Ausnahmefälle wie den vermeintlichen Mord in Sebnitz zu, bei dem viele Journalisten vor Ort erschienen. Als am 23. November 2000 zahllose Zeitungs-, Radio- und Fernsehreporter in die sächsische Kleinstadt strömten, wurde die dortige Lokalredaktion der *Sächsischen Zeitung* innerhalb von zwei Tagen von mehr als 50 „Ersuchen nach Interviews, Informationsgesprächen, Fotos oder Kopien früherer Artikel" überschwemmt. Ein weiteres Ziel war das Dresdner Archiv der Zeitung. Allerdings kamen „von den vielen Dutzend Journalisten, die die Sebnitzer Redaktion um Hilfe baten, lediglich drei in die Landeshauptstadt ... , um selbst zu recherchieren. Neun ließen sich Informationen zufaxen".[6]

5 Ruß-Mohl, Stephan: Scheinheilige Aufklärer. In: *message*, 2/2000, S. 10–17.
6 Mükke, Lutz: Eine Welle der Entrüstung. In: *message*, 1/2001, S. 20–23.

Weil der Erfolg der Wortführer vom Engagement der Kollegen abhängt, gibt es bei vielen Skandalen Absprachen zwischen den Wortführern sowie zwischen ihnen und den Mitläufern. Ein Beispiel hierfür ist die Skandalisierung von Lothar Späth, bei der sich die Mitarbeiter des *Spiegel* und des *Südwestfunks* gegenseitig die Bälle zuspielten. „Den längsten Kontakt gab es", wie der *SWF*-Redakteur Born später berichtete, „in der letzten Woche vor dem Rücktritt. Am Samstag vor dem Rücktritt haben wir einen großen Beitrag gemacht, worin nicht nur unsere zusätzlichen Recherchen, sondern auch die Recherchen des *Spiegel*, die dann am Montag erscheinen sollten, mit verarbeitet waren. Wir hatten Freitagnacht noch lange mit den *Spiegel*-Kollegen gesprochen und denen unsere Beiträge geliefert".[7] Solche Absprachen funktionieren jedoch nicht immer. So hatte 1995, wie die *Frankfurter Rundschau* später berichtete, der Verfasser des ersten *Spiegel*-Artikels über die geheimen Konten der CDU „Kollegen anderer Druckerzeugnisse [beschworen], sich mit in die heikle Geschichte einzuklinken".[8] Weil er damit keinen Erfolg hatte, scheiterte der damalige Skandalisierungsversuch.

Neben den Mitläufern finden sich zahlreiche Chronisten, die selbst keine Wertungen einbringen, aber durch ihre Berichte über die Vorwürfe anderer der Skandalisierung Glaubwürdigkeit und Gewicht verleihen. Dabei profilieren sich meist einige Journalisten besonders. So stammte bei der Skandalisierung der Störfälle und Betriebsstörungen der Hoechst AG mehr als die Hälfte von 656 namentlich gezeichneten Beiträgen von nur 14 Journalisten. Der aktivste Autor hatte 75 Beiträge geliefert. Zwei weitere Journalisten hatten 40 bzw. 34 Beiträge verfasst.[9] Bei der Skandalisierung der Firma Müller-Milch stammte die Hälfte von 116 namentlich gezeichneten Beiträgen von sechs Journalisten – den beiden Wortführern und vier Kollegen.[10] Bei der Skandalisierung von Peter Gauweiler während der Münchner

7 Kepplinger, Hans Mathias: Am Pranger.
8 Zitiert nach *Spiegel*, 6. März 2000.
9 Vgl. Kepplinger, Hans Mathias / Hartung, Uwe: Störfallfieber.
10 Vgl. Kepplinger, Hans Mathias / Hartung, Uwe: Am Pranger.

OB-Wahl stammte die Hälfte der 56 Artikel zur Kanzlei-Affäre von vier Journalisten, darunter die drei Wortführer.[11]

In fast allen Skandalen gibt es im Journalismus Skeptiker, die den allgemein verbreiteten Sichtweisen misstrauen, sie mit Argumenten und Fakten infrage stellen und nicht konforme Informationen neutral präsentieren. Deshalb kann man sich, eine breit gestreute Medienauswahl vorausgesetzt, bei fast allen Skandalen dem herrschenden Mediendruck entziehen und unabhängig davon eine relativ eigenständige Meinung bilden. So veröffentlichte beispielsweise das *Flensburger Tageblatt* am 15. Juni 1995 auf dem Höhepunkt der Erregung über die geplante Versenkung der Brent Spar einen nüchternen und informativen Beitrag über die Vor- und Nachteile der verschiedenen Optionen. Und als ein Großteil der Medien die *Spiegel*-Meldung zu den angeblich falschen Angaben von Kohl nicht nur nachdruckte, sondern zusätzlich dramatisierte, brachte der *Trierische Volksfreund* am 7. Juli 2000 eine distanzierte Darstellung, die verschiedene Deutungen zuließ. Bei den Skeptikern handelt es sich allerdings nur um eine verschwindend kleine Minderheit, die innerhalb und außerhalb des Journalismus kaum Gehör findet.

Eine Folge der sehr starken Kollegenorientierung bei der Skandalberichterstattung ist ein hohes Maß an Selbstreferenzialität – die Medien berichten, was andere Medien berichten. Deshalb schaukelt sich die Darstellung schnell wechselseitig hoch, wobei auch jene Teile des Journalismus mitspielen, die nicht zu den Wortführern gehören. Ein Beispiel hierfür ist die Berichterstattung des *ZDF* zu Beginn des CDU-Spendenskandals. Am 4. Dezember berichtete *heute* über die Entlassung von Hans Terlinden, der das Protokoll der staatsanwaltschaftlichen Vernehmung von Horst Weyrauch an Kohl statt an Schäuble gegeben hatte. In diesem Zusammenhang zoomte der Kameramann auf eine Zeitung mit der Schlagzeile „Politiker ruinieren ihren Ruf“ und kommentierte dadurch die eigene Nachricht. Am 6. Dezember berichtete *heute* über eine Strafanzeige gegen Kohl und präsen-

11 Vgl. Kepplinger, Hans Mathias / Eps, Peter / Augustin, Dirk: Skandal im Wahlbezirk.

tierte den Zuschauern die Schlagzeile der aktuellen Ausgabe von *Bild*: „Die schwarzen Kassen der CDU. Kohl: Das Geheimpapier". Gemeint war das erwähnte Protokoll, das *Bild*, neben einer umfangreichen Rechtfertigung, nahezu vollständig abgedruckt hatte. Erneut lieferte eine andere Quelle den Kommentar zu einer Nachricht in einer Sendung, die keine Kommentare enthält.

Die an sich schon bemerkenswerte Vernetzung besaß einen ebenso bemerkenswerten Hintergrund. Nach einem Bericht von Thomas Schuler in der *Berliner Zeitung* vom 21. Dezember 1999 hatte Hans Leyendecker von der *Süddeutschen Zeitung*, der das Protokoll ebenfalls besaß, *Bild* den Vortritt gelassen, weil sein Blatt den Text nicht gedruckt hätte, er *Bild* aber immerhin zitieren konnte. „Am nächsten Tag" – so Schuler weiter – „revanchierte sich ‚*Bild*' und brachte ein freundliches Portrait des Rechercheurs Leyendecker." Wieder einen Tag später verteidigte Leyendecker *Bild* gegen den Vorwurf, „mit der Veröffentlichung des Protokolls gesetzwidrig gehandelt zu haben". Im Hintergrund der aktuellen Berichterstattung gab es demnach ein Netzwerk zwischen *Bild*, *Süddeutscher Zeitung* und *heute*, in dem sich die Redaktionen bzw. einzelne Journalisten gegenseitig die Bälle zuspielten. Dies alles erfuhren die Zuschauer von *heute* nicht. Dafür wurden sie aber über ein Vernehmungsprotokoll informiert, das die *heute*-Redaktion vermutlich genauso wenig veröffentlicht hätte wie ihre Kollegen von der *Süddeutschen Zeitung*. Zudem erhielten die Zuschauer in einer reinen Nachrichtensendung auch noch die kommentierenden Schlagzeilen eines Blattes geliefert, das sie vielfach nicht lasen.

Jeder der skizzierten *heute*-Berichte besaß drei Funktionen: Er dokumentierte erstens Fakten, trug zweitens durch die Präsentation extremer Positionen zur Etablierung und Verfestigung einer extremen Sichtweise bei und schaukelte drittens die Intensität der Berichterstattung hoch. Als Folge dieses sich selbst verstärkenden Prozesses orientierte sich die Berichterstattung bald nicht mehr vorrangig am Informationsbedürfnis des Publikums, sondern am Verhalten der Kollegen. So betrachteten Ende Dezember nur 33 Prozent der Bevölkerung die Berichterstattung über die Parteispendenaffäre der CDU als „angemessen", 56 Prozent hielten sie für „überzogen und aufgebauscht“[12]. Im darauf folgenden März erklärten laut Infratest dimap 55 Prozent, die Medien sollten statt über die Spendenaffäre „mehr über Sachthemen berichten“. Der gegenteiligen Ansicht waren gerade einmal 27 Prozent. Nicht das Interesse des Publikums war hier ausschlaggebend, vielmehr wurde die Berichterstattung von den Medien angeheizt.

Ein weiterer Grund für die große Bereitschaft, die *Spiegel*-Meldung über Kohls angebliche Falschdarstellung aufzugreifen und zuzuspitzen, lag darin, dass sie ein halbes Jahr nach Beginn der Spendenaffäre in das etablierte und verfestigte Schema passte. Es schien quasi aus der Natur der Sache zu folgen, dass sie richtig und wichtig war. Folglich erübrigten sich Überschlagsrechnungen, und daher war es nur natürlich, dass die zentrale Botschaft noch deutlicher gemacht wurde. Gemeldet wird, was glaubhaft erscheint. Dies muss nicht falsch sein und ist es oft auch nicht. Das entscheidende Kriterium ist in solchen Situationen jedoch nicht die Richtigkeit, sondern die Stimmigkeit der Information mit dem etablierten Schema. Diese zeigt sich in dem Moment, in dem beides auseinanderklafft – wie bei den falschen, übertriebenen oder irreführenden Angaben über die Ölrückstände in der Brent Spar, über die Krebsgefahr durch ortho-Nitroanisol und über die öffentliche Ermordung des kleinen Joseph in Sebnitz.

Trotz der intensiven Kollegenbeobachtung werden auch bei großen Skandalen die Sichtweisen innerhalb des Journalismus nicht völlig konform. So gibt es innerhalb der allgemein akzeptierten Sichtweise oft Extrempositionen, denen sich die meisten Kollegen nicht anschließen und die innerhalb des Journalismus eine Subkultur bilden. Ein Beispiel hierfür lieferte der *Hessische Rundfunk*. Nachdem der Sender monatelang den Eindruck vermittelt hatte, Ministerpräsident Koch habe die Spendenpraxis der hessischen CDU eher vertuscht als aufgeklärt, warb der Moderator der Hörfunksendung *Pop und Weck* am 12. Dezember 2000 für einen Beitrag im abendlichen Fernsehmagazin des Senders, in dem der „Arsch des Jahres“ gewählt würde. Nominiert seien ein mit BSE infiziertes Rind, ein Kampfhund und Roland Koch. Offensichtlich hatte sich bei einem Teil der Redak-

12 Renate Köcher: Einigkeit macht anziehend.

teure eine derart starke Anti-Koch-Haltung aufgebaut, dass sie fälschlicherweise annahmen, im Kollegenkreis würde wegen des allgemein verbreiteten Unmuts über die Spendenpraxis der CDU auch diese Geschmacklosigkeit Zustimmung finden und Heiterkeit auslösen. Das besaß eine kuriose Konsequenz: Der Moderator hatte vor der Sendung gegen die Ankündigung Bedenken geäußert, war bei seinem Vorgesetzten damit jedoch nicht durchgedrungen. Nach der Sendung wurde er vom Dienst suspendiert und sah sich als Opfer einer Subkultur, gegen die er sich „nicht entschieden genug … gesträubt"[13] hatte. Suspendiert wurde folglich nicht die zur Mehrheit gewucherte politische Subkultur, sondern die zur Minderheitenmeinung geschrumpfte und entsprechend geschwächte journalistische Kultur.

Den außerordentlichen Einfluss der Kollegenorientierung von Journalisten auf die Gewichtung und Bewertung des aktuellen Geschehens illustriert die Genese des Skandals um die Rede der ehemaligen lettischen Außenministerin Sandra Kalniete zur Eröffnung der Leipziger Buchmesse 2004. Neben der Koorientierung der Journalisten vor Ort, die sich durch die Reaktionen der Kollegen in ihrer Wahrnehmung bestätigt sahen, belegt sie zugleich die Anfälligkeit der informellen Gruppe für gleichgerichtete Impulse von außen – hier der Zentralredaktionen. In ihrer Rede hatte die zukünftige EU-Kommissarin Nationalsozialisten und Kommunisten als „gleichermaßen verbrecherisch" bezeichnet, worauf der Vizepräsident des Zentralrates der Juden in Deutschland, Solomon Korn, unter Protest den Saal verlassen hatte, was jedoch weitgehend unbemerkt blieb. Zwar behaupteten später einige Teilnehmer, sie hätten die zitierte Aussage gleich skandalös gefunden, aber in den anschließenden Gesprächen der Journalisten hatte dies keine Rolle gespielt. Auch Korn selbst war gegenüber den Journalisten, die anschließend im kleinen Kreis gegessen und getrunken hatten, nicht darauf zurückgekommen. Zum Skandal wurde die Rede am nächsten Morgen im Pressezentrum. Jetzt wurden, wie Volker Weidermann am 28. März 2004 in der *Frankfurter Allgemeinen Sonntagszeitung* berichtete, die Journalisten, „die dabei gewesen waren, von ihren Heimatredaktionen darüber informiert, dass sie

13 *Frankfurter Allgemeine Zeitung*, 19. Dezember 2000.

einer skandalösen Veranstaltung beigewohnt hatten. Einige Unglückliche, die zu spät informiert wurden, hatten ihren Bericht schon fertig geschrieben, als sie von der Sache erfuhren, und mussten nun alles neu schreiben. Auf den Skandal hin. Den sie gar nicht bemerkt hatten".

Ein neueres Beispiel für den Einfluss der Kollegenorientierung auf die Skandalisierung liefern die nahezu einhellige Vorverurteilung von Strauss-Kahn in einem Fall, in dem Aussage gegen Aussage stand. Die amerikanischen Kollegen hatten aber den deutschen Journalisten ein eindeutiges Schema vorgegeben, das viele bereitwillig kolportierten. Ein weiteres Beispiel ist die nahezu einhellig falsche Interpretation des Hörfunkinterviews von Köhler im Gefolge der Meldung und ihrer Kommentierung auf *Spiegel Online.* Gesteigert wurde das noch durch die ähnlich einhellige Verurteilung seines Rücktritts mit der sachlich höchst fragwürdigen Begründung, dafür gäbe es keinen hinreichenden Grund. Scheinbare Gegenbeispiele liefern – wie noch im Detail gezeigt wird – die publizistischen Konflikte um Thilo Sarrazin und Jörg Kachelmann, bei denen sich bis zum Ende zwei ähnlich starke publizistische Lager gegenüberstanden. Allerdings scharten sich auch hier die Anhänger beider Lager im argumentativen Wechselspiel um einige wenige Wortführer, die den Ton vorgaben.

6. Die Zeit der Empörung

Der Skandal ist die Zeit der Empörung. Nüchterne Skepsis gilt nicht als Tugend, sondern als Uneinsichtigkeit. Wer sich dem Protest nicht anschließt oder wenigstens Sympathie dafür bekundet, wird isoliert und abgestraft. Als der Skandal um die Versenkung der Brent Spar seinem Höhepunkt entgegenstrebte, empörte sich Peter Alexander gegenüber *Bild*: „Ich bin entsetzt! Das kann man doch nicht machen!", und Rita Süssmuth rief an gleicher Stelle mahnend aus: „Stoppt die Gefährdung unserer Erde und Meere. Nehmt Vernunft an und handelt entsprechend."[1] Ernst Benda erklärte nach einer Meldung der Nachrichtenagentur *Associated Press* vor 80.000 Kirchentags-Besuchern in Hamburg, der Evangelische Kirchentag unterstütze den „Aufruf, die Produkte dieses Unternehmens nicht zu kaufen, solange dieser Irrweg nicht korrigiert wird".[2] Als Uli Hoeneß nach seinen angeblich falschen Anschuldigungen gegen Christoph Daum beim Bundesligaspiel des FC Bayern München gegen Energie Cottbus das Stadion des Gastgebers betrat, schlug ihm von den Rängen schierer Hass entgegen. Dabei spielte es keine Rolle, dass die Anschuldigungen nicht von Hoeneß selbst, sondern vom *Kölner Express* und der *Münchner Abendzeitung* stammten. Es spielte auch keine Rolle, dass Hoeneß nur die einzig mögliche Folgerung aus deren Vorwürfen gezogen hatte: Wenn die Behauptungen stimmten, könne Daum nicht Bundestrainer werden.

Als sich die Forderungen überschlugen, Kohl solle die Namen der anonymen Spender nennen, verglich der Jesuitenpater Friedhelm Hengsbach Kohl mit dem biblischen König Herodes, der sich auch dann noch an sein Versprechen gegenüber Salome gebunden fühlte, als sie „den Kopf des Propheten forderte".[3] Als Eva Herman ihr neues Buch vorgestellt hatte, beschimpfte die Schriftstellerin Karin Duve sie

1 *Main-Echo*, 19. Juni 1995.
2 *Main-Echo*, ebd.
3 *Frankfurter Allgemeine Sonntagszeitung*, 19. März 2000.

mit den Worten, sie sei „zum Knochenkotzen“, der Schauspieler Jan Fedder ereiferte sich, sie habe „ein Loch im Kopf“ und „einen Nazi-Zopf“, *Bild* fragte: „Ist Eva Herman braun oder nur doof?“[4]. Nachdem *Spiegel Online* das Interview Horst Köhlers in voller Länge veröffentlicht hatte, empörte sich der Verfassungsrechtler Ulrich Preuß über den „imperialen Zungenschlag“ des Präsidenten und die *Süddeutsche Zeitung* charakterisierte ihn als „Schwadroneur im Schloss Bellevue“.[5] Als Köhler deshalb zurückgetreten war, wurde er in *Spiegel Online* als „Absteiger des Jahres“ bezeichnet, der sich „selbst stürzt“[6], von Michael Hanfeld in der *Frankfurter Allgemeinen Zeitung* als „präsidialer Rohrkrepierer“[7] und von Kurt Kister in der *Süddeutschen Zeitung* als „Null-Bock-Horst“[8] beschimpft.

Was war die Ursache der Wutausbrüche? Lag es an den realen Ängsten der Menschen vor einer Umweltkatastrophe durch die Brent Spar? Lag es an Proleten auf den Rängen des Stadions in Cottbus? Lag es an der beschränkten Ausdrucksfähigkeit einer Schriftstellerin? Lag es am Ausmaß der Verfehlungen der Kritisierten? Und wie reagiert die Bevölkerung auf solche Äußerungen? Lehnt sie sie als Peinlichkeit ab oder goutiert sie sie? Bei Skandalen treffen, wie das Institut für Demoskopie Allensbach an mehreren Beispiel gezeigt hat, irrationale Ausbrüche, die in normalen Phasen peinliches Schweigen hervorrufen würden, auf große Zustimmung. In einer eigens dafür entwickelten Testfrage wird eine öffentlich tagende Expertenrunde geschildert. Sie diskutiert anlässlich eines aktuellen Missstandes – im Januar 2001 war es der BSE-Skandal – den Stand der Forschung und erörtert mögliche Maßnahmen. Plötzlich, so die Geschichte, springt ein Zuhörer auf und protestiert: „Was interessieren mich Zahlen und Statistiken in diesem Zusammenhang! Wie kann man überhaupt so kalt über ein Thema reden, bei dem es um unsere Gesundheit und unser Leben geht.“ Bei allen Skandalen hält die Mehrheit der Bevölkerung diese

4 Alle zitiert nach *Focus*, 15. Oktober 2007.
5 Zitiert nach *Spiegel online,* 31. Mai 2010.
6 *Spiegel Online*, 1. Juni 2010.
7 *Frankfurter Allgemeine Zeitung*, 1. Juni 2010.
8 *Süddeutsche Zeitung*, 1. Juni 2010.

Ausbrüche des „gesunden Menschenverstandes“ für richtig – im Falle des BSE-Skandals waren es nahezu zwei Drittel.[9] Mit der Art der skandalisierten Missstände hat die Empörung ebenso wenig zu tun wie mit der sachlichen Angemessenheit der Vorwürfe. Skandale entstehen, wie der frühere Redakteur der *Süddeutschen Zeitung*, Christian Schütze, feststellte „niemals aus dem Erwachen des kritischen Verstandes …, sondern aus der gleichgerichteten Emotion“. Nach seinen Beobachtungen ist „ein tieferes Verständnis der Beteiligten oder Betrachter für die Zusammenhänge … für das Aufbrausen eines Skandals keineswegs erforderlich, ja es wäre eher störend. Spontan, radikal und in Schwarz-Weiß-Manier – so verläuft der Skandal“.[10]

Im Skandal geht es nicht vorrangig um die Richtigkeit der Behauptungen, sondern um die dadurch gesteuerten Emotionen. Aber woher stammen die Emotionen? Physiologen haben lange angenommen, dass Emotionen wie Ärger und Empörung, Freude und Glück jeweils eigene physiologische Ursachen besitzen. Trotz intensiver Forschungen wurden jedoch solche spezifischen Ursachen nicht gefunden. In den Sechzigerjahren des vergangenen Jahrhunderts haben deshalb zwei Psychologen, Stanley Schachter und Jerome Singer, eine andere Erklärung vorgeschlagen. Nach ihrer Ansicht besitzen Emotionen zwei Ursachen – eine unspezifische Erregung, die allen Emotionen gemeinsam ist, sowie eine situationsspezifische Vorstellung, die ihren jeweiligen Charakter ausmacht („Zwei-Faktoren-Theorie“). Normalerweise hängt die situationsspezifische Vorstellung mit der Ursache der Erregung zusammen – wer durch eine Beleidigung erregt ist, führt dies darauf zurück und reagiert entsprechend wütend. Oft sind die Ursachen der Erregung jedoch unbekannt oder mehrdeutig. Man ist erregt, weiß aber nicht warum. In diesen Fällen stützt man sich unbewusst auf das, was man gerade beobachtet, und reagiert dementsprechend – beispielsweise wütend in einer unangenehmen Situation oder belustigt in einer ange-

---

9 Vgl. Köcher, Renate: Öffentliche Aufregung als Risiko und Chance. In den Augen der Bevölkerung hat der Zeitgeist die größte Schuld an BSE. In: *Frankfurter Allgemeine Zeitung*, 14. Februar 2001.

10 Vgl. Schütze, Christian: Skandal. Eine Psychologie des Unerhörten. Berlin, München 1985, S. 34.

nehmen Umgebung. Die situationsspezifische Vorstellung besitzt in solchen Situationen andere Ursachen als die Erregung, steuert aber dennoch die daraus entstehende Emotion. Schachter und Singer haben ihre Vermutung belegt, indem sie einigen Versuchspersonen unter einem Vorwand ein erregendes Medikament spritzten. Einigen Versuchspersonen beschrieben sie die Wirkung des Mittels sachgerecht, andere ließen sie darüber im Unklaren. Anschließend brachten sie die Versuchspersonen unter einem Vorwand mit einem Mitarbeiter zusammen, der als weitere Versuchsperson vorgestellt wurde. Dieser Mitarbeiter verhielt sich in einigen Fällen aggressiv. In anderen Fällen führte er sich albern auf. Entsprechend den Erwartungen der beiden Versuchsleiter benahmen sich die ahnungslosen Versuchspersonen den Umständen entsprechend ebenfalls aggressiv oder albern. Dagegen verhielten sich die kundigen Versuchspersonen, weil sie eine überzeugende Erklärung für ihre Erregung hatten, völlig normal.[11]

Der Kommunikationsforscher Percy H. Tannenbaum hat die Zwei-Faktoren-Theorie für die Analyse von Medienwirkungen fruchtbar gemacht. Üblicherweise vermuten wir, dass Gewaltdarstellungen die Bereitschaft zu aggressiven Handlungen vergrößern, weil zwischen der Ursache – dem Inhalt des Films – und der Wirkung – der Verhaltensbereitschaft – eine Ähnlichkeit besteht.[12] Dies ist jedoch nicht notwendigerweise so. In einer Serie von Experimenten hat Tannenbaum gezeigt, dass verschiedene Filme, wie beispielsweise Abenteuerfilme, Slapstick-Komödien oder pornografische Darstellungen, eine ähnlich starke Erregung hervorrufen können. Dadurch steigern sie generell die Reaktionsbereitschaft. Die Art der Reaktionen hängt nicht vom Inhalt der gesehenen Filme ab, sondern – ähnlich wie im Experiment von Schachter und Singer – von den Wahrnehmungen in der jeweiligen Handlungssituation: Wurden die Versuchspersonen

11 Vgl. Schachter, Stanley / Singer, Jerome: Cognitive, Social, and Physiological Determinants of Emotional State. In: *Psychological Review*, 69/1962, S. 379–399.

12 Vgl. Tannenbaum, Percy H.: Emotional Arousal as a Mediator of Erotic Communication Effects. In: *Technical Report of the Commission on Obscenity and Pornography*, Vol. III. Washington, D.C. 1971, S. 326–356.

mit einem pornografischen Film erregt und anschließend in eine Situation gebracht, in der sie aggressiv reagieren konnten, verhielten sie sich wesentlich aggressiver als Personen, die keinen erregenden Film gesehen hatten.

Viele Skandalberichte vor allem des Fernsehens sind aufgrund ihrer Bilder erregend – Aufnahmen von Nematoden in Fischen, von Wasserkanonen gegen Greenpeace-Aktivisten, von Sanierungsarbeitern in Ganzkörper-Schutzanzügen, von brennenden Tierkadavern auf englischen Feldern und von Toten, Verletzten und Verzweifelten in Kaprun und Bad Reichenhall, von gewaltigen Explosionen im Kernkraftwerk von Fukushima. Solche Bilder sind die direkte Ursache von Ekel, Empörung, Angst und Trauer. Allerdings erklärt dies bei vielen Skandalen die heftigen emotionalen Reaktionen aus zwei Gründen unzureichend. Es bleibt unklar, weshalb die Bilder diese und keine anderen Emotionen auslösen: Warum empfanden die meisten Fernsehzuschauer angesichts der Wasserkanonen vor allem Empörung über die Shell AG – statt Mitleid mit den attackierten Greenpeace-Aktivisten? Warum schlug die anfängliche Trauer angesichts der Brandkatastrophe in einer Bergbahn bei Kaprun in Wut und Empörung um, obwohl die Bilder gleich oder zumindest ähnlich blieben? Warum geschah das Gleiche einige Wochen nach dem Einsturz der Eissporthalle in Bad Reichenhall? Die Bilder von dem Geschehen allein erklären das nicht. Hinzukommen müssen situationsbezogene Vorstellungen – etwa von den Ursachen der Brandkatastrophe. Zudem gibt es bei vielen Skandalen keine ähnlich erregenden Aufnahmen. Trotzdem schlägt die Erregung hohe Wellen – wie bei der Gedenktagrede Jenningers im Bundestag, wie bei der Dankesrede Walsers in der Paulskirche, wie beim CDU-Spendenskandal, bei der vermeintlichen Ermordung des sechsjährigen Joseph und bei der Verhaftung des vermeintlichen Vergewaltigers Strauss-Kahn in New York. Warum kommt es auch in solchen Fällen zu starken emotionalen Reaktionen, obwohl ähnlich dramatische Bilder fehlen?

Erregende Bilder sind eine, aber nicht die einzige Quelle von Emotionen. Die gleichen Emotionen können auch durch reine Textdarstellungen hervorgerufen werden. Warum dies so ist, erklären die Psychologen Josef Nerb, Hans Spada und Stefan Wahl mit der „Appraisal-Theory".[13] Emotionale Reaktionen sind danach spontane und intuitive Folgen der individuellen Einschätzung einer Situation. Ihre Grundlage sind nicht objektive Fakten, sondern subjektive Vorstellungen. Diese Vorstellungen beruhen bei Skandalen, weil die Masse der Bevölkerung keine Informationen aus erster Hand besitzt, im Wesentlichen auf Medienberichten. Die Intensität der Reaktionen auf das Geschehen – genauer gesagt, auf seine Darstellung durch die Medien – hängt von der Größe des wahrgenommenen Schadens ab: Je bedeutsamer die Leser, Hörer oder Zuschauer einen Missstand einschätzen, desto heftiger fallen ihre Reaktionen aus. Die Art der Reaktionen beruht auf den Vorstellungen von den Ursachen des Missstandes. Falls die Rezipienten den Eindruck gewinnen, ein Missstand sei auf individuelle Fehler von eigennützig handelnden Personen zurückzuführen, empfinden sie Ärger. Dies gilt vor allem, wenn sie der Meinung sind, dass die Akteure die Folgen ihres Handelns abschätzen konnten und keine höheren Ziele verfolgten. Falls die Leser, Hörer oder Zuschauer dagegen den Eindruck gewinnen, der Schaden sei durch höhere Gewalt – etwa durch ein Naturereignis – hervorgerufen worden, empfinden sie Trauer. Dies ist vor allem dann der Fall, wenn sie meinen, dass die Handelnden die Folgen ihres Verhaltens nicht überblicken konnten, keine andere Wahl hatten und höhere Ziele verfolgten.

Nerb und seine Kollegen haben ihre theoretischen Annahmen anhand fiktiver, aber realistischer Berichte über Umweltschäden getestet und bestätigt: Wurde in einem Bericht über einen Tankerunfall mit großen ökologischen Folgeschäden behauptet, das havarierte Schiff habe nicht den Sicherheitsvorschriften entsprochen, reagierten die Leser mit Ärger. Wurde dagegen behauptet, es habe den neuesten Sicherheitsstandards entsprochen, mit Trauer. Entsprechend den theoretischen Annahmen entwickelten die Leser darüber hinaus auch andere, stimmige Vorstellungen. So glaubten die Leser eines Unfallberichtes, in dem der Tanker als unsicher dargestellt wurde, dass die Verantwortlichen das Risiko kannten und kein höheres Ziel verfolgten – obwohl in dem Bericht darüber nichts gesagt wurde. Wurde der Tanker nicht aus-

13 Vgl. Nerb, Josef / Spada, Hans / Wahl, Stefan: Kognition und Emotion bei der Bewertung von Umweltschadensfällen.

drücklich als unsicher dargestellt, zogen die Leser auch nicht diese Folgerungen. Die Realitätsdarstellungen weckten auch Verhaltensabsichten. So waren die Leser des Berichtes über den Tankerunfall, die erfahren hatten, dass das Schiff nicht den Sicherheitsbestimmungen entsprach, eher zur Teilnahme an einem Boykott bereit als die Leser eines Berichtes, in dem der Tanker als sicheres Schiff charakterisiert wurde.

Die Appraisal-Theory wurde im Labor erfolgreich getestet. Dabei wurden aber mehrere Wirkfaktoren vernachlässigt, die bei der Skandalisierung von Missständen in der gesellschaftlichen Realität eine bedeutende Rolle spielen, im Labor aber nicht getestet werden können. Dazu gehören u. a. die Konsonanz der Berichterstattung, d. h. der mehr oder weniger übereinstimmende Tenor aller Medien, und die Menge der veröffentlichten und genutzten Beiträge. Zudem haben die Autoren nur materielle Schäden berücksichtigt. Ursache der Skandalisierung von Missständen sind jedoch vielfach immaterielle Schäden – die Verletzung von sozialen Normen, etwa der Zitierweisen beim Verfassen einer Doktorarbeit, des Telefongeheimnisses und der Privatsphäre, der Promillegrenze beim Autofahren usw. Bei der Analyse der Skandalisierung von Missständen in der sozialen Realität müssen folglich auch die immateriellen Schäden beachtet werden. Dazu müssen die theoretischen Annahmen, die Untersuchungsanlage und die Messinstrumente entsprechend erweitert und in einer Feldstudie getestet werden.

Auf der Grundlage der erweiterten theoretischen Annahmen und empirischen Vorgehensweisen wurde der Einfluss der Medienberichterstattung auf die Vorstellungen der Rezipienten vom Geschehen, auf ihre emotionalen Reaktionen und auf ihre Forderungen nach Konsequenzen für die Skandalisierten anhand von vier Fällen untersucht – der Berichterstattung über die Rolle von Ludger Volmer in der Visa-Affäre, über die Rolle von Joschka Fischer in der gleichen Sache, über das Aufsichtsrat-Mandat einer russischen Firma von Gerhard Schröder sowie über die Bespitzelung von Journalisten durch den Bundesnachrichtendienst.[14] Dazu wurde der Inhalt von 1.640 Zei-

14 Vgl. Kepplinger, Hans Mathias / Geiß, Stefan / Siebert, Sandra: Framing Scandals: Cognitive and Emotional Media Effects. In: *Journal of Communication*, im Druck.

tungs- und Fernsehberichten differenziert analysiert, die entsprechenden Vorstellungen, Emotionen und Forderungen von 1.034 Personen erfragt und die Zusammenhänge zwischen den genutzten Beiträgen und den Publikumsreaktionen berechnet. Die Ergebnisse bestätigen im Wesentlichen die Laborbefunde, ergänzen und präzisieren sie jedoch in mehreren Punkten.

Die Menge der veröffentlichten und genutzten Beiträge besitzt einen signifikanten Einfluss auf die Überzeugung, dass die Kritisierten schuldig sind: Je intensiver die Medien über einen Missstand berichten, desto eher ruft die Berichterstattung skandaltypische Reaktionen hervor. Die Beiträge wirken sich auch dann auf die erwähnte Überzeugung aus, wenn sie nur einige der Vorwürfe thematisieren: Es kommt nicht darauf an, dass der Skandalisierte in jedem Beitrag angeprangert wird, es genügt, wenn die zentralen Informationen dem etablierten Schema entsprechen. Die verschiedenen Vorwürfe besitzen einen unterschiedlich starken Einfluss auf die Vorstellungen der Rezipienten vom Geschehen: Den größten Einfluss besitzen die Darstellung des materiellen und immateriellen Schadens und die Behauptung, die Kritisierten hätten die Folgen ihres Handelns gekannt. Der Ärger, den die Berichte auslösen, hängt vor allem von medial hervorgerufenen Vorstellungen von der Größe des Schadens und des Wissens der Kritisierten um die Folgen ihres Handelns ab. Die Forderungen nach Konsequenzen beruhen dagegen vor allem auf der Vorstellung von der Größe des Schadens sowie auf der Überzeugung, dass der Schaden tatsächlich durch die Kritisierten hervorgerufen wurde und dass die Kritisierten aus egoistischen Motiven gehandelt haben. Dies führt zur Rolle der Übertreibungen zurück: Sie bilden den Treibsatz der erfolgreichen Skandalisierung von tatsächlichen oder vermeintlichen Missständen.

Die Darstellung der Pläne zur Versenkung der Brent Spar entsprach dem Schuldschema des Experimentes und der darauf aufbauenden Feldstudie. Die Menschen verhielten sich so, wie man es theoretisch erwarten kann: Die Shell AG wurde von Greenpeace in einer wochenlangen PR-Kampagne als eigennütziger Verursacher eines sehr großen, absehbaren und vermeidbaren Schadens dargestellt. Bei der Haupt-Zielgruppe der Kampagne, den deutschen Journalisten, löste dies Wut und Ärger aus, die durch die aufregenden Bilder vom Kampf zwischen David und Goliath in der Nordsee noch verstärkt wurden. Auch deshalb diskreditierten sie die Richtigstellungen von Shell mit dem Zorn der Gerechten und steigerten damit die Empörung ihrer Leser, Hörer und Zuschauer derart, dass sie sich im Boykott von Shell-Produkten und gelegentlich auch in gewaltsamen Aktionen gegen Shell-Tankstellen entlud – wobei alle aus den zuvor genannten Gründen der festen Überzeugung waren, sachlich richtig zu handeln. Ähnlich verliefen die Reaktionen auf die Skandalisierung von angeblich gefahrenträchtigem Rindfleisch, Schweinefleisch und Geflügelfleisch, wobei ihre Intensität der Intensität der jeweiligen Berichterstattung entsprach. Ähnlich verliefen sie nach der Skandalisierung von SARS, Vogelgrippe und Schweinegrippe, bei denen man die gleichen Zusammenhänge zwischen der Intensität der Anprangerung und der Verstörung der Bevölkerung findet.

Die Art der Reaktionen und ihre Intensität beruhen bei allen großen Skandalen auf dem Zusammenwirken der Intensität der Skandalisierung durch die Medien und der dadurch etablierten Vorstellungen, Emotionen und Verhaltenstendenzen: Eine oft nur sachlich scheinbar richtige Vorstellung ist verbunden mit einer moralisch scheinbar notwendigen Erregung, die beide auf die gleichen Ursachen zurückgehen, die mediale Darstellung des Sachverhaltes, und die sich im Verlauf eines Skandals gegenseitig hochschaukeln. Ob die Vorstellung berechtigt oder falsch ist, kann die Mehrheit der Bevölkerung nicht feststellen und erschließt sich auch den Journalisten oft nicht oder nur unzureichend. Entscheidend ist die Überzeugung, dass sie zutrifft. Zur Vorstellung vom Geschehen gehören die Empörung darüber und der Glaube an alles, was diese Empörung verstärken kann. Vorstellungen und Empfindungen sind stimmig. Für Trauer ist deshalb im Skandal kein Raum.

Falls sich aber die Vorstellungen als falsch erweisen, können Wut und Empörung in Scham und Trauer umschlagen, wenn sich nämlich herausstellt, dass Missstände nicht durch menschliche Fehler hervorgerufen wurden, sondern natürliche Ursachen hatten: Man ist noch erregt, empfindet die Erregung jedoch nun ganz anders – als Folge der Erkenntnis etwa, dass der kleine Joseph in Sebnitz nicht von Rechtsradikalen ermordet wurde, sondern Opfer eines Badeunfalls war. Nun verdrängte Mitleid die Empörung. Ein Beispiel für den umgekehrten Fall liefert die Brandkatastrophe in der Bergbahn bei Kaprun: Als bekannt wurde, dass der Brand keine natürlichen Ursachen hatte, sondern eine Folge von menschlichem Versagen war, schlug die anfängliche Trauer in Wut um. Das Gleiche geschah im Verlauf der sukzessiven Aufdeckung der Ursachen des Einsturzes der Eissporthalle in Bad Reichenhall.

Sobald die Erregung abgeklungen ist, weil sich die Aufmerksamkeit der Medien und ihres Publikums anderen Themen zugewandt hat, fehlt die eine Hälfte der Verhaltensursachen: Man erinnert sich zwar noch an das, was man gedacht – genauer: sich vorgestellt – hat, versteht aber nicht mehr, warum man so empört war, weil die dafür erforderliche Erregung fehlt. Deshalb erscheinen im Rückblick die Hysterie über die verstrahlte Molke, die Empörung über die Reden Jenningers und Walsers, die Aggressionen gegen Hoeneß und Sarrazin, die Verdammung der Einwohner von Sebnitz und die Ängste vor BSE, der Schweinegrippe und Ehec kaum noch nachvollziehbar.

7. Missstände und Skandale

Die Medien decken keine Skandale auf. Skandale sind keine vorgegebenen Sachverhalte, die man aufdecken und berichten kann, sondern die Folge der öffentlichen Kommunikation über Missstände. Zwischen Missständen und Skandalen besteht ein kategorialer Unterschied. Zum Skandal wird ein Missstand erst durch die Perspektive, aus der man ihn betrachtet. Die Missstände selbst sind oft nicht neu, sie sind meist beweisbar und sachlich fast immer unstrittig. Dies alles trifft auf die skandalträchtige Perspektive nicht zu. Sie ist neu, im engeren Sinn nicht beweisbar, aber im Unterschied zum Missstand wirkmächtig. Es gibt viele Missstände, die nie zum Skandal werden, obwohl sie bekannt sind. Und es gibt Skandale, ohne dass ein Missstand vorliegt. Deshalb kann man weder von der Häufigkeit der Skandale auf die Häufigkeit von Missständen schließen, noch umgekehrt.

Viele Missstände sind lange bekannt, bevor sie zum Skandal werden. Einige Beispiele wurden bereits erwähnt, sie werden hier genauer behandelt und durch andere Beispiele ergänzt. Der wohlwollende Kommentar Werner Höfers zur Hinrichtung des Konzertpianisten Karl-Robert Kreiten im Berliner *12 Uhr Blatt* vom 20. September 1943, der seine journalistische Karriere beendete, war seit 1962 bekannt. Mehrere Blätter, darunter *Bild am Sonntag* hatten seit 1978 darüber berichtet, Musikhistoriker hatten den Vorgang analysiert und ihre Ergebnisse in Buchform publiziert, ein Schriftsteller hatte ihn dramatisiert und in Koblenz auf die Bühne gebracht. Zum Skandal wurde er jedoch erst Ende 1987 durch einen Artikel des *Spiegel*. Bis dahin hatte Höfer immer erfolgreich behauptet, die kritisierte Passage des Kommentars stamme nicht von ihm, sondern sei in seinen Beitrag hineinredigiert worden. Ob dies zutraf, blieb bis zuletzt unklar. Jetzt aber musste er innerhalb weniger Tage unter entwürdigenden Umständen die Leitung des *Internationalen Frühschoppens* aufgeben.[1]

---

1 Vgl. Eps, Peter / Hartung, Uwe / Dahlem, Stefan: Von der Anprangerung zum Skandal.

Über die Flugreisen von Ministerpräsident Späth hatte die *Südwest Presse Ulm* bereits 1980 berichtet. Sieben Jahre später beschrieben mehrere Autoren in einem biografischen Sammelband die ungewöhnlichen Reisen des Ministerpräsidenten. Zum Skandal wurden sie jedoch erst, als der *Südwestfunk* Ende 1990 im Zusammenspiel mit dem *Spiegel* den Sachverhalt erneut aufgriff.[2] Über angeblich verdorbene Rohstoffe in Eiernudeln hatten die lokalen Medien im Raum Stuttgart bereits ein Jahr vor dem „Flüssigei-Skandal" berichtet. Zu einem bundesweiten Skandal wurden die kaum variierten und ergänzten Behauptungen jedoch erst ein Jahr später.[3] Über schwarze Konten der CDU hatte der *Spiegel* bereits 1995 berichtet. Einen Aufschrei der Empörung gab es damals weder in der Politik noch in den Medien. In allen Fällen war der Missstand, der den Kern des späteren Skandals ausmachte, bekannt. Insofern musste nichts aufgedeckt werden, damit ein Skandal entstand. Die bereits bekannten Missstände hätten allemal für einen Skandal ausgereicht. Was fehlte, war der Aufhänger, die moralische Aufladung des Missstandes.

Über den sexuellen Missbrauch von Schülern durch Lehrer der Odenwaldschule hatte, nachdem sich zwei der Opfer an einen Journalisten gewandt hatten, die *Frankfurter Rundschau* schon 1999 umfangreich berichtet.[4] Der Beschuldigte Gerold Becker, ehemaliger Leiter der Schule, gab danach die Mitarbeit in mehreren Gremien auf, einen Skandal löste der Bericht aber nicht aus. Gerold Becker wurde sogar 2002 Mitherausgeber der angesehenen pädagogischen Zeitschrift *Neue Sammlung*. Das bewog drei andere Herausgeber, aus dem Gremium auszuscheiden. Ein Skandal wurde aber auch daraus nicht. Ein Lehrer der Odenwaldschule, Dr. Salman Ansari, hatte die Bundestagsabgeordnete Antje Vollmer im November 2002 brieflich über Missbrauchsvorwürfe gegen Becker informiert. Als Antwort erhielt er ein

2 Vgl. Kepplinger, Hans Mathias: Am Pranger.

3 Vgl. Lerz, Michael: Skandalberichterstattung.

4 Vgl. Haeming, Anne: Ein schreckliches Paradies. Auf: *Spiegel online*, 9. August 2010.

ausweichendes Schreiben einer Mitarbeiterin Vollmers. Einen Skandal löste das Schreiben an Vollmer nicht aus.[5]

Fast alle Skandale beruhen auf Missständen, aber nicht alle Missstände führen zu Skandalen. Die Umwelt in Westdeutschland war in den Sechzigerjahren erheblich stärker geschädigt als in den Achtzigerjahren. Im Kohlerevier verdunkelten Industrieabgase den Himmel, die Ruhr stand vor ihrem biologischen Aus und zum Frühling am Rhein gehörte das jährliche Fischsterben. Zum Skandal wurde das nicht. Die Erschießung von fast 1.000 DDR-Flüchtlingen wurde gewissenhaft registriert, die Verhaftung von Ausreisewilligen sorgsam verzeichnet. Zum Skandal wurde es im Unterschied zum Terror des Schah-Regimes und der chilenischen Junta aber nicht. Kurz vor dem Ende der DDR gab es sogar vielmehr energische Versuche, die zentrale Registrierung von DDR-Unrecht abzuschaffen. Anfang der Achtzigerjahre wies die SPD im *Bundesanzeiger* eine anonyme Sammelspende in Höhe von 6,3 Millionen DM aus.[6] Das Geld hatte ihr verstorbener Schatzmeister Nau gesammelt und seinem Nachfolger Halstenberg mit der ausdrücklichen Verpflichtung übergeben, die Namen der Spender zu verschweigen.[7] Damals fragten weder die politischen Gegner noch die Presse nach der Herkunft der Gelder, obwohl der Sachverhalt 1984 im Flick-Untersuchungsausschuss zur Sprache kam. Ein Skandal wurden die Spenden an die SPD nicht.

Verteidigungsminister Scharping sagte im Dezember 2001 in einem Vertrag mit sieben europäischen Partnerstaaten den Kauf von 73 Transportflugzeugen (A400M) für die Bundeswehr zu, obwohl der Haushaltsausschuss des Bundestags einen Monat vorher die dafür

---

5 Vgl. Zastrow, Volker: Eine unabhängige Autorität? Antje Vollmer erfuhr 2002 von dem Missbrauch an der Odenwaldschule. In: *Frankfurter Allgemeine Sonntagszeitung*, 4. April 2010.

6 Vgl. Müller, Reinhard: Nur wenige Parteispendenverfahren endeten mit Verurteilungen. Rügen des Verfassungsgerichts und Gesetzesänderungen. In: *Frankfurter Allgemeine Zeitung*, 4. Dezember 1999; Bannas, Günter: In Gelddingen ist nicht nur Kohl zugeknöpft. Eine Millionenspende von 1980 und der frühere SPD-Schatzmeister Nau. In: *Frankfurter Allgemeine Zeitung*, 10. Februar 1999.

7 Siehe *Frankfurter Allgemeine Zeitung*, 1. September 2000.

erforderliche Aufstockung der Mittel von 5,1 auf 8,6 Milliarden Euro ausdrücklich abgelehnt hatte. Um ein Scheitern des Gemeinschaftsprojektes zu verhindern, brachte die Bundesregierung einen Beschlussantrag in den Bundestag ein, der das Parlament verpflichtet hätte, die fehlende Summe in den Haushalt 2003 einzustellen, wodurch das zentrale Recht des Parlaments – die Entscheidung über den Haushalt – unterlaufen worden wäre. Zum Skandal wurde das nicht.

Als im Winter 2002/2003 die Dramatisierung der Gefahr durch SARS die deutsche Bevölkerung in Atem hielt und Tausende ihre Flugreisen nach Asien stornierten, starben in Deutschland zwischen 12.000 bis 20.000 Menschen an der Grippe. Das waren 20- bis 30-mal mehr Menschen, als in China (einschließlich Hongkong) SARS zum Opfer fielen (633). In Deutschland gab es keinen einzigen SARS-Toten. Aber aus Angst vor der Grippe wollte niemand Deutschland verlassen. Als von Ende Mai bis Ende Juli 2011 die Erkrankung von 4.320 Menschen an Ehec-Infektionen mit 50 Todesopfern die Medien alarmierte und die Bevölkerung in Angst und Schrecken versetzte, starben in Deutschland nach vorsichtigen Schätzungen zwischen 1.600 und 2.500 Menschen an Infektionen, die sie sich in Krankenhäusern zugezogen hatten. Pro Jahr sterben auf diese Weise zwischen 10.000 und 20.000 Menschen. Das ist seit Langem bekannt, wird gelegentlich in differenzierten Medienbeiträgen behandelt, einen Skandal ausgelöst hat keiner dieser Berichte.

Die meisten Missstände werden nicht zum Skandal – und zwar auch dann nicht, wenn sie in einzelnen Beiträgen skandalisiert werden. Dies belegt eine systematische Analyse zum Verhältnis von bekannten, berichteten sowie erfolglos und erfolgreich skandalisierten Missständen. Im Jahr 1998 gab es nach Auskunft von 492 Repräsentanten verschiedener Bereiche der Gesellschaft 1.576 Missstände aus ihrem jeweiligen Tätigkeitsbereich. Mehr als drei Viertel dieser Missstände (75 %) waren von den Medien berichtet worden. Allerdings waren in vielen Fällen nur einige wenige Beiträge erschienen. Eine nachhaltige Berichterstattung – bekanntlich eine wesentliche Voraussetzung für einen Skandal – gab es nur über ein gutes Drittel der Missstände (39 %). Die weitaus meisten dieser Missstände wurden allerdings nicht angeprangert, sondern nüchtern dargestellt. Zu Skandalen wurden – je nach Abgrenzungskriterium – nur fünf bis zehn Prozent. Zu einem ähnlichen Ergebnis führt die differenzierte Analyse von 2.527 Presseberichten über 30 Missstände, die die Befragten genannt hatten. Nur etwas mehr als die Hälfte der Beiträge (57 %) in regionalen und überregionalen Tageszeitungen charakterisierten die von den Befragten genannten Missstände ebenfalls als Missstände. Weniger als zehn Prozent skandalisierten sie, indem sie sie durchgängig anprangerten.[8]

Die Vorstellung, die Medien würden alles, was einzelne gesellschaftliche Akteure als Missstand betrachten, auch als Missstand darstellen, ist genauso abwegig wie die Idee, sie würden alle bekannten Missstände skandalisieren. Zwischen der Art und Anzahl der bekannten und der Art und Anzahl der skandalisierten Missstände bestehen große Unterschiede. Deshalb gibt es keinen Anspruch darauf, dass große Missstände skandalisiert werden. Genauso wenig gibt es einen Anspruch darauf, dass kleine Missstände von der Skandalisierung verschont bleiben. Mit Rechten und Ansprüchen hat das nichts zu tun. Andererseits sind Skandale auch nicht die Folge von Willkürakten, sondern das Ergebnis des schwer vorhersehbaren Zusammenwirkens zahlreicher gesellschaftlicher Faktoren. Missstände, die nach Ansicht der Repräsentanten der verschiedenen Gesellschaftsbereiche durch Fehlentscheidungen verursacht wurden, waren in der Berichterstattung deutlich überrepräsentiert. Missstände, die durch Fehlentwicklungen, Verfahrensmängel und Mangelzustände aller Art verursacht wurden, waren dagegen deutlich unterrepräsentiert. Eine Ursache der Diskrepanzen liegt darin, dass Fehlentscheidungen einfacher darstellbar sind als Strukturmängel. Eine weitere Ursache besteht darin, dass Journalisten spezifische Vorstellungen davon haben, was Missstände sind.

Die Journalisten in den Regionen, in denen die erwähnten Vertreter der gesellschaftlichen Gruppen lebten, sahen vieles anders. Die 122 befragten Redakteure der Tageszeitungen in den Regionen nannten

8 Vgl. Kepplinger, Hans Mathias / Ehmig, Simone Christine / Hartung, Uwe: Alltägliche Skandale. Eine repräsentative Analyse regionaler Fälle. Konstanz 2002.

häufig Missstände, die nach ihrer Einschätzung die Folgen von Eigennutz waren (20 %). Die anderen Befragten erwähnten solche Missstände nur selten (5 %). Dies deutet darauf hin, dass für Journalisten ein Sachverhalt vor allem dann als Missstand gilt, wenn er nach ihrer Überzeugung durch eigennütziges Verhalten verursacht wird. Andererseits verwiesen die Journalisten nur selten auf Missstände, die nach ihrer Überzeugung eine Folge von Fehlentwicklungen und Mangelzuständen waren (19 %). Die anderen Befragten erwähnten solche Missstände häufiger (30 %). Was den einen als Missstand erschien, nahmen die anderen oft nicht so wahr – und umgekehrt. Dies hat erhebliche Auswirkungen auf die öffentliche Sichtbarkeit der Missstände, die den Vorstellungen der Journalisten entsprechen. Sie werden eher zu Skandalen als solche, die nicht dazu passen.

Die Medien machen Missstände zu Skandalen, indem sie sie anprangern. Ihr wichtigstes Mittel besteht – wie bereits gezeigt wurde – darin, Missstände als besonders schwerwiegend und als Folge des schuldhaften Verhaltens von Personen darzustellen: Sie waren in ihrer Entscheidung frei und hätten, wenn sie gewollt hätten, auch anders handeln können; sie haben aus niederen Motiven gehandelt und waren sich der negativen Folgen ihres Handelns bewusst. Sie haben nicht nur aufgrund von besonderen Umständen einen Fehler gemacht, sie haben sich aus Eigennutz bewusst über bestehende Regeln hinweggesetzt. Dies verleiht den Missständen eine moralische Ladung: Die Angeprangerten sind nicht nur die Verursacher von Missständen, sondern auch im moralischen Sinn verantwortlich dafür und müssen zur Rechenschaft gezogen werden. Die Schuld der Skandalisierten erfordert Sühne, schmerzhafte persönliche Konsequenzen – Rücktritte von Politikern, Entlassung von Funktionären, Amtsaufgabe von Unternehmern. Mehr als vier Fünftel (88 %) aller Beiträge in den untersuchten Zeitungen, die Missstände durchgängig anprangerten, charakterisierten sie eindeutig oder überwiegend als Folge von schuldhaftem Versagen. Ein Drittel der Beiträge (31 %) erweckte den Eindruck, die Verursacher hätten die Missstände vermeiden oder vermindern können. Ein Drittel (37 %) legte die Folgerung nahe, sie hätten niedere Ziele verfolgt. Die nicht anprangernden Berichte der gleichen Blätter vermittelten diese Eindrücke vergleichsweise selten.

Sie enthielten beispielsweise meist keine Aussagen über die Schuld von einzelnen Akteuren und über ihre Ziele.[9]

Skandalträchtige Perspektiven entstehen gelegentlich durch die Betonung von bekannten, aber bisher vernachlässigten Aspekten. Während z. B. bei allen früheren Versuchen zur Skandalisierung des Journalisten Höfer der tatsächliche oder vermeintliche Schreibtischtäter im Mittelpunkt stand, konzentrierte sich der *Spiegel* auf das Opfer, den Pianisten Kreiten – sein Leben, seine Freunde, seine Zukunftserwartungen. Das Mitleid mit dem Opfer ließ Höfers Kommentar wesentlich verwerflicher erscheinen als den Opportunismus des Autors. Was Höfer zu seiner Verteidigung vorbrachte, war deshalb gleichgültig. Im Mitgefühl mit dem Opfer glaubte ihm niemand mehr. Skandalträchtige Perspektiven sind gelegentlich auch eine Folge neuer Umstände, die bekannte Fakten in einem anderen Licht erscheinen lassen – etwa die private Beziehung des Ministerpräsidenten Späth zu dem Vorstandsvorsitzenden der SEL, Lohr, der wegen Untreue, Betrug und Steuerhinterziehung vor Gericht stand. Als auch noch bekannt wurde, dass die Töchter von Späth und Lohr auf Kosten der SEL gemeinsame Ferien auf einem Reiterhof verbracht hatten, schien jeder Verdacht gegen Späth gerechtfertigt, obwohl Späth kaum wissen konnte, dass Lohr die Reiterhof-Ferien der beiden Mädchen geschäftlich abgerechnet hatte.[10]

Häufig beruhen skandalträchtige Perspektiven auf der Reduzierung mehrerer Alternativen mit erkennbaren Nebenfolgen auf eine einzige Möglichkeit, deren Wahl verwerflich erscheint, weil die Nebenfolgen anderer Möglichkeiten nicht thematisiert werden. Beispiele hierfür liefert die Skandalisierung der unbeabsichtigten Nebenwirkungen einer Versenkung der Brent Spar, der Castor-Transporte[11],

---

9 Vgl. Kepplinger, Hans Mathias / Ehmig, Simone C. / Hartung, Uwe, ebd.

10 Vgl. Kepplinger, Hans Mathias: Am Pranger.

11 Vgl. Schulz, Winfried / Berens, Harald / Zeh, Reimar: Der Kampf um Castor in den Medien. Konfliktbewertung, Nachrichtenresonanz und journalistische Qualität. München 1998.

der Kernenergie[12] und von Medikamenten[13]. Die unbestreitbaren Nebenwirkungen erscheinen deshalb unerträglich, weil die ebenso unvermeidbaren Nebenfolgen der Alternativen – die Gefahren durch das Abwracken an Land, die Risiken einer Zwischenlagerung am Ort, die Risiken anderer Energien oder die Hospitalisierung von psychisch Kranken – ausgeblendet werden. Dies trifft in ähnlicher Weise auf die Skandalisierung von Medikamenten wie Lipobay und Vioxx zu, bei der in der Regel zwei Aspekte ausgeklammert werden – zum einen die Tatsache, dass auch andere Medikamente bekanntermaßen tödliche Nebenwirkungen haben können und zum anderen die Frage, ob bei vergleichbar wirksamen Alternativpräparaten tödliche Nebenwirkungen völlig ausgeschlossen werden können.

Die Skandalisierung eines Missstandes durch die Medien schlägt sich auch im Stil der Berichte nieder. Ein differenziert analysiertes Beispiel hierfür ist die Skandalisierung der damaligen Frankfurter Kulturdezernentin Linda Reisch in der „Intendantenaffäre".[14] Anlass der Skandalisierung war eine rechtlich fragwürdige Entscheidung Reischs, wegen der die Stadt Frankfurt Anwaltskosten übernehmen musste, die in Zusammenhang mit der geplanten Umstrukturierung der städtischen Bühnen entstanden. Die Berichte, die das Verhalten von Reisch skandalisierten, enthielten signifikant mehr rhetorische Sprachfiguren als die Beiträge, die es nüchtern als Fehlentscheidung präsentierten. Je mehr rhetorische Mittel die Artikel enthielten, desto stärker vermittelten sie den Eindruck, dass es sich bei dem Vorgang um einen Skandal handelte. Einige rhetorische Figuren waren besonders häufig. Dazu gehörten Metaphern („ihre Fähigkeit, Hornhaut zu bilden", „klebt an ihrem Stuhl", „geht in Deckung"), Antonomasien („Zoo- und Freizeitdezernentin"), Neologismen („Reischs-Absäge-Versuche") und rhetorische Fragen („Sollte das wirklich alles gewesen

12 Kepplinger, Hans Mathias: Die Konstruktion der Kernenergiegegnerschaft.

13 Vgl. Linde, Otfried K. / Kepplinger, Hans Mathias / Ehmig Simone C.: Mehr Akzeptanz durch mehr Fachinformation? Wie sehen Angehörige psychisch Kranker die Pharmakotherapie? In: *Deutsche Apotheker Zeitung*, 11/1996, S. 23–30.

14 Vgl. Schraewer, Claudia: Rhetorische Mittel bei der Skandalisierung von Linda Reisch. Mainz 2000 (unveröffentlichte Magisterarbeit).

sein?"). Mithilfe der rhetorischen Figuren ließen einige Medien das Geschehen besonders verwerflich erscheinen, obwohl sie keine wesentlich anderen Sachinformationen lieferten als andere. Während beispielsweise die *Frankfurter Rundschau* neutral einen materiellen Schaden meldete („Der Stadt entstanden Kosten von 143.000"), behauptete die *Frankfurter Neue Presse*, „durch die Eigenmächtigkeit von Linda Reisch [wurden] fast 250.000 Steuergelder verplempert". Letztlich setzte sich diese Sicht- und Darstellungsweise durch. Reisch musste gehen.

Die erfolgreiche Skandalisierung eines Missstandes ist nur der erste Schritt auf dem Weg zu einem großen Skandal. In vielen Fällen bleibt es bei einer kleinen, nur regional bedeutsamen Affäre, in anderen entwickelt sich daraus ein großer, bundesweiter Skandal. Solche Unterschiede können auch dann auftreten, wenn sich die skandalisierten Missstände gleichen. Ein Beispiel hierfür liefern zwei Fälle vom Beginn der Neunzigerjahre. Der eine betraf Bundesinnenminister Günther Krause. Er hatte seine Putzfrau legal, aber auf seinen Vorteil bedacht, vom Arbeitsamt bezahlen lassen. Daneben wurden ihm eine Reihe weiterer Selbstbegünstigungen vorgeworfen, die in diesem Zusammenhang aber nicht relevant sind. Der andere betraf die hessische Sozialministerin Heide Pfarr. Sie hatte ihre Dienstwohnung auf Kosten der Steuerzahler renovieren lassen. Auch dies geschah im Rahmen des rechtlich Zulässigen, rief jedoch ebenfalls den Eindruck der Selbstbegünstigung hervor. Beide mussten nach kurzer Zeit zurücktreten und verschwanden von der politischen Bühne. Allerdings reagierte die Bevölkerung auf die Vorfälle sehr unterschiedlich. Mehr als zwei Drittel der Deutschen (72 %) hielten es im Juni 1993 für einen Skandal, dass Krause seine Putzfrau vom Arbeitsamt bezahlen ließ. Dagegen betrachteten es weniger als die Hälfte (42 %) als einen Skandal, dass sich Pfarr ihre Wohnung mit Steuergeldern hatte renovieren lassen.[15]

Was war die Ursache der unterschiedlichen Empörung? Die Art des Verhaltens konnte es nicht sein. In beiden Fällen ging es um mate-

15 Vgl. Noelle-Neumann, Elisabeth: Lügen werden verziehen, doch beim Geld hört der Spaß auf. In: *Frankfurter Allgemeine Zeitung*, 14. Juli 1993.

rielle Vorteile. Das Ausmaß der materiellen Vorteile konnte es auch nicht sein – die Renovierung der Wohnung war wahrscheinlich teurer als die Bezahlung der Putzfrau. Die Schwere der Rechtsverletzungen schied ebenfalls aus – beide handelten im Rahmen des rechtlich Zulässigen. Die „Natur der Sache“ war offensichtlich nicht die Ursache der unterschiedlichen Reaktionen. Was war es dann? Betrachtet man nicht alle Deutschen, sondern nur jene, die die Vorwürfe gegen Krause bzw. Pfarr kannten, zeigt sich, dass das Verhalten beider Politiker nahezu die gleiche Empörung hervorrief: 82 Prozent aller Deutschen, die gehört hatten, dass Verkehrsminister Krause seine Putzfrau vom Arbeitsamt bezahlen ließ, hielten dies für einen Skandal. Im Fall Pfarr war die Empörung noch etwas größer: 88 Prozent derer, die gehört hatten, dass sie ihre Wohnung mit Steuergeldern hat renovieren lassen, hielten das für einen Skandal. Die Ursache der großen Empörung über Krause waren nicht der Charakter und das Ausmaß seiner Verfehlungen, sondern ihre Bekanntheit.

Eine wesentliche Voraussetzung dafür, dass aus einem kleinen ein großer Skandal entstehen kann, ist eine hinreichend intensive Berichterstattung. Dies belegen die extrem unterschiedlichen Reaktionen auf die anonymen Spenden, die der Schatzmeister der SPD in den Achtzigerjahren erhalten hatte, und auf die anonymen Spenden, die Kohl in den Neunzigerjahren angenommen hatte. Man mag einwenden, inzwischen habe sich die Rechtslage geändert, auch die moralischen Maßstäbe seien heute anders. Dies trifft zu, geht aber am Kern der Problematik vorbei, weil ähnliche Sachverhalte auch zur gleichen Zeit unterschiedliche Reaktionen hervorrufen. Ein Beispiel sind die Reaktionen auf die Vergewaltigungsvorwürfe gegen Kachelmann und Strauss-Kahn in den deutschen Medien und in der deutschen Bevölkerung. In beiden Fällen waren die angeblichen Täter Prominente, die angeblichen Opfer weithin Unbekannte; in beiden Fällen lautete der Vorwurf auf Vergewaltigung; in beiden Fällen standen Aussagen gegen Aussagen; in beiden Fällen gab es keine Zeugen und keine eindeutigen Indizienbelege; in beiden Fällen handelte es sich bei den angeblichen Tätern um Männer, die sich nach Darstellung der Medien gegenüber Frauen fragwürdig verhalten hatten. Trotzdem wurde Strauss-Kahn in den deutschen Medien nahezu einhellig als notorischer Übeltäter angeprangert, an dessen Schuld kaum Zweifel bestehen könne, während Kachelmann von einem Teil der Medien als schuldig, darunter *Bild* und *Bunte*, von einem anderen Teil aber als unschuldig dargestellt wurde – darunter der *Spiegel* und die *ZEIT*. Diese Unterschiede haben erkennbare Ursachen – die Fixierung der Amerikaner auf Sexskandale, die besondere Rolle der Staatsanwälte im dortigen Rechtssystem und die Arbeitsweise der dortigen Medien. Dies alles ist wichtig, aber der Missstand selbst gehört nicht zu diesen Ursachen. Er hat damit nur indirekt etwas zu tun.

Zwischen der Größe eines Missstandes und der Größe eines Skandals besteht keine lineare Beziehung. Entscheidend für die Größe eines Skandals ist nicht die Größe des Missstandes, sondern die Intensität seiner Skandalisierung. Ein großer Skandal ist ein Missstand, den viele Menschen für einen Skandal halten, und sie halten ihn für einen Skandal, weil alle meinungsbildenden Medien ihn immer wieder als solchen präsentieren. Ein Beispiel hierfür ist das politische Ende Scharpings, der nicht über seine von den Medien wenig beachteten Angriffe auf das Haushaltsrecht des Parlaments gestürzt ist, sondern über die heiß thematisierten Wohltaten der PR-Agentur Hunzinger, darunter die Begleichung der Rechnung eines Herrenbekleidungsgeschäftes. Das war im Unterschied zur Aushöhlung einer Grundlage des Parlamentarismus der Stoff, der das Publikum der Massenpresse empören konnte. Weil „der Skandal aus der gleichgerichteten Erregung aller, zumindest aber sehr vieler Mitglieder einer Gesellschaft hervorgeht, genügt es“ nach Schütze, „jene Organe zu beherrschen, in denen Gleichzeitigkeit und Gleichgerichtetheit der öffentlichen Erregung erkennbar werden können, also Zeitungen, Rundfunk, Fernsehen und Versammlungssäle“.[16] Mit der Größe des Missstandes hat dies allenfalls indirekt etwas zu tun. Allerdings können auch Lappalien wie das Empfehlungsschreiben Möllemanns zugunsten seines Vetters das Zeug zu einem relativ großen Skandal haben, der in den Rücktritt eines Ministers mündet. Ist die Divergenz zwischen Anlass und Ergebnis zu offensichtlich, wird zuweilen die Erklärung nachgereicht, der Angegriffene sei nicht über die kritisierten Missstände, sondern

16 Schütze, Christian: Skandal, S. 22.

über seine Fehler bei der Verteidigung gefallen – er sei sozusagen wie das Wild bei der Treibjagd selbst schuld daran, wenn es einen falschen Haken geschlagen habe und in die Schussbahn geraten sei.

Jeder große Skandal muss, damit er sich voll entfalten kann, immer wieder neu angeheizt werden. Erfolgreiche Skandalisierer publizieren ihre Verdächtigungen deshalb nicht auf einmal, sondern verteilen sie auf mehrere Tage und Wochen. Sie „portionieren" ihre Informationen, wie es nach einem Bericht von Thomas Schuler der erfahrene Skandalisierer Leyendecker nennt.[17] Ein von Leyendecker selbst genanntes Beispiel ist der sukzessive Aufbau des CDU-Spendenskandals. Er habe, so Leyendecker, vor Journalistik-Studenten der Universität Dortmund den Skandal mit mehreren Beiträgen langsam entwickelt, bis eine Sonderseite gemacht wurde, auf der aber auch „bei weitem nicht so viel gesagt worden" sei wie sie „zu diesem Zeitpunkt" wussten. Das Ganze wäre nach seiner Einschätzung aber „versandet, wenn man es auf einen Schlag gemacht hätte, ohne es zu filetieren"[18].

Oft ergibt sich die Portionierung als Folge schrittweiser Fortschritte bei den Recherchen von selbst. Besonders eklatant war das bei der Skandalisierung der Plagiate in der Dissertation von zu Guttenberg. Nachdem Fischer-Lescano Anfang Februar 2011 acht Plagiate in der Dissertation entdeckt und die *Süddeutsche Zeitung* am 15. Februar die Funde bekannt gemacht hatte, suchten zahlreiche anonyme Plagiatsjäger im Text mithilfe von Computerprogrammen nach weiteren Plagiaten und dokumentierten ihre Funde sukzessive auf der Internetplattform „Guttenplag.wiki". Dies geschah optisch mit mehr oder weniger breiten Strichen, die die Länge der Übernahmen anzeigten und textlich mit Links auf Vergleiche zwischen Originalquellen und Übernahmen. Innerhalb weniger Tage wurden so auf 270 von 393 Seiten Plagiate dokumentiert.[19] Andere Quellen nannten einige Tage

---

17 Vgl. Schuler, Thomas: Der Wühler. Die CDU und ihre Spenden – ein Fall für den Enthüllungsjournalisten Hans Leyendecker. In: *Berliner Zeitung*, 21. Dezember 1999.

18 Vgl. *Welt am Sonntag*, 5. August 2001.

19 Vgl. Kaube, Jürgen: Vgl. auch Guttenberg 2009. In: *Frankfurter Allgemeine Zeitung*, 12. Februar 2011.

später etwas niedrigere Zahlen, verwiesen dafür jedoch z.T. auf eine höhere Zahl von plagiierten Zeilen.[20] Die Relevanz der plagiierten Textstellen für die Dissertation wurde zu diesem Zeitpunkt in keinem Fall diskutiert. Darauf kam es jedoch damals auch aus Sicht der Plagiatsjäger und Journalisten nicht an, weil jede neue Erfolgsmeldung das Interesse an der Thematik auch dann noch neu entfachte, als zu Guttenberg Ende Februar auf den Doktortitel verzichtet hatte. Deshalb verpuffte die Wirkung des demonstrativen Verzichts und zu Guttenberg trat am 1. März 2011 unter dem Druck der Belege von allen politischen Ämtern zurück.

Gelegentlich heizen die Skandalisierten auch selbst durch ihr Verhalten einen Skandal immer wieder neu an, weil ihre Verteidigung zum Gegenstand neuer Vorwürfe wird. Das bekannteste Beispiel hierfür ist die missglückte Verteidigung von Ministerpräsident Filbinger gegen die Vorwürfe wegen seiner Tätigkeit als Marinerichter: Seine fehlerhafte Berichtigung falscher Anschuldigungen trug am Ende mehr zu seinem Rücktritt bei als die längst bekannten Vorwürfe.[21]

Ähnlich negativ, wenn auch weniger folgenreich, wirkte sich Ministerpräsident Oettingers Feststellung vom 15. April 2007 aus, er bleibe bei der in seiner Trauerrede geäußerten Überzeugung, dass Filbinger ein Gegner der NS-Diktatur gewesen sei. Nur einen Tag später wurde er nach der verheerenden Kritik an dieser Äußerung auch aufgrund des Drucks aus seiner eigenen Partei zu einem Dementi gezwungen.[22]

Weil jede Verteidigung zum Anlass für neue Vorwürfe werden kann, ist sie nur dann Erfolg versprechend, wenn die Angegriffenen aufgrund persönlicher Beziehungen, politischer Affinitäten oder aus

---

20 Vgl. Kremp, Matthias: GuttenPlagWiki. Im Netz der Plagiate-Jäger. Auf: *Spiegel online*, 19. Februar 2011; cis: GuttenPlag-Wiki-Zwischenbilanz. Web-Detektive fanden schon mehr als 3.000 Plagiats-Zeilen. Auf: *Spiegel online*, 21. Februar 2011.

21 Vgl. Hürten, Heinz / Jäger, Wolfgang / Ott, Hugo: Hans Filbinger. Der „Fall" und die Fakten. Eine historische und politologische Analyse. Mainz 1980; Filbinger, Hans: Die geschmähte Generation. München 1987; Neubauer, Franz: Das öffentliche Fehlurteil. Der Fall Filbinger als ein Fall der Meinungsmacher. Regensburg 1990.

22 Vgl. *Frankfurter Allgemeine Zeitung*, 16. und 17. April 2007.

anderen Gründen einen guten Zugang zu den meinungsbildenden Medien besitzen und auf ihr wohlwollendes Verständnis, wenn nicht auf ihre Unterstützung zählen können. Beispiele hierfür liefern die Auseinandersetzungen um Bölls *Spiegel*-Artikel „Will Ulrike Gnade oder freies Geleit",[23] um die Stasi-Vergangenheit von Stolpe und um die Mitgliedschaft von Grass in der Waffen-SS.[24] Ein Beispiel dafür, was passiert, wenn es an den erwähnten Voraussetzungen fehlt, ist die Resonanz auf die Verteidigung von Späth bei der Skandalisierung seiner Reisen auf Kosten von Industrieunternehmen.[25]

Zuweilen gehören Personen im Umfeld der Skandalisierten zu den treibenden Kräften. Ein Beispiel hierfür ist Angela Merkel, die zu Beginn des CDU-Spendenskandals allein im *ZDF* vom 17. November 1999 bis zum 18. Februar 2000 in 25 Beiträgen zu verschiedenen Aspekten Stellung nahm und dabei auch auf Kosten der Partei Schlagzeilen machte. So kündigte sie wenige Tage vor dem Bericht der Wirtschaftsprüfer an, es gebe aus den Jahren 1989 bis 1993 weitere Einnahmen, die in der Öffentlichkeit noch nicht diskutiert worden seien. Dies wurde am 19. Januar 2000 zur Top-Meldung der Fernsehnachrichten. Am folgenden Tag erschien *Bild* mit der Schlagzeile „Noch 10 Millionen!" Als die Wirtschaftsprüfer kurze Zeit später ihren Bericht vorgelegt hatten, sorgte der gleiche Sachverhalt erneut für Schlagzeilen. Zur Erhellung des Sachverhaltes trugen diese Auftritte nichts bei. Stattdessen erzeugten sie zusammen mit ähnlichen Aktivitäten eine gewaltige publizistische Resonanz, die sich in negativen Urteilen der Bevölkerung insgesamt sowie der CDU-Mitglieder niederschlug. Ähnlich verfuhren die Partei-Fraktionsvorsitzenden der Hanauer CDU, Gössl und Hussing, bei der Skandalisierung der Hanauer Oberbürgermeisterin Härtel, als sie sich in einem langen

---

23 Vgl. Kepplinger, Hans Mathias: Struktur und Funktion eines publizistischen Konfliktes. In: Derselbe: Publizistische Konflikte und Skandale. Wiesbaden 2009, S.29–51.

24 Vgl. Becht, Dominik: Der publizistische Konflikt um die Enthüllung der Waffen-SS-Angehörigkeit von Günter Grass. Eine Struktur- und Argumentationsanalyse. Mainz 2010 (unveröffentlichte Magisterarbeit).

25 Vgl. Kepplinger, Hans Mathias: Politiker am Pranger. In: Derselbe: Publizistische Konflikte und Skandale. Wiesbaden 2009, S. 119–154.

Leserbrief an die *Frankfurter Allgemeine Zeitung* die später gerichtlich weitgehend entkräfteten Vorwürfe der Skandalisierer zu eigen machten und ihre Parteifreundin zum Rücktritt aufforderten.[26] Ein neueres Beispiel liefert die erfolglose Skandalisierung von Seehofer wegen der Schwangerschaft seiner Geliebten, deren Beziehung nach Darstellung von *Bild.de*[27] und *Focus*[28] in Berlin schon länger bekannt war, aber erst kurz vor der Wahl des Vorsitzenden der CSU skandalisiert wurde.

Ist ein großer Skandal einmal etabliert, eskaliert er oft schnell, weil er eine zunehmende Eigendynamik entwickelt. Der Motor ist dabei weniger die Substantiierung als die Ausdifferenzierung der Vorwürfe: Die ursprünglichen Behauptungen werden mit Fakten nicht untermauert, sondern auf immer neue Bereiche ausgedehnt. „Lächerliche Einzelheiten, unbedeutende Vorfälle, Hinweise auf Geschehnisse, die bisher niemanden ernsthaft interessiert" haben, gewinnen nach Schütze plötzlich „einen tieferen Sinn. Lichter gehen auf, Zusammenhänge werden gesehen, wenigstens vermutet und konstruiert ... Aus all diesen Gründen entwickelt sich aus dem ursprünglichen Ärgernis und der ersten Reaktion darauf ein Agglomerat von Tochterskandalen. Große Skandale sind Anbausysteme von Ärgernissen".[29] Alle großen Skandale entwickeln sich aus den genannten Gründen zu einem komplexen Geflecht von kaum noch unterscheidbaren Teilaffären, die den Eindruck grenzenloser Missstände hervorrufen. In Wirklichkeit betreffen die Teilaffären oft sachlich völlig verschiedene Tatbestände, die durch zwei Elemente zusammengehalten werden – die Identität der Skandalisierten sowie die spezifische Sichtweise der Skandalisierer. Ein Beispiel hierfür liefert die Skandalisierung der Hoechst AG aufgrund des Störfalls am 22. Februar 1993, bei dem ortho-Nitroanisol freigesetzt wurde, das in Wohngebieten niederging. Auf den Störfall folgten innerhalb von knapp sechs Wochen 15 mindere Betriebsstörungen, die zum Alltag großer Chemieunternehmen gehören und

26 Siehe *Frankfurter Allgemeine Zeitung*, 31. Januar 2003.
27 Vgl. Hoeren, Dirk: Parteifreunde streuen Gerüchte über heimliche Freundin von Horst Seehofer. Auf: *Bild.de*, 15. Januar 2007.
28 Vgl. Krumrey, Henning: Verhältnis-Wahlrecht. In: *Focus*, Heft 4/2007.
29 Schütze, Christian: Skandal, S. 35.

normalerweise kaum berichtet würden, nun aber zum Gegenstand von 169 Beiträgen wurden.[30]

Die Ausdehnung von Skandalen auf immer neue Sachverhalte geht einher mit einer Verengung der Sichtweisen im Journalismus und in der Bevölkerung: Immer mehr Geschehnisse werden aus einem immer engeren Blickwinkel heraus betrachtet. Der Grund für diese Entwicklung ist der von Sherif nachgewiesene Prozess der Urteilsbildung, der durch tatsächliche und scheinbare Beweise vorangetrieben wird. Je besser das anfänglich etablierte Schema auf andere Missstände zu passen scheint, desto mehr weitet sich der Skandal aus, weil er sich auf immer mehr Sachverhalte erstreckt. Je mehr er sich ausweitet, desto mehr Menschen halten immer mehr Missstände für skandalös. Deshalb entwickelte sich nach der vergeblichen Skandalisierung von erheblich bedeutsameren Missständen („Raststätten-Affäre", „Kracon-Fall") aus der „Putzfrauen-Affäre" Krauses ein relativ großer Skandal, der Krause zum Rücktritt zwang: Das nun etablierte Schema ließ sich gut auf andere Sachverhalte übertragen, die in das Bild passten – darunter der Verkauf eines Grundstücks („Grundstücks-Affäre") und die Finanzierung seines Umzugs („Umzugs-Affäre"). Aus dem gleichen Grund folgt, nachdem ein bestimmtes Schema etabliert und hinreichend Interesse geweckt wurde, auf einen ersten Skandal, den man als Schlüsselereignis betrachten kann, eine ganze Reihe ähnlicher Skandale. Beispiele hierfür sind die Serie von Gehaltsaffären um mehrere Politiker der CDU und der SPD 2004 und 2005, die Serie von Bespitzelungs-Skandalen 2008 und 2009 u. a. bei der Telekom und bei der Deutschen Bahn und die Serie von Skandalen wegen Kindesmissbrauchs in der katholischen Kirche und in mehreren Schulen 2010, wobei unter dem Allgemeinbegriff schemagerecht zwei verschiedene Sachverhalte zusammengefasst und z. T. miteinander vermischt wurden – sexueller Missbrauch von Kindern und Gewaltanwendung bei der Bestrafung von Kindern.

In allen Fällen müssen zur Generalisierbarkeit der Sichtweisen weitere Faktoren hinzukommen, damit aus einem kleinen ein großer Skandal wird – die Aktivität von Skandalisierern im Umfeld der Skan-

30 Vgl. Kepplinger, Hans Mathias / Hartung, Uwe: Störfallfieber.

dalisierten, die Empfänglichkeit des Publikums für das Thema, die Gunst der Ereignis- und Informationslage und nicht zuletzt das politische oder wirtschaftliche Eigeninteresse der Medien. „Ein guter Skandal ist für die Zeitung, die ihn aufdeckt oder auch nur glaubhaft konstruiert“, so Christian Schütze „wie eine Goldader“.[31] Die Größe der Missstände ist dagegen für die Entwicklung vom kleinen zum großen Skandal relativ unwichtig. Deshalb geht das Argument am Kern der Sache vorbei, der Skandal um Krause sei deshalb eskaliert, weil sich die Behauptungen auch bei anderen Verfehlungen bestätigt hätten: Große Skandale entstehen auch dann, wenn sich die Behauptungen – wie bei der Erschießung von Grams auf dem Bahnhof in Bad Kleinen, den Unfällen bei der Hoechst AG, dem Brandanschlag auf die Synagoge in Düsseldorf, dem Tod des sechsjährigen Jungen in Sebnitz, den Warnungen vor der Schweinegrippe, der Dioxinbelastung von Tierfutter und Gurken aus Spanien – als weit übertrieben, völlig abwegig oder gänzlich falsch erweisen. Entscheidend für die Eskalation eines Skandals ist nicht die sachliche Richtigkeit der Darstellung von Missständen, sondern die glaubhafte Generalisierbarkeit der skandalträchtigen Sichtweise. Ob diese Generalisierung sachlich zulässig ist, spielt – solange sie glaubhaft erscheint – für den Verlauf des Skandals genauso wenig eine Rolle wie die Größe der jeweiligen Missstände.

31 Schütze, Christian: Skandal, S. 21.

8. Der Umgang mit Nonkonformisten

Einige Tage bevor Helmut Kohl sein „Tagebuch 1998–2000“ vorstellte, beendete Ulrich Deppendorf einen Kommentar in den *Tagesthemen* mit der Bemerkung, an der Situation der Union änderten „auch nichts die peinlichen so genannten Tagebuchaufzeichnungen von Ex-Kanzler Kohl. Punktgenau zum Parteitag platziert, regen sie in der Partei keinen mehr auf. Über so viel Selbstgerechtigkeit herrscht nur noch Kopfschütteln, selbst bei den treuesten Kohl-Jüngern. Es interessiert keinen mehr, was Kohl zu sagen hat. Es sei denn, er würde die Spender nennen.“ Interpretiert man Deppendorfs Behauptungen als Tatsachenaussagen, handelt es sich um haltlose Spekulationen, weil zum Zeitpunkt des Kommentars niemand wissen konnte, ob es tatsächlich „keinen mehr interessieren“ würde, was Kohl zu sagen hatte. Wenige Tage später hatten sich die Spekulationen Deppendorfs bereits als falsch erwiesen. Die *Süddeutsche Zeitung* berichtete am 25./ 26. November 2000 über die Buchvorstellung genau das Gegenteil vom dem, was Deppendorf behauptet hatte: „Die Journalisten, das Publikum, sind in Kompaniestärke angerückt; drei Dutzend Fernsehkameras und zahlreiche Fotoapparate halten jede Regung des ebenso erfahrenen wie voluminösen Artisten vorne auf dem Podium fest.“ Der Verlag Kohls verzeichnete am Wochenende vor der Auslieferung des Buches 160.000 Vorbestellungen und Kohl machte eine bundesweite Lesereise, bei der Tausende geduldig Schlange standen, um ihr Exemplar signieren zu lassen. Monatelang fanden sich seine Erinnerungen auf der Bestsellerliste. Schwerer als Deppendorf konnte man kaum irren.

Möglicherweise handelte es sich jedoch bei den Behauptungen Deppendorfs nicht um Tatsachenaussagen, sondern um indirekte Aufforderungen: Alle, die ihn hören und sehen konnten, sollten Kohls Aufzeichnungen „peinlich“ finden und darauf mit „Kopfschütteln“ und „Desinteresse“ reagieren. So verstanden, kann man die Aussagen Deppendorfs auch als Charakterisierung derjenigen verstehen, die die Aufzeichnungen Kohls mit Spannung erwartet hatten. Bei ihnen musste es sich um extreme Außenseiter handeln, deren Verhalten Verachtung verdiente, weil sie sich mit Peinlichem befassten, und die selbst bei den treuesten Kohl-Anhängern in der CDU, ganz zu schweigen von der Mehrheit der Gesellschaft, nur noch abweisendes Kopfschütten hervorriefen. Wer sich für Kohls Tagebuch interessierte, war demnach von allen guten Geistern verlassen. So interpretiert, handelte es sich bei den Behauptungen Deppendorfs um eine versteckte Drohung, deren Ziel darin bestand, Kohl durch die vorweggenommene Diskreditierung möglicher Sympathisanten dauerhaft zu isolieren.

Stellungnahmen wie diese sind ein typisches Element von Skandalen. Wer sich im Skandal der öffentlichen Meinung widersetzt, wird mundtot gemacht oder, falls dies nicht möglich ist, ausgegrenzt. Als Helmut Maucher, der frühere Vorstandsvorsitzende der Nestlé AG, Kohl 500.000 DM spendete, damit er den von ihm verursachten Schaden beheben konnte, rief Heide Simonis, Ministerpräsidentin von Schleswig-Holstein, zum Boykott von Nestlé-Produkten auf. Weil der Verleger der *Westdeutschen Allgemeinen Zeitung*, Erich Schumann, aus dem gleichen Grund 800.000 DM gespendet hatte, wurde gegen das langjährige SPD-Mitglied ein Parteiordnungsverfahren beantragt.[1] Als Dieter Hoeneß, der Bruder von Uli Hoeneß und Manager von Herta BSC, in *Sabine Christiansen* behauptete, was mit seinem Bruder gemacht werde, sei „genauso schlimm, wie das, was mit Christoph Daum gemacht wurde", wurde er von höhnischem Gelächter und lauten Buhrufen unterbrochen. Als Margarethe Nimsch, Abgeordnete der Grünen und Gesundheitsdezernentin der Stadt Frankfurt, erklärte, die Krebsgefahr wegen des ortho-Nitroanisol-Unfalls bei der Hoechst AG sei verschwindend gering, kippten ihr Studenten der Fachhochschule Frankfurt als „Probe" eine Schubkarre Erde auf den Schreibtisch.[2] Maucher, Hoeneß und Nimsch hatten bei allen Unterschieden der Fälle und der Personen eines gemeinsam – sie hatten die Einheitsfront der Skandalgläubigen durchbrochen.

In allen genannten Fällen besaß die Diskreditierung von Nonkonformisten zwei Funktionen – die Verteidigung einer spezifischen Sichtweise sowie die Isolierung der Skandalisierten. Besonders deut-

1 Vgl. *Focus* Heft 11, 2000.
2 Vgl. Kepplinger, Hans Mathias / Hartung, Uwe: Störfallfieber, S. 58.

lich wird die zweite Funktion anhand der aggressiven Reaktionen auf den Direktor des Instituts für Zeitgeschichte, Horst Möller. Hintergrund des Geschehens war der „Historikerstreit", der in die Ächtung von Andreas Hillgruber und Ernst Nolte mündete, die angeblich die historische Einzigartigkeit des Holocaust infrage gestellt hatten. Der Anlass der Angriffe auf Möller war seine Laudatio auf Ernst Nolte, der am 4. Juli 2000 den Preis der Deutschland-Stiftung erhielt. Obwohl Möller das wissenschaftliche Werk Noltes distanziert und kritisch würdigte, löste seine Laudatio wütende Attacken aus, die in der Forderung nach seiner beruflichen Kaltstellung gipfelten. Möller, so befand sein Kollege Heinrich August Winkler in einem offenen Brief, könne nicht länger „an der Spitze des Instituts für Zeitgeschichte und der Gemeinsamen Kommission zur Erforschung der jüngeren Geschichte der deutsch-russischen Beziehungen verbleiben".[3] Nicht der Inhalt der Laudatio Möllers war die Ursache dieser Angriffe, sondern die Tatsache, dass er sie gehalten und damit die Isolation Noltes durchbrochen hatte.

Ein wesentliches Mittel der Isolation von Nonkonformisten ist ihre moralische Diskreditierung. Es geht weniger darum, dass sie etwas sachlich Falsches gesagt haben. Es geht vor allem darum, dass sie sich unmöglich benommen haben – wie nach Ansicht von Wilhelm Hennis die Bonner Staatsanwaltschaft, als sie das Verfahren wegen der angeblichen Vernichtung von Akten des Bundeskanzleramtes einstellen wollte, eine Aktenvernichtung, die nach heutigem Wissensstand nie stattgefunden hat. „Ein Organ der Rechtspflege", das sich so verhält, ist laut Hennis damals „widerwärtig", ruft also Ekel hervor und isoliert sich damit selbst. Die Staatsanwaltschaft wäre deshalb laut Hennis „gut beraten", wenn sie mit der Einstellung warten würde. Es gehe nicht nur um Recht und Gesetz, es gehe um ihren Ruf, und „viel Ruf hat sie nicht mehr zu verlieren".[4]

In einem Kommentar zur Trauerfeier für Hannelore Kohl im Speyerer Dom wies Willi Winkler in der *Süddeutschen Zeitung* darauf hin,

---

3 *Frankfurter Allgemeine Zeitung*, 4. Juli 2000.

4 Hennis, Wilhelm: Unanständig. Die Akte Aktenklau bleibt offen. In: *Frankfurter Allgemeine Zeitung*, 5. April 2001.

dass die katholische Kirche „bis in die jüngste Zeit … jeden Menschen, der es wagte, über sich selber zu bestimmen, mit der irdischen Verdammnis" belegt und normalerweise „außerhalb der Friedhofsmauer … entsorgt" habe. Im Anschluss daran bezeichnete er die Predigt von Monsignore Erich Ramstetter, der darauf hingewiesen hatte, Hannelore Kohl habe in „Liebe und Treue" zu ihrem Mann gehalten und unter „Unterstellungen, Verleumdungen und Hasserfahrungen" gelitten, als „schamlosen" Gebrauch der kirchlichen Macht „über Lebende und Tote".[5] Ramstetter hatte demnach möglicherweise nicht die Unwahrheit gesagt. Die Scham hätte ihm jedoch verbieten müssen, die Isolation des Skandalisierten und derjenigen, die zu ihm stand, durch seine Predigt zu durchbrechen.

Die Ächtung von Nonkonformisten erstreckt sich auch auf Medien, die den Skandalisierten die Möglichkeit bieten, ihre Sichtweise zu vertreten. Hierbei geht es ebenfalls weniger um die Meinung, die diese Medien verbreiten, als um die Isolierung der Skandalisierten. Ein Beispiel hierfür ist ein Kommentar von Stefan Reinecke in der *taz* über eine angebliche Äußerung von Martin Walser zum geplanten Holocaust-Denkmal. Nachdem Walser in der *Frankfurter Allgemeinen Zeitung* die Falschmeldung, er habe zu Demonstrationen gegen das Holocaust-Mahnmal aufgerufen, richtiggestellt hatte, behauptete Reinecke abschätzig, das Blatt habe sich „zum Sprachrohr des missverstandenen Dichters Martin Walser" gemacht und mithin durch diese Unterwürfigkeit seine Unabhängigkeit eingebüßt.[6]

Die Anprangerung von Nonkonformisten findet in der Öffentlichkeit statt. Ihre Ausschaltung wird jedoch gelegentlich im kleinen Kreis systematisch geplant. Ein Beispiel hierfür liefert eine Veranstaltung der *Deutschen Welle* zur politisch korrekten Berichterstattung über den Klimawandel.[7] Einer der Schulungskurse behandelte die Frage: „Wie

---

5 Winkler, Willi: Der Tod ist frei. Hannelore Kohl, Uwe Barschel, Goethes Werther – und die Kirche. In: *Süddeutsche Zeitung*, 14./15. Juli 2001.

6 Vgl. Schirrmacher, Frank: Von Ruhm ohne Ehre. In: *Frankfurter Allgemeine Zeitung*, 17. Juni 1999.

7 Vgl. zum Folgenden Kulke, Ulli: Allein unter Klimakämpfern. Die öffentlich-rechtliche *Deutsche Welle* veranstaltet in Bonn die Konferenz „The

gehen wir professionell mit dem Klimaskeptizismus um?" Gemeint war nach Darstellung von Ulli Kulke, der an der Veranstaltung teilgenommen und darüber berichtet hat, eine Antwort auf die Frage: „Wie können wir diejenigen Forscher und Experten, die Zweifel an der menschengemachten Klimakatastrophe hegen und sich öffentlich dazu bekennen, aus dem Diskurs heraushalten?" Der Moderator, Bernhard Pötter von der *taz*, erläuterte laut Kulke, man wolle „Hilfestellung geben für Chefredakteure, Autoren und andere Journalisten, wie man sich am besten verhalte bei einer unverhofften Konfrontation mit einem ‚Klimaskeptiker'". Die Referentin, eine amerikanische Wissenschaftlerin, gab dazu mehrere Sprachregelungen aus. So solle man den Begriff Klimaskeptiker nicht verwenden, weil der Wortbestandteil „Skeptiker" positiv besetzt sei. Stattdessen sollte man von „Gegnern" sprechen. Auch den Begriff „Klimadebatte" solle man vermeiden, weil er den Eindruck erwecke, darüber gäbe es in der Wissenschaft noch unterschiedliche Ansichten. Wichtig sei es, journalistisch Stellung zu beziehen. Eine neutrale Berichterstattung über den Klimawandel würde nur den Skeptikern nützen und zwar auf Kosten allen Lebens.

Das Zusammenspiel von Journalismus und Wissenschaft illustriert auch die strategische Diskreditierung von Klimaforschern, die die These von den hauptsächlich menschlichen Ursachen des Klimawandels infrage stellen, durch den Leiter der einflussreichen „Climate Research Unit" (CRU) der University of East Anglia, Phil Jones.[8] Bekannt wurden sie 2009 unter dem Stichwort „Klima-Gate", weil ein Hacker etwa 1.000 Mails und 3.000 Dokumente kopiert und ins Internet gestellt hatte. Sie belegen, dass Jones seine Kollegen aufforderte, sie

Heat is on – Klimawandel und die Medien" – Wir waren dabei. Auf: *Welt online*, 28. Juni 2010.

8 Vgl. zum Folgenden Stahnke, Jochen / Wyssuawa, Mattjias: Klima-Gate. Kopenhagen hat seinen „Skandal". In: *Frankfurter Allgemeine Zeitung*, 4. Dezember 2009; Bojanowski, Axel: Heißer Krieg ums Klima. Auf: *Spiegel Online*, 3. Mai 2010; Müller-Junk, Joachim: Schludrig, aber wahr. Der Klimawandel ist real. Manipulationsvorwürfe gelten als unhaltbar. In: *Frankfurter Allgemeine Zeitung*, 9. Juli 2010; Wieland, Leo: UN: Den Klimawandel zu leugnen ist kriminell. In: *Frankfurter Allgemeine Zeitung*, 15. November 2007.

sollten Skeptikern keine Daten liefern, die sie gegen die Mehrheitsmeinung der Klimaforscher verwenden könnten. Zu dieser Strategie gehörte auch die Verhinderung der Publikation von Forschungsergebnissen, die der Mehrheitsmeinung widersprechen, in Fachzeitschriften. Jones trat unter dem Eindruck der öffentlichen Kritik von seinem Amt als Institutsdirektor zurück. Zwei Untersuchungskommissionen stützten seine wissenschaftlichen Thesen, kritisierten aber seine Verstöße gegen wissenschaftliche Prinzipien, darunter einen Mangel an Unvoreingenommenheit und an Bereitschaft zur Weitergabe von Daten. Zahlreiche Medien skandalisierten jedoch nicht die von den Kommissionen gerügte Behinderung nonkonformistischer Wissenschaftler. Vielmehr bagatellisierten sie entsprechend ihren eigenen klimakritischen Linien die Entdeckung dieser Praxis als durchsichtigen Versuch zur Skandalisierung der zeitgleichen UN-Klimakonferenz in Kopenhagen. Wichtiger als die Freiheit der Wissenschaft war ihnen die Reinheit der herrschenden Lehre.

Die Anprangerung von Nonkonformisten zielt, wie schon die Fälle Maucher, Schumann und Möller belegen, oft auf die berufliche Existenz von Kollegen, die sich der Skandalisierung eines tatsächlichen oder vermeintlichen Missstandes verweigern oder sogar widersetzen. Ein weiteres Beispiel hierfür ist ein Interview von Simon Feldmer mit dem Chefredakteur der *Stuttgarter Zeitung*, Joachim Dorfs, das im Magazin des Deutschen Journalistenverbandes veröffentlicht wurde. Den Anlass bildete der geplante Abriss des Stuttgarter Hauptbahnhofs, den eine Reihe von einflussreichen Medien monatelang skandalisiert, die *Stuttgarter Zeitung* aber gerechtfertigt hatte. Feldmer ging auf das Für und Wider von Stuttgart 21 nicht ein. Das stand für ihn außer Frage. Stattdessen suggerierte er mit ganzen Frageserien den Eindruck, Dorfs sei ein irregeleiteter Außenseiter, der der Zeitung wirtschaftlich geschadet und die Pressefreiheit eingeschränkt habe und folglich in seiner beruflichen Position fehl am Platze sei.[9] Nachdem Feldmer behauptet hatte, Gegner von Stuttgart 21 hätten im Internet die Kündigung ihres Abonnements der *Stuttgarter Zeitung*

9 Vgl. Feldmer, Simon: „Wir sind zwischen die Fronten geraten". In: *journalist*, 3/2011.

dokumentiert, fragte er: „Wie viele Leser haben explizit wegen Ihrer Berichterstattung gekündigt?“ Nachdem Dorfs auf 600 Kündigungen verwiesen hatte, fragte Feldmer: „Wie kommen Sie auf diese Zahl? Es können doch viel mehr Leser gekündigt haben, die Ihnen nicht eigens den Grund mitgeteilt haben?“ Nachdem Dorfs höhere Schätzungen mit Zahlen zurückgewiesen hatte, insistierte Feldmer: „Sie haben angefangen, Leserkonferenzen zu organisieren. Wegen 600 Kündigungen?“ Nachdem Dorfs darauf hingewiesen hatte, dass die Zeitung viel früher damit begonnen hatte, gab Feldmer das Thema auf und suggerierte auf gleiche Weise eine Beschränkung der Pressefreiheit bei der *Stuttgarter Zeitung.*

Gegen eine Verallgemeinerung des Versuchs der fachlichen und persönlichen Demontage eines nonkonformistischen Kollegen kann man einwenden, dass es sich hierbei um einen Ausnahmefall mit nur regionaler Bedeutung handelt. Dagegen spricht die in Frageform gekleidete Diskreditierung eines der erfolgreichsten Journalisten der letzten Jahre, des Chefredakteurs der *ZEIT*, Giovanni di Lorenzo, durch zwei *Spiegel*-Redakteure.[10] Anlass waren das als Buch angekündigte Gespräch von di Lorenzo mit Karl-Theodor zu Guttenberg über den Skandal um seine Dissertation und ein vorab veröffentlichtes Interview mit ihm in der *Zeit*. Die beiden *Spiegel*-Redakteure, Markus Brauck und Thomas Tuma, gehen ähnlich vor wie der freie Medienjournalist Feldmer. Die für ein Nachrichtenmagazin naheliegende politische Frage, was für und gegen eine Rückkehr von zu Guttenberg in die Politik spricht und welche Folgen das für die CDU/CSU hätte, spielt für sie ebenso wenig eine Rolle wie die journalistische Kernfrage, ob das Totschweigen eine akzeptable Alternative zur sachlichen Auseinandersetzung mit kritikwürdigen Politikern ist. Ihnen geht es vor allem darum, di Lorenzo als käuflichen Steigbügelhalter zu präsentieren, der seine persönlichen Interessen auf Kosten seiner Zeitung verfolgt. So habe der am Honorar beteiligte di Lorenzo „mit Gutten-

---

10 Vgl. Markus Brauck und Thomas Tuma: „Gewisse Scheinheiligkeit“. „*Zeit*“-Chefredakteur Giovanni di Lorenzo, 52, über sein umstrittenes Interview-Buch mit Karl-Theodor zu Guttenberg, die wütende Reaktion seiner Leser und journalistische Unabhängigkeit. In: *Der Spiegel*, 5. Dezember 2011.

berg das Interesse gemein, dass das Werk ein Bestseller" werde. Er mache „Reklame" für zu Guttenberg und den Verlag, in dem das Interview-Buch erscheint. Er habe sich „einspannen lassen", sei „Teil eines Spiels geworden". Das gipfelt nach einem Umweg über das „Ständehaus-Gespräch", das di Lorenzo viermal im Jahr gegen Honorar moderiert, in der Frage: „Wären Sie so nett, uns zu sagen, was ein Giovanni di Lorenzo kostet…?". Den krönenden Abschluss bildet die in Frageform gekleidete Unterstellung: „Was meinen Sie – welche Marke hat mehr Schaden genommen? Guttenberg, di Lorenzo oder die *‚Zeit'*".

Vermutlich konnten Feldmer, Brauck und Tuma mit ihren Attacken die berufliche Existenz von Dorfs und di Lorenzo nicht ernsthaft gefährden. Darum geht es jedoch auch nicht primär. An ihnen wird vielmehr ein Exempel statuiert, das den weniger Erfolgreichen und Exponierten klarmacht, was ihnen blühen kann, wenn sie sich der herrschenden Meinung widersetzen und den verfemten Gegnern eine Chance geben, ihre Interessen zu vertreten. Im Kern handelt es sich um Angriffe auf die Meinungsfreiheit, bei denen die Herabsetzung von Personen eine Auseinandersetzung mit der Sache verhindern soll. Sie zielen nicht auf die Etablierung, sondern auf die Unterbindung eines kritischen Diskurses. Was sind die Ursachen von derartigen journalistischen Entgleisungen? Allgemeiner gefragt: Was sind die Ursachen der Intoleranz von Menschen, die sich selbst wahrscheinlich für tolerant halten? Ein Grund ist die feste Überzeugung, Andersdenkende hätten nicht nur eine falsche Meinung, sondern verweigerten sich der Wirklichkeit, die ihrerseits eine Folge der erfolgreichen Etablierung allgemein verbindlicher Sichtweisen ist. Ein weiterer Grund besteht darin, dass jeder Skandal auf dem absoluten Geltungsanspruch von sozialen Normen beruht bzw. auf die Etablierung eines solchen Geltungsanspruchs zielt. Der Geltungsanspruch wird exemplarisch durch die Skandalisierung von Personen und Organisationen dokumentiert, die die Normen verletzen. Das Ziel der Skandalisierung ist ihre öffentliche Ächtung. Wenn dies gelingt, wird die Geltung der Normen dokumentiert. Andererseits stellen alle, die sich mit den Skandalisierten solidarisieren, den allgemeinen Geltungsanspruch der Normen infrage. Die Nonkonformisten müssen folglich ausgeschaltet werden. Auch hierbei folgt das Verhalten im Skandal allgemeinen sozialpsychologischen Gesetzmäßigkeiten.

Die Gefährdung der Urteils- und Machtgrundlagen von Mehrheiten durch Außenseiter hat der Sozialpsychologe Salomon Asch durch eine Serie von einfallsreichen Experimenten aufgezeigt.[11] Asch ließ jeweils mehrere Personen nacheinander die Länge einer Linie mit der Länge mehrerer anderer Linien vergleichen. Eine der Linien entsprach unverkennbar der Vergleichslinie, die restlichen unterschieden sich deutlich davon. Die Betrachter teilten ihre Urteile nacheinander laut mit. Die eigentliche Testperson urteilte als Letzte, die anderen waren Mitarbeiter von Asch, die übereinstimmend eine offensichtlich falsche Linie nannten. Dadurch sah sich die Testperson einer homogenen Mehrheit ausgesetzt, deren Urteile der eigenen Wahrnehmung widersprachen. Obwohl das Urteil der Mehrheit offensichtlich falsch war, schlossen sich ihm drei Viertel der Testpersonen zumindest gelegentlich an. Ein Drittel folgte ihm in mehr als der Hälfte ihrer Urteile. Der gleiche Mechanismus liegt, wie Elisabeth Noelle-Neumann mithilfe von repräsentativen Umfragen gezeigt hat, der Entstehung der öffentlichen Meinung zugrunde. Bei öffentlichen Kontroversen über moralisch geladene Themen verfällt die Minderheit in Schweigen oder passt sich der Mehrheitsmeinung an, weil sie die Isolation durch die Mehrheit fürchtet.[12]

Auf die absolute Größe der Mehrheit kommt es bei den genannten Prozessen nicht an. Entscheidend ist ihre tatsächliche oder vermeintliche Geschlossenheit. In den Experimenten von Asch genügte es, wenn die Mehrheit aus drei Personen bestand. Größere Gruppen übten keinen wesentlich stärkeren Druck aus. Andererseits brach der Druck nahezu völlig zusammen, wenn die Mehrheit nicht homogen war, weil einer der Mitarbeiter Aschs richtige Urteile abgab: In der Gewissheit, nicht alleine zu sein, vertraten die eigentlichen Testperso-

11 Vgl. Asch, Salomon: Änderung und Verzerrung von Urteilen durch Gruppendruck. In: Martin Irle / Marion von Cranach / Hermann Vetter (Hg.): Texte aus der experimentellen Sozialpsychologie. Darmstadt 1969, S. 57–73.

12 Vgl. Noelle-Neumann, Elisabeth: Die Schweigespirale. Öffentliche Meinung – unsere soziale Haut. Berlin 2001.

nen ihre eigene Sichtweise. Genau dies darf bei einem Skandal nicht geschehen, wenn die Norm ihren allgemeinen Geltungsanspruch behalten soll. Folglich muss der Andersdenkende, wenn man ihn nicht überzeugen oder mundtot machen kann, intellektuell, moralisch oder ästhetisch diskreditiert und dadurch gesellschaftlich isoliert werden. Alles andere würde die Geltung der Norm und damit die Machtgrundlage der herrschenden Akteure untergraben. Aus dem gleichen Grund verfolgen Diktaturen unnachsichtig selbst kleinste Minderheiten, die rein quantitativ betrachtet keinerlei Gefahr darzustellen scheinen. Dies ist aber, wie die Geschichte lehrt, ein Irrtum.

Die Gewissheit, einer homogenen Mehrheit anzugehören, ist nicht nur eine Ursache der eigenen Urteilssicherheit. Sie ist auch eine Quelle des Machtgefühls, mit dem die Mehrheit die Minderheit in Schach hält. Dies ist ein weiterer Grund, weshalb Nonkonformisten im Skandal ausgeschaltet werden müssen. Diesen Sachverhalt belegt eine Variation des Experimentes von Asch. Falls eine Mehrheit von echten Testpersonen mit nur einem Mitarbeiter Aschs zusammen war, der offensichtlich falsch urteilte, behandelte die Mehrheit den Außenseiter mit Erheiterung und Geringschätzung. Meist reagierten sie angesichts des drolligen Einzelgängers mit ansteckendem Gelächter. Dabei waren sie sich offensichtlich nicht darüber im Klaren, dass sie das Gefühl der Überlegenheit nur ihrer homogenen Mehrheit verdankten, und dass sie sich – als isolierte Einzelne – auch dann völlig anders verhalten würden, wenn sie Recht hätten und die anderen im Unrecht wären. So wich die spöttische Überlegenheit der Mehrheit schon dann einer respektvollen Distanz, wenn sich die Mehrheit einer kleinen Minderheit von drei Andersdenkenden gegenübersah.[13] Dieser Machtmechanismus lag Ende Mai 2001 dem Verlauf einer Pressekonferenz des damaligen sächsischen Finanzministers Thomas de Maizière anlässlich der Skandalisierung von Kurt Biedenkopf zugrunde.

Nach wochenlangen Berichten über die private Nutzung von Personal des Freistaates Sachsen und über die geringe Miete für eine Villa

13 Vgl. Asch, Salomon: Änderung und Verzerrung von Urteilen durch Gruppendruck.

des Landes, bei der die Kosten pro Quadratmeter Wohnraum genau berechnet und zu einem Gesamtwert addiert worden waren, legte de Maizière eine Gegenrechnung vor. Danach hatte Biedenkopf seinem Personenschutz seit 1991 eine Einliegerwohnung in seinem Haus am Chiemsee überlassen und dem Freistaat Sachsen die Kosten für die Unterbringung erspart. Der Mietwert der Einliegerwohnung betrug nach Angaben der Staatskanzlei rund 110.000 DM und entsprach damit in etwa dem geldwerten Vorteil in Höhe von ca. 160.000 DM, den Biedenkopf in Anspruch genommen hatte. Die Gegenrechnung de Maizières führte nicht, wie man aufgrund der bisher differenzierten Berechnung der Schulden Biedenkopfs hätte erwarten können, zu einer näherungsweisen Saldierung der sachwerten Leistungen an und von Biedenkopf. Sie mündete auch nicht in eine Diskussion der sachlichen Grundlagen der Gegenrechnung – der Angemessenheit des angenommenen Quadratmeter-Preises der Einliegerwohnung und damit des fiktiven Mietwertes. Die Gegenrechnung sorgte vielmehr „in der Pressekonferenz für ungläubiges Staunen und Gelächter", das Biedenkopf stigmatisierte und – wie es in einem Kommentar der *Frankfurter Allgemeinen Zeitung* am 31. Mai 2000 hieß – seinen Finanzminister „beschämte und beschädigte". Die Ursache des Fehlschlags einer sachlichen Aufklärung lag in der irrigen Annahme, es gehe um die Sache, um die Höhe der geldwerten Vorteile Biedenkopfs, die man mit entsprechenden Leistungen Biedenkopfs verrechnen könnte. Tatsächlich ging es jedoch um die Verteidigung der etablierten Sichtweise sowie um den darauf gründenden Machtanspruch, der nicht auf das konkrete Verhalten von Biedenkopf, sondern auf seinen Charakter und damit auf seine Position zielte.

Die Ächtung der Nonkonformisten hat weniger mit dem Inhalt ihrer Äußerungen zu tun als mit ihrer sozialen Rolle. Sie betrifft nicht das Verhältnis ihrer Äußerungen zu deren Gegenständen, sondern das Verhältnis zwischen den Nonkonformisten und der Mehrheit. Die Ächtung der Nonkonformisten dient der Sicherung des Überlegenheitsgefühls der Mehrheit sowie der Unterwerfung der Skandalisierten. Beide Kriterien sind unabdingbare Voraussetzungen für die Verteidigung der vorherrschenden Sichtweise und damit für den Erfolg der Skandalisierung. Nur wenn die Mehrheit geschlossen erscheint, kann sie ihre Gegner niederhalten. In Skandalen geht es deshalb immer ums Ganze: Es genügt nicht, den Urheber eines Missstandes anzuprangern. Er muss, weil nur so die allgemeine Geltung der verletzten Norm gesichert werden kann, isoliert werden. Dies wiederum erfordert, dass auch diejenigen, die die Isolation des Skandalisierten durchbrechen oder infrage stellen, diskreditiert werden. Falls dies nicht gelingt, muss im Interesse der Normsicherung zumindest der Eindruck erweckt werden, dass die Sympathisanten der Skandalisierten nicht zählen, weil sie sich mit ihren Ansichten selbst ins Abseits gestellt haben. In diesem Sinne weisen alle Skandale totalitäre Züge auf: Sie zielen auf die Gleichschaltung aller, weil die öffentliche Abweichung einiger den Machtanspruch der Skandalisierer und ihrer Anhänger infrage stellen würde. Die großen Skandale kann man deshalb auch als demokratische Variante von Schauprozessen betrachten. In beiden Fällen enthält die Anklage fast immer einen wahren Kern. Das Ziel besteht jedoch in beiden Fällen nicht darin, die Angeklagten nach rechtsstaatlichen Regeln zu überführen, sondern darin, sie und mit ihnen alle, die zu ihnen stehen, zu diskreditieren und zu unterwerfen. Deshalb ruft im Skandal – anders als im Strafprozess – nichts größere Empörung hervor als die Weigerung der Angeklagten, ihre Schuld zu gestehen und die Unverfrorenheit von Nonkonformisten, sich zu den Skandalisierten zu bekennen.

9. Täter und Opfer

Die meisten Personen und Organisationen, die skandalisiert werden, haben tatsächlich die Regeln verletzt und die Missstände verursacht, die ihnen vorgeworfen werden. Zwar kommt es vor, dass jemand aufgrund völlig falscher Vorwürfe angeprangert wird – die Skandalisierung von General Kießling durch erfundene Behauptungen über sein Sexualleben ist ein Beispiel hierfür.[1] Dies sind jedoch seltene Ausnahmen. Die meisten Skandalisierten haben die Fehler begangen, für die sie kritisiert werden, und sie bestreiten das nach einiger Zeit auch nicht mehr. Zudem akzeptieren sie dann in der Regel die öffentliche Kritik an ihrem Verhalten. Trotzdem fühlen sich nahezu alle Skandalisierten als Opfer des Geschehens und der Medien.

Als Helmut Kohl im Juni 2000 vor dem Untersuchungsausschuss des Bundestags erschien, äußerte er, dass er sich als Gejagter sehe, „der ‚beispielloser Diffamierung' ausgesetzt sei ... In ‚jeder denkbaren Weise' sei versucht worden, ‚[ihm] und der CDU Schaden zuzufügen' mit dem Ziel ‚sechzehn erfolgreiche Jahre zu verdammen'"[2]. Als Uli Hoeneß wegen seiner Äußerungen über Christoph Daum skandalisiert worden war und die Aufsichtsbehörden nach illegal beschäftigten Ausländern in seinem Unternehmen fahndeten, erklärte er, er fühle sich „mittlerweile ‚als Opfer', weil sein in 30 Jahren als Profifußballer und Manager aufgebauter guter Ruf langsam kaputt gemacht werde und das ‚mit immer primitiveren Methoden'"[3]. Als Daniel Cohn-Bendit in Frankreich wegen seines Buches „Le Grand Bazar", in dem er von seinen Erfahrungen in einem Frankfurter „Kinderladen" berichtete, des Missbrauchs von Kindern verdächtigt worden war,

1 Mathes, Rainer: Medienwirkung und Konfliktdynamik in der Auseinandersetzung um die Entlassung von General Kießling. Eine Fallstudie und ein Drei-Ebenen-Modell. In: Max Kaase / Winfried Schulz (Hg.): Massenkommunikation. Theorien, Methoden, Befunde. Opladen 1989, S. 441–458.

2 *Frankfurter Allgemeine Zeitung*, 30. Juni 2000.

3 *Süddeutsche Zeitung*, 17. November 2000.

bezeichnete er dies als „,Menschenjagd' als deren Opfer er sich fühlen"[4] müsse. Als zwei Wochen lang über den Kokainkonsum von Christoph Daum spekuliert worden war, gestand er, er sei „leer und kaputt". Er „finde kaum noch Schlaf" und komme nachts „nur mit Schlaftabletten … zur Ruhe".[5] Margret Härtel bezeichnete sich als Opfer einer „öffentlich betriebenen politischen Menschenjagd", die das Ziel habe, sie zu stigmatisieren. Sie hatte einen Kreislaufkollaps und litt nach Aussagen eines psychiatrischen Gutachtens unter Depressionen.

Joschka Fischer hat nach Darstellung von Mathias Geis und Bernd Ulrich wegen der Skandalisierung seiner Vergangenheit als politisch motivierter Schläger „schwer gelitten. Er war gereizt, deprimiert, mitunter sogar verzweifelt …"[6] Michel Friedman war durch die Anprangerung seiner Kokain-Eskapaden „nach Aussagen von Freunden körperlich und psychisch schwer angeschlagen".[7] Sein Anwalt bezeichnete die Informationen der Strafverfolger als „öffentliche Hinrichtung".[8] Handy Azer, der Chefplaner von Stuttgart 21, konnte wegen massiver Drohungen von Gegnern des Projektes nur noch unter Personalschutz arbeiten und gab entnervt auf.[9] Jörg Kachelmann erklärte nach seinem Freispruch, er habe aufgrund der öffentlichen Vorwürfe gegen ihn „97 Prozent (seines) Bekanntenkreises verloren" und antizipiere jetzt „in jeder Sekunde alles, was man aus (seinem) Verhalten herauslesen könnte". Er achte jetzt sogar darauf, was er in den Müll werfe, weil es sein könne, dass der „Müll aufschlussreich ist für Journalisten, die darin herumwühlen".[10]

Alle Täter fühlen sich als Opfer. Aber wer dies zu erkennen gibt, kann nicht auf Mitleid hoffen, sondern muss mit der Häme derer rechnen, die von der Berechtigung der Vorwürfe überzeugt sind. So schrieb Franziska Augstein auf dem Höhepunkt des CDU-Spen-

4 *Frankfurter Allgemeine Zeitung*, 27. Februar 2000.
5 *Frankfurter Allgemeine Zeitung*, 14. Oktober 2000.
6 Geis, Mathias / Ulrich, Bernd: Der Unvollendete. Das Leben des Joschka Fischer. Berlin 2002, S. 189.
7 *Die Welt*, 20. Juni 2003.
8 *Frankfurter Allgemeine Zeitung*, 20. Juni 2003.
9 Vgl. *Frankfurter Allgemeine Sonntagszeitung*, 22. Mai 2011.
10 Vgl. *Die Zeit*, 9. Juni 2011.

denskandals in der *Frankfurter Allgemeinen Zeitung* abschätzig, dass jetzt „der Begriff ‚Verleumdung' skandiert" werde. Alle fühlten „sich systematisch verleumdet: Helmut Kohl von Rot-Grün und zwei Dritteln der deutschen Presse; Wolfgang Schäuble von einigen Intriganten, von denen Brigitte Baumeister sich habe ‚instrumentalisieren' lassen; und Brigitte Baumeister von Wolfgang Schäuble".[11] Heribert Prantl schrieb anlässlich der Vorstellung von Kohls Tagebuch: „Wohin Kohl schaut, überall Verschwörung, überall Feinde: die SPD sowieso, die Grünen erst recht, die Presse gleich gar. Und mit jedem Tagebucheintrag werden die Feinde in der eigenen Partei lebendig – undankbare Kreaturen, die die Hand dessen beißen, der sie genährt und großgezogen hat".[12] Nachdem Hoeneß wegen seiner angeblichen Angriffe auf Daum Morddrohungen erhalten hatte, spöttelte Peter Schmitt in der *Süddeutschen Zeitung*: „Uli Hoeneß geht's jetzt um die Wurst." Das Einzige, was Uli Hoeneß noch schmecke, seien „seine ‚Original Nürnberger' Rostbratwürste". Ansonsten sei „dem 46-Jährigen der Appetit längst vergangen". Den Grund schob er nach: Hoeneß sei der Appetit vergangen „seit irgendwelche Verrückten ihm mit anonymen Bombendrohungen und einer Kopfprämie von 10.000 Mark für denjenigen, der ihn im Stadion ‚von der Bank schießt', das Leben vermiesen"[13]. Für Schmitt war das offensichtlich kein Grund, sich das Leben vermiesen zu lassen.

Als Martin Walser in seinem 2010 veröffentlichten Tagebuch der Jahre 1974 bis 1978 „Leben und Schreiben" bekannt hatte, dass er nach dem vernichtenden Urteil von Marcel Reich-Ranicki über seine schriftstellerischen Fähigkeiten im Allgemeinen und über seinen gerade erschienenen Roman „Jenseits der Liebe" das Gefühl hatte „in

---

11 Augstein, Franziska: Die 100.000-Mark-Show. Der Ausschuss lacht und verspielt die Aufklärung. In: *Frankfurter Allgemeine Zeitung*, 30. August 2000.

12 Prantl, Heribert: Überall Verschwörung, überall undankbare Kreaturen. Die Aufzeichnungen des Alt-Bundeskanzlers sind das Dokument einer peinlichen Selbstenthüllung. In: *Süddeutsche Zeitung*, 25./26. November 2000.

13 Schmitt, Peter: Uli Hoeneß geht's jetzt um die Wurst. Nach Razzia in seiner Nürnberger Fabrik erwartet der Geschäftsmann eine Entschuldigung des Arbeitsamtes. In: *Süddeutsche Zeitung*, 17. November 2000.

ein anderes Land vertrieben zu werden",[14] mokierte sich Volker Weidermann in der *Frankfurter Allgemeinen Zeitung* vom 7. März 2010 darüber, dass er sich trotz des Verkaufserfolges seines Romans damals „allein", „isoliert", „ausgeschaltet" gefühlt habe – so als sei der finanzielle Erfolg des Autors ein hinreichender Ausgleich für seine öffentliche Demütigung. Nachdem Horst Köhler seinen Rücktritt damit erklärt hatte, dass u. a. sein Hörfunkinterview zur militärischen Vertretung deutscher Interessen falsch zitiert und beleidigend kommentiert worden sei, war sein Rücktritt für Sebastian Fischer und Florian Gathmann am 31. Mai 2010 auf *Spiegel Online* der „letzte Coup eines Gekränkten", und Kurt Kister spottete einen Tag darauf in der *Süddeutschen Zeitung*: „Man war garstig zu ihm und jetzt mag er nicht mehr mitspielen." Warum fühlen sich alle Skandalisierten auch dann als Opfer, wenn sie zugeben, was man ihren vorwirft? Und warum sagen sie das meist auch, obwohl sie mit Unverständnis und Häme rechnen müssen? Mit den Fehlern und Missständen hängt dies offensichtlich nicht zusammen. Dafür sind die geschilderten Fälle zu verschieden, nur die Reaktionen ähneln sich. Sehr viel mehr hat es mit der Sichtweise der Skandalisierten und der Darstellung des Geschehens durch die Medien zu tun.

Für die Verantwortlichen bei der Hoechst AG waren der ortho-Nitroanisol-Unfall und seine Auswirkungen die Folge einer Kette von unglücklichen Umständen: Es war Fastnachtszeit und der Arbeiter, der die chemische Reaktion kontrollieren sollte, betrunken. Anstatt die Temperatur vorschriftsmäßig zu senken, heizte er den Reaktor auf, der Druck stieg und die Chemikalien strömten über die Sicherheitsventile nach draußen. Am Unfalltag herrschte ungewöhnlich starker Wind, wodurch die Stoffe über den Main in ein Wohngebiet geweht wurden. Dort wurden sie zunächst nicht entdeckt, weil es mit minus 2 Grad ungewöhnlich kalt war und ortho-Nitroanisol bei niedrigen Temperaturen unsichtbar ist. Die Sprecher des Unternehmens hielten pflichteifrig kurz nach dem Unfall eine Pressekonferenz ab, kannten

14 Walser, Martin: Leben und Schreiben. Tagebücher 1974–1978. Reinbek 2010, zitiert nach „Ich rechne ab". In: *Frankfurter Allgemeine Zeitung*, 13. März 2010.

zu diesem Zeitpunkt aber weder die Ausdehnung der belasteten Gebiete, noch wussten sie von dem Krebsverdacht gegen ortho-Nitroanisol. Alle Beteiligten waren folglich Opfer einer Verkettung von unglücklichen Umständen geworden.[15]

Die Journalisten und ihr Publikum sahen das gleiche Geschehen ganz anders: Der zuständige Arbeiter hatte gegen seine Vorschriften verstoßen, und der vorgesetzte Werksleiter hatte seine Aufsichtspflicht gegenüber dem Arbeiter vernachlässigt. Die Techniker und Chemiker hätten erkennen müssen, dass die Masse der Chemikalien – ausgetreten waren fast 12 Tonnen – nicht direkt neben dem Reaktor lag. Sie hätten auch wissen müssen, dass ortho-Nitroanisol in den kalten Morgenstunden nicht sichtbar sein würde und folglich überall sein konnte. Die Sprecher des Unternehmens hätten erst alle Fakten recherchieren und dann vor die Presse treten müssen. Aus Sicht der Journalisten und ihres Publikums waren alle Beteiligten Täter. Bei diesen Wahrnehmungs-Diskrepanzen zwischen Akteuren, die zu Protagonisten der Berichterstattung werden, und unbeteiligten Beobachtern des Geschehens handelt es sich nicht um einen Einzelfall.

Für Kohl war die Annahme der Spenden eine Folge der finanziellen Notlage der CDU-Landesverbände in den neuen Ländern. Anders als die SPD hatte die CDU nach der Vereinigung keine großen Vermögenswerte zurückerhalten. Im Unterschied zur SPD konnte die CDU auch nicht mit der organisatorischen Unterstützung der Gewerkschaften rechnen. Folglich waren aus der damaligen Sicht Kohls die anonymen Spenden notwendig und gerechtfertigt. Für die meisten Journalisten war die Annahme der anonymen Spenden dagegen ein Teil des „Systems Kohl". Der *Spiegel* widmete dieser Thematik eine eigene Titelgeschichte und lokalisierte darin die Ursachen von Kohls Verhalten in seinen „Ludwigshafener Kindheits- und Jugendtagen".[16] Auf ähnliche Weise leitete Leyendecker die Annahme der anonymen Spenden zu Beginn der Neunzigerjahre aus Kohls Charakter und seinen prägenden Erfahrungen zu Beginn seiner politischen Laufbahn ab. Dementsprechend charakterisierte er im Untertitel seines Beitrags

---

15 Vgl. Kepplinger, Hans Mathias / Hartung, Uwe: Störfallfieber, S. 11 ff.

16 *Der Spiegel*, 27. Dezember 1999.

Kohls Verhalten als „Fortsetzungsgeschichte“.[17] Späth betrachtete seine Auslandsflüge auf Kosten der Industrie als einen Tribut an die knappe Haushaltslage seines Bundeslandes. Seine Kritiker hielten sie für den Ausdruck einer bauernschlauen Anbiederung. Rau sah private Zwischenstopps bei seinen Flügen auf Kosten der Westdeutschen Landesbank als nicht vermeidbare Unterbrechungen seiner Dienstgeschäfte. Seine Kritiker erblickten darin die Folge einer anmaßenden Interpretation seines Amtes. Nach Überzeugung der Shell AG war die Versenkung der Brent Spar unter den gegebenen Umständen die beste von mehreren riskanten Möglichkeiten. Die Kritiker des Unternehmens hielten die Entscheidung für einen Willkürakt im Interesse des Unternehmens. Fischer erklärte, nachdem er auf einem Foto als Schläger identifiziert worden war, der 1973 auf einen Polizisten einprügelte, in einem Interview mit dem *Stern*: „Wir haben Häuser besetzt, und wenn die geräumt werden sollten, haben wir uns gewehrt. Wir haben Steine geworfen. Wir wurden verdroschen, aber wir haben auch kräftig hingelangt.“[18] Grass präsentierte sich bei einem Besuch der Leipziger Buchmesse unter dem Beifall der Zuschauer als Opfer einer rücksichtslosen Presse und behauptete, die Kritik zahlreicher Medien an seinem langen Schweigen über seine Mitgliedschaft in der Waffen-SS gleiche einem „Vernichtungsversuch“, und Walser beklagte sich darüber, sobald man von den offiziellen Sprachregelungen abweiche – wie er das 1998 bei seiner skandalisierten Rede in der Paulskirche[19] getan hatte – führe das „unweigerlich zur Exkommunikation“.[20]

In allen Fällen bestritten die Akteure weder ihre Handlungen noch deren problematischen Charakter. Trotzdem betrachteten sie sich – im Unterschied zu den unbeteiligten Beobachtern – als Opfer eines Geschehens, an dem sie maßgeblich beteiligt waren. Woher kamen die Unterschiede in der Wahrnehmung derselben Sachverhalte – und wer

17 Leyendecker, Hans: Helmut Kohl, die CDU und die Spenden.

18 Zitiert nach Hartung, Uwe: Publizistische Bedingungen politischer Skandale. Diss. phil. Mainz 2009, S. 249.

19 Vgl. Schirrmacher, Frank (Hg.): Die Walser-Bubis-Debatte. Frankfurt am Main 1999.

20 Vgl. Wittstock, Uwe: Aufritt in der Opferrolle. In: *Die Welt*, 28. März 2007.

hat hier Recht? Die unbeteiligten und unbelasteten Beobachter oder die beteiligten und belasteten Akteure? Eine Antwort gibt die bereits in den Vierzigerjahren des vorigen Jahrhunderts von Fritz Heider konzipierte „Attributions-Theorie".[21] Für Heider sind alle Menschen zwanghafte Ursachensucher. Sie suchen spontan und permanent nach Erklärungen für richtige und falsche Verhaltensweisen, für Erfolge und Misserfolge. Sie fragen sich automatisch, warum jemand unhöflich oder zuvorkommend war; warum jemand gestohlen hat oder beschenkt wurde; wieso ein Unfall geschehen ist oder vermieden werden konnte usw. Zur Erklärung des Geschehens ziehen sie in der Regel drei Klassen von Ursachen heran: erstens die Persönlichkeit der Akteure – ihre Herkunft, ihren Charakter, ihre Intelligenz usw.; zweitens die Umstände ihres Handelns – die Einmaligkeit der Situation, die Existenz von Zwängen usw. und drittens den Einfluss von fremden Mächten – des Zufalls, des Schicksals usw. Dabei verfahren sie nicht willkürlich. Die Akteure selbst führen ihr Verhalten meist auf die Umstände ihres Handelns zurück, weil sie sie aus eigenem Erleben kennen. Die Beobachter erklären das gleiche Verhalten dagegen meist mit der Persönlichkeit der Akteure, weil sie sich aufgrund ihrer Lebenserfahrung davon eher ein Bild machen können.

Der Sozialpsychologe Michael D. Storms hat den Einfluss der unterschiedlichen Perspektiven von Akteuren, die zu Protagonisten von Berichten werden, und Beobachtern auf die Erklärung des Verhaltens mit einem einfallsreichen Experiment nachgewiesen. Grundlage seiner Studie sind Gespräche zwischen zwei Personen, die sich gegenübersaßen und von zwei Kameras gefilmt wurden. Die Kameras waren seitlich versetzt hinter den Gesprächspartnern montiert, sodass sie jeweils einen Gesprächspartner von vorne aufnahmen. Zudem wurden die Gespräche von zwei unbeteiligten Personen direkt beobachtet. Ein Teil der Akteure und Beobachter beschrieb und erklärte das Geschehen unmittelbar im Anschluss an die Gespräche. Erwartungsgemäß führten die Akteure ihr Verhalten bei dem Gespräch eher auf die Umstände zurück, während die Beobachter die Ursachen eher

21 Vgl. Heider, Fritz: Social Perception and Phenomenal Causality. In: *Psychological Review*, 51/1944, S. 358–374.

in den beteiligten Personen vermuteten. Ein anderer Teil der Akteure sah nach den Gesprächen zunächst die Videoaufnahmen. Dabei verfolgten einige das Geschehen aus der gleichen Perspektive wie zuvor. Sie sahen die Aufnahmen der Kamera, die hinter ihnen montiert war. Einige betrachteten es dagegen aus der entgegengesetzten Perspektive: Sie sahen die Aufnahmen der Kamera, die ihnen gegenüberstand und nahmen sich folglich selbst aus der Perspektive von Beobachtern wahr. Der erzwungene Perspektivwechsel schlug sich signifikant in der Beschreibung des Geschehens nieder: Akteure, die ihr Verhalten aus der Akteursperspektive sahen, führten es auf die Umstände zurück. Akteure, die es aus der Beobachterperspektive sahen, nannten häufiger Ursachen, die in ihrer Person lagen.[22]

Die generellen Unterschiede in den Sichtweisen von Akteuren und Beobachtern sind bei der Erklärung negativer Geschehnisse noch größer als sonst, weil der Verweis auf die Umstände die Handelnden von Verantwortung entlastet. Man spricht deshalb auch von einem „self-serving bias" – einer selbstdienlichen Verzerrung. Die spezifische Interessenlage verstärkt die generellen Unterschiede und führt zu massiven Diskrepanzen zwischen Akteuren und Beobachtern: Während die einen nur noch die Umstände gelten lassen, sehen die anderen nur noch die Akteure. Hierbei handelt es sich um ein generelles Problem im Verhältnis zwischen Journalisten und jenen, über die sie berichten. Journalisten sind berufsmäßige Beobachter. Schon deshalb erblicken sie die Ursachen von Fehlern meist in den handelnden Personen. Für sie lag die Ursache des Verhaltens der Verantwortlichen der Hoechst AG, Shell AG und Bayer AG, von Kohl, Härtel, Friedman und Fischer – soweit sie es als schuldhaft betrachteten und darstellten – im Charakter der Personen. Sie konnten sich ohne Rücksicht auf die Umstände in jeder Hinsicht frei entscheiden und waren folglich für ihr Verhalten voll verantwortlich. Sie waren aber nicht nur schuldig. In dem skandalisierten Verhalten, einer möglicherweise singulären Handlung, offenbarte sich eine dauerhafte Disposition, ihr Charakter.

22 Vgl. Storms, Michael D.: Videotape and the Attribution Process. Reversing Actors' and Observers' Point of View. In: *Journal of Personality and Social Psychology*, 27/1973, S. 156–175.

Aus der Perspektive eines Beobachters der Beobachter und der Akteure haben beide Recht, die Journalisten und die Skandalisierten. Die Akteure sind Täter und Opfer zugleich. Sie sind Täter, weil sie meist die Verfehlungen begangen und die Missstände verursacht haben, die ihnen vorgeworfen werden. Dabei spielen immer auch Eigenschaften ihrer Persönlichkeit eine Rolle – beispielsweise die Nachgiebigkeit des Werksleiters im Umgang mit untergebenen Mitarbeitern im Falle des ortho-Nitroanisol-Unfalls oder der Machtwille Kohls angesichts der Möglichkeit einer sozialdemokratisch-sozialistischen Allianz in den neuen Bundesländern. Die Skandalisierten sind aber auch Opfer der Bedingungen, unter denen sie gehandelt haben – des Wetters in Höchst, der Finanzlage der CDU oder der Terminnot eines Ministerpräsidenten. Diese Doppelnatur der Akteure und der Einfluss der Rolle, die sie wahrnehmen, zeigen sich auch in der Argumentation von Journalisten, wenn sie selbst aus der Rolle der unbeteiligten Beobachter in die Rolle der beobachteten Akteure geraten. Dann sehen auch sie die Ursachen der eigenen Fehler überwiegend in den Umständen ihres Handelns – dem Mangel an Informationen, dem Zeitdruck in den Redaktionen, den Erwartungen des Publikums, der Konkurrenz zwischen den Medien, den Pressionen aus der Politik usw. Wie alle Akteure betrachten sie sich, auch wenn sie eine Mitschuld an den jeweiligen Fehlern nicht leugnen, als Opfer der Umstände: Wären sie unabhängiger und der Zeitdruck geringer, dann würden diese und jene Fehler nicht passieren. Dieser Sachverhalt zeigt sich beispielhaft an den journalistischen Stellungnahmen zur irrtümlichen Skandalisierung der Einwohner von Sebnitz.

Nachdem sich die Berichte, der sechsjährige Joseph sei in Sebnitz Opfer einer rechtsradikalen Gewalttat geworden, als falsch erwiesen hatten, charakterisierten sich – wie die Zeitschrift *message* dokumentierte – mehrere der Berichterstatter als Opfer ungünstiger Umstände.[23] Bernhard Honnigfort von der *Frankfurter Rundschau* erklärte seinen Irrtum mit dem Hinweis auf Zeit- und Informationsmangel: Er sei „nur drei Wochen mit dem Fall beschäftigt" gewesen und habe „nicht jeden Brief der Kanzlei Bossi in den Händen [gehabt], den Bru-

23 Vgl. zum Folgenden *message* Heft 1, 2001.

no Schrep hatte" – ein Kollege vom *Spiegel*, der auf die Geschichte nicht hereingefallen war. Jens Schneider von der *Süddeutschen Zeitung* schrieb dem abweisenden Verhalten der Sebnitzer eine Mitschuld zu: Nur „wenige Sebnitzer wollten überhaupt noch mit Journalisten sprechen. Fast alle Gesprächspartner waren trotz der drei Festnahmen und der Zeugenaussagen sicher, dass die Vorwürfe haltlos seien", wodurch sie offensichtlich besonders unglaubwürdig erschienen. Andere, wie Barbara Dribbusch von der *taz*, verwiesen auf eine Presseerklärung der Dresdener Staatsanwaltschaft, „in der sie die Verhaftung der drei Hauptverdächtigen mitteilte … Das musste als erste Quelle Grund genug sein, einen Artikel zu verfassen."

Die Erklärung der Berichterstattung über Sebnitz durch die beteiligten Journalisten ist keine atypische Reaktion in einem Extremfall. Ähnliche Argumente findet man auch bei weniger dramatischen Vorgängen. Als z. B. der Verein „Bürger fragen Journalisten" Journalisten, die nach seiner Meinung die Regeln journalistischen Handelns verletzt hatten, mit Zeitungsanzeigen attackierte, charakterisierte der Deutsche Journalisten Verband, der sonst Ausweitungen des Gegendarstellungsrechtes entschieden ablehnt, die betroffenen Journalisten als Opfer einer überlegenen Organisation, die sich nicht hinreichend wehren könnten, weil dafür in einigen Bundesländern das Gegendarstellungsrecht nicht ausreiche.[24] Ein besonders eindrucksvolles Beispiel für den Einfluss der Rolle auf die Interpretation von Fehlverhalten lieferte Leyendecker, der langjährige zweite Vorsitzende des Netzwerk Recherche und erfolgreichste deutsche Skandalisierer, der in dieser Rolle die Umstände des Handelns der von ihm angeprangerten Personen nie als Entschuldigung oder gar als Entlastung gelten ließ. Nachdem aber die finanziellen Unregelmäßigkeiten des Vereins von mehreren Medien skandalisiert worden waren, charakterisierte sich Leyendecker in der Rolle des zweiten Vorsitzenden als Opfer des ersten Vorsitzenden: „Leif brauchte einen zweiten Vorsitzenden, der

24 Vgl. *journalist* Heft 1, 1986.

nicht hinschaut. Dies nicht verstanden zu haben, war töricht. Ich habe Leif vertraut. Das war sehr dumm."[25]

Die unterschiedlichen Perspektiven von Akteuren und Beobachtern zeigen sich auch in den Äußerungen von Beobachtern, die selbst schon die Erfahrungen von kritisierten oder skandalisierten Protagonisten gemacht haben, was möglicherweise irgendwann die Sichtweise von Leyendecker beeinflussen kann. Ein Beispiel für den Einfluss der erwähnten Erfahrung ist die ungewöhnlich verständnisvolle Stellungnahme von Walter Scheel zum Rücktritt von Horst Köhler: „Wenn ein Staatsoberhaupt ... keine kritischen Äußerungen mehr machen darf, dann stimmt mit unserem demokratischen Verständnis etwas nicht. Und es geht einfach nicht, dass dann eine Kampagne von tagelanger Häme und Kritik verbreitet wird, die nicht nur persönlich als diffamierend empfunden werden muss, sondern ganz einfach das Amt des Bundespräsidenten in respektloser Weise diffamiert".[26] Ähnlich äußerte sich der skandalerprobte Martin Walser anlässlich der Verabschiedung von Horst Köhler: „Ein Präsident sagt klipp und klar, warum er zurücktritt. In den Medien wird produziert, der Rücktritt sei eine Überreaktion ... Normalerweise lassen sich Politiker die Unterstellungsroutine gefallen, machen möglichst gute Miene zu jedem hämischen Spiel. Diesmal hat es nicht funktioniert. Der geht einfach. Aber das ist sein unprofessionelles Verhalten. Der erlaubt sich Empfindlichkeiten. So haben sie das bisher zurechtgestrickt."[27]

Die Skandalisierten sind aus ihrer Sicht nicht nur Opfer der Umstände. Sie sind auch Opfer der Berichterstattung. Obwohl beide recht haben – die Akteure und die Beobachter – wird die Berichterstattung über Skandale durch die Sichtweise der Journalisten geprägt, zumal die Akteure durch ihr Verhalten in den Augen der Berichterstatter ihre Glaubwürdigkeit verloren haben. Die Akteure werden deshalb mit Darstellungen konfrontiert, die mit ihren eigenen Erlebnissen und

---

25 Zitiert nach Sabine Pamperrien: Wer schaut nicht hin? Das „Netzwerk Recherche" sucht einen Neuanfang. In: *Frankfurter Allgemeine Zeitung*, 18. Oktober 2011.

26 *Die Welt*, 3. Juni 2010.

27 *Frankfurter Allgemeine Zeitung*, 17. Juni 2010.

Sichtweisen nicht vereinbar sind. Sie bestreiten zwar in der Regel nicht, dass sie Fehler begangen haben, halten die Medienberichte aber dennoch für grobe und oft ehrverletzende Verfälschungen. Die Berichte sind aus ihrer Sicht falsch, weil sie die „wahren" Ursachen des Geschehens – nämlich die Bedingungen ihres Handelns – verkennen. Ihnen geschieht, auch wenn die Fakten stimmen, Unrecht, weil sie als frei und bewusst entscheidende Täter erscheinen, wo sie nach eigener Überzeugung reagierende Opfer waren. Hierbei handelt es sich, wie eine schriftliche Befragung der Pressesprecher von 151 deutschen Großunternehmen zeigt, um ein generelles Problem im Verhältnis von gesellschaftlichen Akteuren und journalistischen Berichterstattern.

Zwei Drittel der Unternehmen waren schon einmal „in einer Krise oder einem Konflikt Gegenstand von Medienberichten geworden". Nach Ansicht von nahezu zwei Dritteln dieser Unternehmen waren in diesen Berichten die Fakten nicht richtig dargestellt worden. Worin lagen die Mängel? Nur relativ wenige Pressesprecher beklagten sich darüber, dass „Fehler von Unternehmensangehörigen ... aufgebauscht und dramatisiert" wurden (21 %). Etwas mehr berichteten, dass „Mitarbeitern des Unternehmens ... Fehler und Versäumnisse vorgeworfen [wurden], die sie nicht begangen hatten" (29 %). Die häufigste Begründung war jedoch, dass „Umstände, auf die das Unternehmen keinen Einfluss hatte, ... verschwiegen oder heruntergespielt wurden" (57 %). Die Journalisten stellten mit anderen Worten die Sachverhalte meist nüchtern dar, berichteten jedoch aus der Beobachterperspektive häufig nicht hinreichend über die Handlungsbedingungen der Akteure. Dadurch erweckten sie den Eindruck, dass die Akteure in weitaus stärkerer Weise für die Folgen ihres Handelns verantwortlich waren, als diese es aus der eigenen Perspektive wahrgenommen hatten.[28]

Menschen, die sich beim Deutschen Presserat über Beiträge über ihre eigene Person beschweren, klagen über ähnliche Fehldarstellungen wie die Sprecher großer deutscher Unternehmen. Dies belegt eine Befragung von 91 Personen im Sommer 2002. Sie hatten sich von

28 Vgl. Kepplinger, Hans Mathias: Warum Krisen eskalieren. In: Michael Kuhn / Gero Kalt / Achim Kinter (Hg.): Chefsache Issues Management. Frankfurt am Main 2003, S. 130–139.

Anfang April 2000 bis Ende März 2002 beim Deutschen Presserat beschwert und kritisierten vor allem zwei Charakteristika der aus ihrer Sicht nicht akzeptablen Beiträge: Über die Hälfte beklagte, ihnen seien „Fehler … unterstellt" worden, die sie „nicht begangen hatten", nahezu genauso viele verwiesen darauf, dass die, „Umstände", auf die sie „keinen Einfluss hatten … verschwiegen oder heruntergespielt" worden seien. Auch hier erkennt man die spezifische Sichtweise der Akteure, die sich von der Sichtweise der Berichterstatter und der Art ihrer Darstellung unterscheidet, was bei den Protagonisten den Eindruck hervorruft, ihr Verhalten sei unfair dargestellt worden. Dabei spielt die Medienerfahrung keine große Rolle. Dies belegt die gesonderte Betrachtung der Beschwerdeführer, über die die Medien nach eigener Aussage häufig berichten. Sie unterscheiden sich nicht wesentlich von den Erlebnissen der Beschwerdeführer, die sonst nie in den Medien sind. Offensichtlich kann man den gelassenen Umgang mit der – aus Sicht der Akteure – verkürzten Darstellung ihres Verhaltens nicht lernen. Man leidet auch dann darunter, wenn man es – wie einige der Beschwerdeführer – schon mehrfach erlebt hat.[29]

Die Skandalisierten fühlen sich schließlich auch deshalb als Opfer, weil sie selbst oder die Organisationen, denen sie angehören, Gegenstand einer kaum vorstellbaren Masse von richtigen und falschen, nüchternen und aufgebauschten, wertfreien und tendenziösen Medienberichten sind. Zudem verfolgen sie diese Beiträge viel intensiver als die unbeteiligten Beobachter, was aufgrund ihrer Betroffenheit verständlich und für die Verteidigung der eigenen Sichtweise notwendig ist. Zugleich setzen sie sich dadurch jedoch ungewöhnlich großen Wirkungsdosen aus. Ein Beispiel hierfür ist die Intensität, mit der Landtagsabgeordnete nach eigener Aussage die Berichterstattung der Medien verfolgen, wenn ihre Partei „massiv kritisiert oder sogar angeprangert wird".[30] Jeder zweite Landespolitiker liest dann „viel mehr

29 Vgl. Kepplinger, Hans Mathias: Emotionale Reaktionen von Medienerfahrenen und Medienunerfahrenen. In: Derselbe: Medieneffekte. Wiesbaden 2010, S. 155–173.

30 Vgl. Kepplinger, Hans Mathias: Fehler und Folgen von negativen Politikberichten. In: Derselbe: Medieneffekte. Wiesbaden 2010, S. 175–190.

Beiträge über die Landespartei als normalerweise", jeder Dritte verfolgt auch Medien, die er „normalerweise nicht beachtet". In solchen Situationen nimmt nicht nur die Menge der Beiträge zu, die die Betroffenen verfolgen. Gleichzeitig steigt die Intensität, mit der sie die Beiträge wahrnehmen. So verfolgen zwei von drei Betroffenen „einzelne Beiträge viel aufmerksamer als normalerweise" und einer von dreien liest sogar „einzelne Beiträge mehrmals".

Trotz der großen Zahl von Berichten besitzen die Betroffenen, sobald ihr Verhalten erfolgreich skandalisiert wurde, kaum noch die Möglichkeit, ihre Sichtweise darzustellen. Ein Beispiel hierfür ist die minimale Resonanz der Pressemeldungen kurz nach dem ortho-Nitroanisol-Austritt bei der Hoechst AG im Februar 1993. Die zentralen Aussagen der Hoechst AG wurden in nahezu zwei Dritteln aller Presse- und Fernsehberichte überhaupt nicht wiedergegeben. Wenn sie wiedergegeben wurden, wurden sie in mehr als zwei Dritteln aller Fälle negativ bewertet. Das Unternehmen besaß folglich direkt nach dem Störfall kaum noch eine Chance, seine Version des Geschehens darzustellen. Paradoxerweise hieß es später allgemein, die Hoechst AG sei das Opfer ihrer falschen Informationspolitik geworden. Dies trifft für die ersten Stunden nach dem Unfall zu und erklärt das daraus resultierende Misstrauen, ändert jedoch nichts daran, dass die darauf folgende Diskreditierung der sachlich richtigen Presseerklärungen des Unternehmens eine Hauptursache der Irreführung der Öffentlichkeit war.[31]

Einem ähnlichen Abwehrmechanismus sah sich Uli Hoeneß ausgesetzt.[32] Nachdem die *Münchner Abendzeitung* über angebliche „Schnupforgien" Daums und „wilde Partys mit Prostituierten" berichtet, Hoeneß dazu telefonisch um seine Meinung gefragt und seine Antwort groß herausgebracht hatte, hieß es allseits, Hoeneß selbst habe die Behauptungen über Daum in die Welt gesetzt. Ein Dementi der Presse-

31 Vgl. Sturny, Dirk: Einfluss von Krisen-Typen auf Publikationsweisen. Eine Input-Output-Analyse anhand von zwei Beispielen. Mainz 1997 (unveröffentlichte Magisterarbeit).

32 Vgl. Fichtner, Ullrich / Willeke, Stefan: Das Feindschaftsspiel. Hoeneß kontra Daum oder die Anatomie eines inszenierten Fußballskandals. In: *Die Zeit*, 19. Oktober 2000.

stelle des FC Bayern München, das Hoeneß von seinem Urlaubsort aus initiiert hatte, verhallte nahezu ungehört. Als er einige Tage später vor rund 200 Journalisten den Hergang des Geschehens erläuterte, hieß es unter anderem am 15. Oktober 2000 in *Sabine Christiansen*, er habe seine Äußerung nicht so gemeint, wie er sie formuliert hatte, sondern so, wie sie von anderen interpretiert worden sei. Die gleichen Erfahrungen mussten die Einwohner von Sebnitz machen, deren Darstellung vom Hergang des Todes des sechsjährigen Joseph auf dem Höhepunkt des Skandals keine Chance besaß. Stattdessen wurde ihre Weigerung, nach den ersten Skandalberichten weitere Interviews zu geben, als Beleg für die schlimmsten Befürchtungen interpretiert und entsprechend publiziert. Als ein Vorstandsmitglied der Bayer AG während des Lipobay-Skandals im *ZDF* korrekt feststellte: „Die Anwendung von hochwirksamen Medikamenten ist immer mit Nebenwirkungen verbunden, die auch bis zum Tode führen können …", behauptete *Bild* am 11. August 2001 in der Überschrift einer Meldung: „Bayer-Manager verhöhnt Opfer" und erklärte im Text, „der Konzern" gebe „jetzt den Patienten die Schuld". Ergänzend kam der SPD-Gesundheitsexperte Kirschner mit der Stellungnahme zu Wort: „Zynisch! Eine entschuldigende Klarstellung wäre angebracht."

Theoretisch verfügen die Skandalisierten über presserechtliche Mittel gegen falsche und ehrverletzende Darstellungen, darunter Gegendarstellungs- und Widerrufsklagen. Praktisch sind nach Meinung der meisten öffentlichen Akteure solche Mittel aber nicht zielführend, weil sie die meisten Rezipienten der Darstellungen nicht erreichen und weil sie die meisten von jenen, die sie erreichen, nicht überzeugen werden. Dies führt selbst bei vielen Juristen, die über alle rechtlichen Möglichkeiten bestens Bescheid wissen, zu einem Gefühl der Hilflosigkeit. So erklärten 2006 38 Prozent der Staatsanwälte und 45 Prozent der Richter in Strafprozessen, die Gegenstand von kritischen Medienberichten waren, sie hätten „das Gefühl" gehabt, sich „nicht richtig wehren zu können".[33]

33 Vgl. Kepplinger, Hans Mathias: Indirekte Effekte auf Angeklagte in Strafprozessen. In: Derselbe: Medieneffekte. Wiesbaden: VS Verlag 2010, S. 211.

Bei den Verletzungen, die öffentlich attackierte Menschen empfinden, handelt es sich nicht um flüchtige Emotionen, sondern um lang andauernde Kränkungen. Dies belegen die Aussagen der Beschwerdeführer beim Deutschen Presserat. Obwohl die Anlässe ihrer Beschwerden zwischen drei Monaten und zwei Jahren zurücklagen, erklärte mehr als die Hälfte, dass ihnen „die Sache ... immer noch ziemlich nahe" gehe. Ein Grund für die lang anhaltenden Verletzungen der Betroffenen sind die Veränderungen in ihrem sozialen Umfeld. So berichteten die Beschwerdeführer, andere Menschen seien ihnen „aus dem Weg gegangen"; sie hätten das Gefühl gehabt, andere Menschen seien von ihnen „enttäuscht" gewesen und hätten sie „mit ihrer Fragerei gequält". Auch hier belegen die meist nur geringen Unterschiede in den Erlebnissen der Medienerfahrenen und Medienunerfahrenen, dass man den Umgang mit öffentlichen Angriffen auf die eigene Person nur in engen Grenzen lernen kann, zumal die Betroffenen kaum Einfluss auf negative Reaktionen ihrer sozialen Umgebung haben.[34]

Was für die Beschwerdeführer beim Deutschen Presserat gilt, trifft in noch viel stärkerem Maße auf Skandalisierte zu, die zum Gegenstand massiver Angriffe werden. Sie fühlen sich auch deshalb als Opfer, weil die Skandalberichterstattung gelegentlich Reaktionen des Publikums auslöst, die weit über das hinausgehen, was die meisten Berichterstatter beabsichtigen oder in Rechnung stellen. Kohl wurde in Berlin bei der Signierung seines „Tagebuchs" mit einem Windbeutel beworfen. Hoeneß wurde beim Fußballspiel des FC Bayern München in Cottbus physisch attackiert und erhielt mehrere Morddrohungen. Auf der Homepage der Stadt Sebnitz fanden sich unter anderem die Aufrufe „Gebt allen Ossis eine Spritze mit dem Aids-Virus" und „Tod allen Nazis. Tod Bürgermeister Ruckh."[35] Während der Skandalisierung der Oberbürgermeisterin von Hanau fanden sich im Gästebuch des Internetauftritts der Stadt Aufforderungen zum Selbstmord von Frau Härtel,[36] und während der Skandalisierung von

34 Vgl. Kepplinger, Hans Mathias: Emotionale Reaktionen von Medienerfahrenen und Medienunerfahrenen.

35 Vgl. *Frankfurter Rundschau*, 30. November 2000.

36 Vgl. *Frankfurter Allgemeine Zeitung*, 15. Januar 2004.

Möllemann wegen der Aufnahme des Abgeordneten Karsli in die FDP inszenierte der Regisseur Christoph Schlingensief vor Möllemanns Unternehmenssitz in Düsseldorf das Stück „Tötet Möllemann!".[37]

Aufgrund der Mischung von Attacken verschiedenster Art fühlen sich die meisten Skandalisierten missverstanden, ungerecht behandelt, aufs Äußerste verletzt und völlig machtlos. Weil sie davon überzeugt sind, dass ihre Rolle falsch dargestellt wird, und weil sie sich kaum in die Rolle der Journalisten versetzen können, erklären sie sich die Berichterstattung über ihre eigene Person mit niederen Motiven der Journalisten. Dementsprechend abweisend bis aggressiv verhalten sie sich gegenüber den Berichterstattern. Damit wird häufig ein Rückkoppelungsprozess in Gang gesetzt, der sich kaum noch stoppen lässt. Die Folge ist genau das, was die Skandalisierten vermeiden wollen – eine weitere Eskalation der Angriffe, verbunden mit einer Solidarisierung innerhalb des Journalismus.

Als Ministerpräsident Koch einige Monate vor der Einstellung des Wahlprüfungsverfahrens die gegen die dortige CDU erhobenen Vorwürfe einen „medialen Hokuspokus" nannte, hieß es in einem Kommentar der *Mainzer Allgemeinen Zeitung*: „Die Art und Weise, wie Koch … die von ihm persönlich geladenen Pressevertreter im Garten seiner Dienstvilla beschimpfte, ist ein zusätzlicher Fingerzeig, wie groß die Erklärungsnöte mittlerweile sind und wie schlecht die Nerven."[38] Und als sich der nordrhein-westfälische Ministerpräsident Clement während der Schleußer-Affäre über Informanten-Honorare des *Spiegel* beklagt hatte, die angeblich mit der Position der Politiker stiegen, die zurücktreten müssten, schrieb die *Rheinische Post*, Clement dresche „wütend … auf den *Spiegel* ein". Er lasse seinen „Pressesprecher … wettern" und seine Staatskanzlei reagiere „geradezu hasserfüllt". Dies mündete in das Gesamturteil: „Clement wirkt nicht mehr souverän."[39]

Warum beklagen sich die Skandalisierten über ihre Opferrolle, wenn sie damit rechnen müssen, dass dies eher negative Reaktionen

37 *Welt am Sonntag*, 22. Juni 2003.
38 *Mainzer Allgemeine Zeitung*, 26. August 2000.
39 *Der Spiegel*, 22. Februar 2000.

provoziert? Und warum reagieren viele Journalisten, die normalerweise mit allen Mitleid bekunden, die sich als Opfer sehen, auf ihre Klagen mit Hohn und Spott? Die Antwort auf die erste Frage lautet, dass die meisten Skandalisierten den Druck der öffentlichen Angriffe nicht aushalten und deshalb teilweise auch wider besseres Wissen ihr subjektiv empfundenes Leid loswerden wollen, indem sie darüber reden. Die Antwort auf die zweite Frage ist vielschichtiger. Erstens beruhen der Hohn und Spott gegenüber den Skandalisierten, die sich als Opfer darstellen, auf Unwissen: Die Beobachter können sich vielfach nicht vorstellen, was die Skandalberichte bei den Betroffenen auslösen. Dies gilt schon für die unbeteiligten Leser der Zeitungsberichte, über die sich die Betroffenen beim Deutschen Presserat beschweren: Sie können kaum nachempfinden, welche Emotionen diese Pressebeiträge bei den Betroffenen ausgelöst haben. Noch weniger kann man die Reaktionen von Menschen nachvollziehen, die zum Gegenstand Dutzender oder Hunderter Angriffe werden. Zweitens ist der Spott und Hohn über die Opfer-Empfindungen der Skandalisierten die Folge einer Rollen-Inkonsistenz: Wer Täter ist, kann nach einer landläufigen Vorstellung nicht Opfer sein. Das passt nicht zusammen. Dies ist der Grund für die widersprüchlichen Stellungnahmen von Prantl zur Opfer-Rolle von Kohl und Kießling bzw. Friedman: Kohl war aus seiner Sicht schuldhafter Täter und konnte folglich kein Opfer sein. Kießling war aus seiner Sicht dagegen kein Täter und Friedman hatte allenfalls geringe Schuld auf sich geladen. Sie konnten folglich Opfer sein. Die beiden genannten Gründe erklären jedoch nur einen Teil der atypischen Reaktionen auf die Klagen der Täter. Ihre Hauptgründe liegen in der Voraussetzung von Mitleid und in der Funktion von Skandalen.

Mitleid mit Opfern setzt voraus, dass man sich in die Opfer versetzt, dass man sich bis zu einem gewissen Grad mit ihnen identifiziert und das Geschehen aus ihrer Perspektive wahrnimmt. Im Skandal würde das einen Wechsel von der Beobachter- zur Akteursperspektive erfordern. Die Journalisten und andere Beobachter müssten das Geschehen aus der Sichtweise derer betrachten, die die Missstände verursacht haben. Damit aber würde das zusammenbrechen, was den Missstand zum Skandal macht: Was den Skandalisierten vorgeworfen wird, würde zum erheblichen Teil als Folge von ungünstigen Umständen erscheinen und folglich keine große Empörung hervorrufen. Bei dem Hohn und Spott gegenüber den Tätern, die sich als Opfer bezeichnen, handelt es sich folglich um einen Abwehrmechanismus zur Verteidigung der kognitiven Grundlage der Skandalisierung. Wer diese Grundlage verlässt, nimmt sich die Möglichkeit zur Skandalisierung. Zugleich dient der Hohn und Spott der Verteidigung der sozialen Funktion des Skandals: Der Skandal zielt auf die Bekräftigung von Normen durch die Unterwerfung derer, die ihnen nicht folgen, und auf die Isolation jener, die sich zu den Normverletzern bekennen. Dies erfordert Distanzierung und schließt Identifizierung aus. Sie und das daraus resultierende Mitleid würden der Erfüllung der sozialen Funktion des Skandals im Wege stehen. Deshalb darf der Täter im Skandal auch dann kein Opfer sein, mit dem man Mitleid empfindet, wenn es sachlich berechtigt ist.

10. Trotz und Panik

Nachdem die Hoechst AG am 22. Februar 1993 sachlich korrekt, aber sprachlich widersinnig behauptet hatte, das bei dem Störfall ausgetretene ortho-Nitroanisol sei „mindergiftig“, und nachdem die Kritik massiver und die Befürchtungen größer wurden, trat das Unternehmen die Flucht nach vorne an und ließ in einem demonstrativen Akt der Vorsorge Straßenbeläge abfräsen, Erdreich abtragen, Sträucher zurückschneiden und Bäume abholzen. Dabei mussten die Arbeiter aufgrund einer Anordnung des Hessischen Umweltministeriums Ganzkörper-Schutzanzüge und Atemschutzmasken tragen, die die Dramatik des Vorgehens noch erhöhten. Die Auswirkungen der gut gemeinten Maßnahmen waren verheerend. Wer den beruhigenden Versicherungen des Unternehmens bisher noch geglaubt hatte, musste aus der Radikalkur schließen, dass er in größter Gefahr war, weil das Unternehmen solche Maßnahmen nicht durchführen würde, wenn sie nicht notwendig wären. Hunderte von verängstigten Anwohnern versammelten sich in der Schwanheimer Kirche und ließen – unterstützt von den verständnisvollen Ermutigungen der anwesenden Fernsehjournalisten – ihrer Wut freien Lauf. Nun erst erreichten die Angst und die Empörung ihren Höhepunkt. Was war die Ursache dieser Fehlentscheidungen, die gegen die Interessen aller verstießen – der betroffenen Anwohner, des Unternehmens wie auch der zuständigen Behörden und Ministerien?

Nachdem die Shell AG wochenlang nahezu regungslos die von Greenpeace gesteuerte Kampagne gegen die Versenkung der Brent Spar hatte über sich ergehen lassen und die erste Presseerklärung des Unternehmens nicht die erhoffte Resonanz fand, erklärte die Geschäftsleitung plötzlich, dass die Brent Spar nach Norwegen geschleppt und an Land abgewrackt werden solle. Damit hatte das Unternehmen genau die Maßnahme beschlossen, die es bis dahin – und wie sich später herausstellte – zu Recht als weniger geeignet bezeichnet hatte, und so seine eigene Glaubwürdigkeit in Umweltfragen diskreditiert. Nachdem Christoph Daum tagelang jeglichen Drogenkonsum bestritten und einen Drogentest abgelehnt hatte, verkündete er plötzlich, er habe sich eine Haarprobe entnehmen lassen, die seine Unschuld beweisen werde. Damit war seine Karriere als Bundestrainer beendet, bevor sie begonnen hatte. Warum treffen viele Skandalisierte Entscheidungen, von denen sie bei ruhiger Betrachtung wissen müssten, dass sie ihre Lage noch verschlechtern?

Warum tritt ein Mann wie Horst Köhler überraschend zurück, obwohl er damit rechnen musste, dass er dafür heftig kritisiert werden würde? Hinweise auf eine mögliche Antwort gaben Stefan Berg und Jan Fleischhauer am 7. Juni 2010 im *Spiegel.* Danach war „Köhlers Welt intakt“, solange er aufgrund seiner kritischen Haltung gegenüber Entscheidungen der Regierung „nur die Respektlosigkeit der Politik ertragen musste“. In seiner zweiten Amtszeit sei jedoch das Gefühl dazugekommen, auch die Presse habe sich „gegen ihn verschworen“. Als Beleg führen sie eine Äußerung Köhlers bei seiner letzten China-Reise an: „Ich weiß gar nicht, was ich Ihnen sagen soll, mir wird ja jeder Satz im Mund umgedreht.“ Resignierend habe Köhler hinzugefügt: „… ich dachte, es gäbe noch so etwas wie journalistisches Ethos, aber was soll's.“ Seine öffentlichen Auftritte hatte Köhler auf ein Mindestmaß reduziert. Hier ging nichts mehr. In dieser Situation bildete neben anderen Gründen, die es immer gibt, die gezielte Fehlinterpretation seines Radiointerviews vermutlich nur noch den Auslöser für einen radikalen Schnitt, mit dem er sich erkennbar schweren Herzens derartigen Zumutungen ein für allemal entziehen wollte und dadurch genau das Gegenteil bewirkte – eine Welle von hämischen bis bösartigen Kommentaren zu seiner Entscheidung und generellen Zweifeln an seiner Befähigung für das Amt des Bundespräsidenten, in die sich nur wenige verständnisvolle Stimmen mischten.

In extremen Einzelfällen endet der Wechsel von Trotz in Panik mit dem Selbstmord der Skandalisierten. Ein Beispiel hierfür ist der vermutliche Freitod von Jürgen W. Möllemann. Nach der Bundestagswahl 2002 bestritt er energisch, dass er ein Flugblatt mit Angriffen u. a. auf die Palästinapolitik des israelischen Ministerpräsidenten Sharon mit illegalem Spendengeld bezahlt hatte und ließ seine Anwälte erklären, er habe für die Aktion eine Million Euro aus seinem Privatvermögen verwandt. Nachdem er am 17. März 2003 mit seinem Austritt aus der FDP einem Parteiausschlussverfahren zuvorgekommen war, spekulierte er gut zweieinhalb Monate später noch in einer Talkshow über die Gründung einer eigenen Partei. Vier Tage darauf, am 5. Juni, sprang er aus einem Sportflugzeug zu genau jenem Zeitpunkt in den Tod, in dem der Bundestag seine Immunität aufhob und die Staatsanwaltschaft seine Wohn- und Büroräume im Bundesgebiet sowie in Luxemburg, Spanien und Liechtenstein durchsuchte. Zwar hatte sich sein Fallschirm ordnungsgemäß geöffnet, sich dann jedoch etwa 1.000 bis 1.500 Meter über dem Boden von Möllemann gelöst. Der Ablauf des Geschehens legt die Folgerung nahe, dass sich Möllemann umgebracht hat, zumal ein technischer Fehler später ausgeschlossen wurde. Bewiesen ist ein Selbstmord damit jedoch nicht. Zudem kann man einwenden, Möllemann habe sich nicht wegen des öffentlichen Drucks umgebracht, sondern wegen seiner fragwürdigen Geldquellen und der zu erwartenden Strafe. Nicht die Skandalisierung hat ihn demnach in den Tod getrieben – wenn es denn ein Freitod war –, sondern die Angst vor einem Gerichtsverfahren und einer möglichen Gefängnisstrafe. Dies mag zutreffen, dürfte jedoch, wie die nahezu zeitgleiche Kelly-Affäre zeigt, nicht die einzige Erklärung sein.

Nachdem der BBC-Korrespondent Andrew Gillian berichtet hatte, ein hoher Regierungsbeamter habe ihm mitgeteilt, die britische Regierung habe ein im vergangenen September vorgelegtes britisches Dossier über die Rüstung des Irak aufgebauscht, um einen Angriff auf den Irak zu rechtfertigen, wurde der Mikrobiologe und Waffenexperte Davis Kelly als Quelle verdächtigt. Am 15. Juni 2003 bestritt Kelly vor einem Parlamentsausschuss gequält, die „Hauptquelle“ der Behauptung von Gillian und anderen Journalisten gewesen zu sein. Am 16. Juni forderte Ministerpräsident Tony Blair die *BBC* auf, zu erklären, ob Kelly die Quelle ihres Mitarbeiters war. Am 17. Juni brachte sich Kelly in der Nähe seines Hauses um. Drei Tage später bestätigte die *BBC*, dass Kelly die Quelle war. Kelly war, wie sich später zeigen sollte, sachlich und moralisch im Recht, weil die von der Regierung vermuteten Massenvernichtungswaffen im Irak nicht existierten. Zwar fürchtete auch er möglicherweise ein Gerichtsverfahren. Bedeutsamer war aber, dass er die öffentliche Diskreditierung seiner Integrität im Parlament, seine baldige Enttarnung und die absehbare Kampagne gegen ihn nicht ertragen konnte.

Was ist die Ursache der skandaltypischen Fehlreaktionen – des Umschlagens von Trotz in Panik? Warum lassen die meisten Skandalisierten erst alle Anschuldigungen scheinbar regungslos an sich abprallen, und unterwerfen sich dann plötzlich bedingungslos den Forderungen ihrer Kritiker? Wieso machen Skandalisierte ab einem bestimmten Punkt plötzlich genau das, was sie zuvor aus sachlichen und taktischen Gründen entschieden abgelehnt hatten? Im Fall Daum war schnell von durch Drogen bedingtem „Realitätsverlust“ und von „autosuggestiver Verblendung“ die Rede. Das mag bei ihm eine Rolle gespielt haben. Es erklärt aber nicht die Panikreaktionen der Hoechst AG und der Shell AG, deren Konsequenzen ähnlich problematisch waren. Der Sache näher kam der Manager von Bayer Leverkusen, Reiner Calmund. Nach seiner Aussage war Daum „wie besessen von dieser Lösung“, von diesem „Befreiungsschlag“.[1] Ähnliche Beweggründe hatten auch die beiden Unternehmen: Auch sie planten einen „Befreiungsschlag“. Wie konnten sie aber eine Vorgehensweise als „Befreiungsschlag“ betrachten, die bei nüchterner Überlegung die Vorwürfe bestätigen und als Eingeständnis schuldhaften Versagens erscheinen musste? Wovon wollten sie sich „lösen“ und „befreien“? Der Verdacht des Drogenmissbrauchs im Fall Daum oder der gedankenlosen Umweltzerstörung im Fall der beiden Unternehmen konnte es nicht sein, denn genau diese Vorwürfe wurden durch den „Befreiungsschlag“ tatsächlich oder scheinbar bestätigt.

Eine Ursache der starren Trotzhaltung und ihres anschließenden Umschlagens in panikartige Unterwerfung sind die „reziproken Effekte“ der Medienberichte – ihr Einfluss auf diejenigen, die in ihrem Fokus stehen.[2] Sie sind bei Skandalisierungen die Folgen einer ganzen Kette von Ursachen – der ungewöhnlichen Menge der Medienberichte, der ungewöhnlichen Intensität ihrer Nutzung, der Interpretation der Beiträge vor dem Hintergrund des eigenen Wissens und der Vermutungen über die Wirkungen der Beiträge auf andere Menschen.

1 *Frankfurter Allgemeine Zeitung*, 23. Oktober 2000.

2 Vgl. zum Folgenden Kepplinger, Hans Mathias: Reziproke Effekte. In: Derselbe: Medieneffekte. Wiesbaden 2010, S. 135–153 sowie die dazu gehörigen empirischen Untersuchungen im gleichen Band.

Hinweise auf die drei ersten Faktoren – Menge, Nutzungsintensität, Interpretation – enthalten die vorangegangenen Kapitel. Zu ergänzen sind die Wirkungsvermutungen, die auf das Verhalten der Skandalisierten zurückwirken. Die meisten Menschen überschätzen die negativen Wirkungen der Medien auf andere Menschen. Phillips W. Davison hat diesen „Andere-Leute-Effekt" anhand einer Episode aus dem Zweiten Weltkrieg beschrieben.[3] Nachdem die Japaner über Iwo Jima in Flugblättern die schwarzen Soldaten aufgefordert hatten, nicht länger für die Weißen zu kämpfen, ersetzten weiße Offiziere, obwohl es keine Hinweise gab, dass die Flugblätter einen Einfluss auf die Kampfbereitschaft der Schwarzen hatten, schwarze durch weiße Kampftruppen. Einer der Gründe für diese Überreaktion dürfte gewesen sein, dass die weißen Offiziere in den Flugblättern direkt genannt wurden – sie waren neben den Schwarzen die Protagonisten der Propaganda.

Heute gehört der Andere-Leute-Effekt zu den gut gesicherten Befunden der Medienwirkungsforschung. Zudem weiß man, dass die meisten Menschen negative Medienwirkungen auf andere umso stärker einschätzen, je größer die soziale Distanz zu ihnen ist und je mehr Menschen von den Medien erreicht werden. Dies trifft – wie eine Befragung von 568 Landtagsabgeordneten zeigt – auf Politiker zu, die von den Medien „massiv kritisiert oder sogar angeprangert" werden. Eine starke oder sehr starke Wirkung auf die „Fraktionskollegen" vermuten 42 Prozent, eine ebensolche Wirkung auf „Menschen in (ihrem) Wahlkreis" 55 Prozent und auf die „Wähler allgemein" 66 Prozent.[4] Das Gleiche gilt – wie eine Befragung von 718 Richtern und Staatsanwälten belegt – auch für Juristen: Einen starken oder sehr starken Einfluss negativer Prozessberichte auf die Professionsangehörigen im Gerichtssaal (Sachverständige, Verteidiger usw.) vermuten zwischen 5 und 40 Prozent, einen entsprechenden Einfluss auf die Laien (Zeugen,

3 Vgl. Davison, W. Phillips: The Third-Person Effect in Communication. In: *Public Opinion Quarterly*, 47/1983, S. 1–15.

4 Kepplinger, Hans Mathias: Fehler und Folgen von negativen Politikberichten, S. 183.

Angeklagte, Opfer usw.) dagegen zwischen 63 und 87 Prozent.[5] Aus den genannten Gründen sind die Skandalisierten nicht nur besonders starken Wirkungsdosen ausgesetzt und halten die Art der Darstellung ihres eigenen Verhaltens für irreführend. Sie vermuten zudem, dass andere Menschen durch diese Darstellungen noch stärker beeinflusst werden als sie selbst, was wahrscheinlich falsch ist, jedoch ihre negativen Emotionen verstärkt und die Wahrnehmung des Verhaltens von Menschen in ihrer sozialen Umgebung beeinflusst.

Weil die Skandalisierten aufgrund ihrer Betroffenheit die intensive Berichterstattung sehr aufmerksam verfolgen, weil sie stark von ihr beeinflusst werden, weil sie viele Beiträge aufgrund ihrer spezifischen Sichtweise für falsch halten und weil sie glauben, dass andere Menschen davon noch mehr beeinflusst werden als sie selbst, empfinden sie schon eine massive Kritik, nicht zu reden von einer Skandalisierung, als Existenzgefährdung und reagieren darauf mit Angst und Empörung. Dies gilt auch für medienerfahrene Personen aus allen Bereichen des öffentlichen Lebens. Das belegen die Äußerungen von Prominenten, denen es nicht an Medienerfahrung fehlt: „Eine Besprechung meines Buches, die dumm ist oder von Ablehnung – meiner Person oder meiner Romanfiguren – diktiert scheint, geht mir unter die Haut. […] Die vornehme Verteidigung, meine Taktik, nicht weiter zu lesen, sobald ich merke, dass ich einem unbedachten oder böswilligen Rezensenten in die Hände gefallen bin, gelingt mir nur unvollkommen … Gut möglich, dass ich mit dem Schreiben aufgehört hätte, wären meine Romane nicht viel häufiger gelobt als verrissen worden" – so der Anwalt und Romancier Louis Begley. „Die meisten Vorwürfe gegen mich sind so massiv geworden, dass ich nicht mehr unbelastet vor eine Kamera gehen kann" – so Joachim Fuchsberger als Begründung für seinen Ausstieg als Moderator aus der Quiz-Sendung „Auf los geht's los". „Die Gewalt, der das Objekt einer Medienkampagne ausgesetzt ist, kann sich kein Journalist ausmalen" – so die Bundestagsabgeordnete Antje Vollmer.[6]

5 Kepplinger, Hans Mathias: Indirekte Effekte auf Angeklagte in Strafprozessen, S. 213.

6 Vgl. Kepplinger, Hans Mathias: Verletzung der Persönlichkeitsrechte durch die Medien. Halten die Annahmen der Juristen den sozialwissenschaftlichen

Die Ursachen der weitgehend automatischen und kaum kontrollierbaren Reaktionen von Personen, die öffentlich angegriffen werden, sind in der Persönlichkeit tief verankert und lassen sich auf die Notwendigkeit zurückführen, die Bindung zu anderen Menschen aufrechtzuerhalten. Sie hat ihren Ursprung in der menschlichen Entwicklungsgeschichte, und sie wird von jedem Einzelnen im Laufe seiner eigenen Entwicklung intensiv erlebt und entsprechend verinnerlicht. Um die Bindung an andere Menschen aufrechterhalten zu können, sind vier Voraussetzungen erforderlich: Man muss erstens die äußere Welt im Zusammenwirken mit den eigenen Bezugspersonen – vor allem Kollegen, Freunde und Verwandte – sinnvoll interpretieren können. Man muss zweitens darauf vertrauen können, dass diese Personen das eigene Verhalten wohlwollend beurteilen und ernsthafte Anstrengungen entsprechend honorieren. Man muss drittens glauben können, dass man im Kern gut ist, und man muss viertens davon überzeugt sein, dass man kompetent und leistungsfähig ist, weil man nur so die anderen davon überzeugen kann, dass es sich für sie lohnt, die Bindung aufrechtzuerhalten.[7]

Die Skandalisierung eines Menschen erschüttert die Grundlagen dieser Selbstgewissheiten: Sie suggeriert ihm, dass er kein guter Mensch ist. Sie zerstört seinen Glauben, dass die Welt alles in allem gerecht und wohlwollend ist. Sie weckt Zweifel, ob er das Verhalten anderer noch sinnvoll abschätzen kann. Und sie macht ihn durch die Fixierung auf die Angriffe durch die Medien zunehmend handlungsunfähig. Seine eigentliche Aufgabe kann er dadurch immer weniger erfüllen. Zudem vermittelt die Skandalisierung dem Skandalisierten den Eindruck, dass er jede Kontrolle darüber verloren hat, wie andere ihn sehen. Dieser Eindruck wird nun massiv von anderen geprägt, ohne dass er dagegen etwas unternehmen kann. Der Kontrollverlust

---

Befunden stand? In: Bitburger Gespräche. Jahrbuch 1999/I. München 1999, S. 15–34.

7 Vgl. Fiske, Susan T. / Taylor, Shelley E.: Social Cognition. New York u. a. 1991; Fiske, Susan T. / Morling, Beth / Stevens, Laura E.: Controlling Self and Others. A Theory of Anxiety, Mental Control, and Social Control. In: *Personality and Social Psychology Bulletin*, 22/1996, S. 115–123.

weckt ungewöhnlich starke Ängste, die kaum zu beherrschen sind, weil es sich um automatische Reaktionen auf Angriffe handelt, die die soziale Existenz bedrohen. Ein Beispiel hierfür ist zu Guttenberg, der seinen Rücktritt u. a. folgendermaßen begründete: „Die enorme Wucht der medialen Betrachtung meiner Person – zu der ich viel beigetragen habe –, aber auch die Qualität der Auseinandersetzung bleiben nicht ohne Wirkung auf mich selbst und meine Familie … Es ist mir … nicht mehr möglich, den in mich gesetzten Erwartungen gerecht zu werden … Ich war immer bereit zu kämpfen, aber ich habe die Grenzen meiner Kräfte erreicht."[8]

Massive öffentliche Angriffe wirken sich letztlich auf das Selbstwertgefühl und die Problemlösungsfähigkeit der Kritisierten aus. Zu ihrer Verteidigung greifen sie zu Mitteln, die zwar geeignet sind, eines der beiden Ziele zu erreichen, die Erreichung des jeweils anderen Ziels aber gefährden. Das haben Susan T. Fiske und ihre Mitarbeiter in mehreren Experimenten nachgewiesen. Geht es um *Problemlösungsfähigkeit*, verfolgen Versuchspersonen, deren Erfolgschancen von anderen abhängen, negative Informationen über ihre Person mit mehr Aufmerksamkeit als Versuchspersonen, deren Erfolg nicht davon abhängt. Dies trifft analog auch auf Politiker und Unternehmer zu, die mit wachem Blick kritische Berichte über ihre Person und Organisation verfolgen. Sind die Versuchspersonen sogar einseitig von anderen abhängig, verfolgen sie die kritischen Hinweise besonders aufmerksam und hypergenau, damit sie die in sie gesetzten Erwartungen erfüllen können. Dies gilt vor allem für Akteure auf den mittleren und unteren Ebenen von Hierarchien, die sich ihren Mentoren in einem günstigen Licht zeigen wollen.

Geht es um die Aufrechterhaltung des *Selbstwertgefühls*, dann verfolgen vor allem Personen, deren Selbstwertgefühl von den Urteilen anderer abhängt, negative Berichte über ihre Person, um die darin enthaltenen Informationen zu diskreditieren. Dabei versteigen sie sich häufig in ein Wunschdenken über die Urheber der Urteile. Stammen die negativen Urteile von Personen, die einer anderen Gruppe

8 Zitiert nach „Plagiatsaffäre Guttenberg". Auf: *Wikipedia.de*. Abgerufen am 2. Oktober 2011.

angehören, rufen sie Angstgefühle hervor. Die Angstgefühle sind vor allem dann stark, wenn die Gruppe der Kritiker groß, homogen und entsprechend mächtig ist. Dies ist typisch für Skandale, wenn alle Medien in die Kritik einstimmen. Von großen Gruppen homogener und mächtiger Kritiker erwarten die Versuchspersonen in den Experimenten nur das Schlimmste. Genauso reagieren die Skandalisierten – sie sind in panischer Angst und trauen ihren Gegnern alles zu.

Bei Skandalen folgen die beiden Herausforderungen – Wahrung des Selbstwertgefühls und der Problemlösungsfähigkeit – aufeinander. Zunächst betrachten die Skandalisierten die Kritik an ihrem Verhalten als Angriffe auf ihr Selbstwertgefühl, die sie – vor allem, wenn sie öffentliche Kritik gewohnt sind – nicht sonderlich ernst nehmen. Sie lesen alles, was sie finden, beachten es aber möglichst wenig, leugnen auch zutreffende Tatsachenbehauptungen und berechtigte Folgerungen oder werten sie als unsachlich und unfair ab. Weil die Skandalisierten die Sachverhalte meist besser kennen als ihre Kritiker, die Angriffe häufig auch falsche Behauptungen enthalten und weil sie fast immer mit herabsetzenden Wertungen verbunden sind, gelingt ihnen dies zunächst durchaus überzeugend. Folglich wiegen sich die Skandalisierten – ungeachtet ihrer unabweisbaren Ängste – in einer trügerischen Sicherheit, die von außen betrachtet als überlegener Trotz erscheint: Die Skandalisierten kann scheinbar nichts erschüttern – noch widerstehen sie jedem Angriff.

Je länger die Angriffe dauern und je größer, geschlossener und mächtiger die Angreifer werden, desto mehr Aufmerksamkeit müssen ihnen die Skandalisierten widmen. Dadurch blockieren die Angriffe zunehmend ihre normale Leistungsfähigkeit: Sie können immer weniger ihre Aufgaben erfüllen und empfinden die Skandalisierung zunehmend als ernsten Angriff auf ihre Tätigkeit. Deshalb verfolgen sie die Angriffe immer intensiver und nehmen, um sie widerlegen zu können, auch Vorwürfe ernst, die sie zuvor als unsinnig abqualifiziert haben. Dies erfordert Zeit und Energie, verringert die normale Leistungsfähigkeit immer mehr und mündet in die Gewissheit der Betroffenen, dass sie praktisch nicht mehr handlungsfähig sind. Zudem wird, während sie ihre Aufgaben immer weniger wahrnehmen können, ihr Ansehen in der Öffentlichkeit immer mehr ruiniert.

Auf diesem Weg ist nichts zu gewinnen. Nachdem die Skandalisierten die Kontrolle über sich selbst verloren und jeden Einfluss auf ihr Erscheinungsbild eingebüßt haben, schlägt der unbeirrte Trotz, der zuletzt nur noch Fassade war, in panikartige Unterwerfung um. In einem „Befreiungsschlag" machen sie nun genau das, was die Wortführer der Kritiker von ihnen verlangen und was sie bis dahin abgelehnt haben.

Das, wovon sich die Skandalisierten befreien wollen, ist nicht die Last der anstehenden Sachprobleme – die Entsorgung der Brent Spar oder der Schutz der Anwohner in Höchst – sondern der unerträgliche Druck der öffentlichen Angriffe. Schon die Vorankündigung eines negativen *Spiegel*-Berichtes löst nach Aussage des langjährigen SPD-Vorsitzenden Hans-Jochen Vogel einen „gewissen Druck" aus, weil man gezwungen sei, alles zu lesen, was zum Thema gehört. Wegen dieses Drucks ist nach Vogel der Erfolg im Skandal vor allem eine „Frage der Kraft und der Nervenstärke". Man brauche „eine beachtliche psychische und physische Konstitution, um so eine Kampagne so lange durchstehen zu können, bis die andere Seite sich erschöpft hat"[9]. Diesem Druck sind viele Skandalisierte nicht gewachsen. Um ihn loszuwerden, sind sie bereit, alles zu tun, notfalls auch das, was sie für falsch halten und was sich später auch als falsch erweist. In dieser Situation erscheint manchen Politikern, die sich nach eigener Einschätzung nichts Gravierendes vorzuwerfen haben, der Rücktritt als Erlösung.

Der Skandal verlangt von den Skandalisierten die Einsicht in eine paradoxe Situation: Sie müssen – obwohl sie unter höchstem Zeitdruck stehen – vor allem Zeit gewinnen. Ein Beispiel hierfür ist das Verhalten von Joschka Fischer im VISA-Skandal, als er so lange im Hintergrund blieb, bis sich die Kritik an der von ihm und Ludger Volmer zu verantwortenden Regelung auch wegen des Rücktritts von Volmer totgelaufen hatte. Dies gelingt nicht immer, weil die Kritik nicht nachlässt, sondern wie im Fall von Karl-Theodor zu Guttenberg zunimmt oder weil die Kritisierten und ihre soziale Umgebung sie

9 Zitiert nach Kepplinger, Hans Mathias: Am Pranger. In: Derselbe: Publizistische Konflikte und Skandale. Wiesbaden 2009, S. 147.

nicht mehr aushalten. Jan Philipp Reemtsma, dessen „Wehrmachtsausstellung“ zwar nicht zum Skandal wurde, aber immerhin einen massiven publizistischen Konflikt auslöste, hat das erlebt und in einem Interview beschrieben. Auf die Frage, weshalb er gegen einen seiner Kritiker, den polnischen Historiker Bogdan Musial, einen Prozess geführt habe, erklärte er, durch die Angriffe sei „so etwas wie eine Wagenburgmentalität entstanden, von der aus dann irgendwann alle Kritiker“ ähnlich ausgesehen hätten. Es wäre damals richtig gewesen, Ruhe zu bewahren, nicht so empfindlich zu reagieren“.[10] Genau dazu sind viele Skandalisierte aber nicht in der Lage.

Hätte die Hoechst AG nach dem ortho-Nitroanisol-Unfall im Februar 1993 ihre erste Pressekonferenz nicht bereits in der Morgendämmerung einberufen, wäre die Sachdarstellung des Unternehmens nicht durch neu auftauchende Fakten widerlegt und seine Glaubwürdigkeit nicht erschüttert worden. Hätte die Shell AG ihren Kritikern rechtzeitig ein Moratorium von einem halben Jahr angeboten und alle interessierten Journalisten auf Kosten des Unternehmens auf die Brent Spar gebracht, damit sie sich dort ein eigenes Urteil hätten bilden können, wäre der Protest spätestens dann zusammengebrochen, wenn die Journalisten vor Ort entdeckt hätten, dass Greenpeace falsche Angaben über die Schadstoffbelastung der Brent Spar verbreitet hatte. Hätte die CDU-Führung nach einem generellen Bekenntnis zur Offenlegung der Spenden jede weitere Stellungnahme zu Kohls Verhalten verweigert, hätten sie nicht zur Etablierung einer für die CDU schädlichen Sichtweise sowie zur Dramatisierung des Geschehens beigetragen. Die Begründung für eine solche Zurückhaltung hatte sie selbst geschaffen – die Zuständigkeit des Untersuchungsausschusses des Bundestages –, sie dann aber in ihrer panikartigen Flucht vor den Vorwürfen gegen die eigene Vergangenheit nicht genutzt. Hätte der Waffenexperte und Waffeninspekteur Kelly die Nerven gehabt, um die Attacken der Regierung und der regierungsfreundlichen Medien auszuhalten, wäre er ein Jahr nach diesen Angriffen und nach der öffentlichen Demontage der angeblichen Gründe für den Angriff auf

10 *Frankfurter Allgemeine Zeitung*, 6. November 1999.

den Irak als hellsichtiger Held gefeiert worden. Er hatte sie jedoch genauso wenig wie die Verantwortlichen der CDU, der Hoechst AG und der Shell AG ausgehalten.

11. Gewinner und Verlierer

Anfang der Fünfzigerjahre gab es in der alten Bundesrepublik pro Jahr etwa zwei bis drei politische Skandale mit bundesweiter Beachtung. Dies blieb so bis Mitte der Siebzigerjahre, als die Zahl dieser Skandale zunächst langsam und dann schneller zunahm und bis 1993 auf etwa zehn pro Jahr stieg. Bis 2005 hat die Zahl der politischen Skandale auf schätzungsweise 20 bis 25 pro Jahr erheblich zugenommen[1] und dürfte seitdem weiter gestiegen sein. Diese Entwicklung hat zahlreiche Gründe, vor allem die Veränderung des journalistischen Selbstverständnisses seit den Siebzigerjahren, die wachsende Konkurrenz zwischen der Presse und dem Fernsehen sowie einzelnen Presseorganen seit den Achtzigerjahren. Verstärkt wird der Prozess in jüngerer Zeit von der zunehmenden Bedeutung des Internets als Quelle der Anprangerung von Missständen durch Hobby-Journalisten sowie als Ort der Koorientierung der Journalisten der traditionellen Medien.

Möglicherweise hat die Zahl der Missstände in der Politik zugenommen, und dadurch hat sich auch die Zahl der Skandale vergrößert. Dafür gibt es allerdings keine unabhängigen Belege, etwa Gerichtsakten und ähnliche Unterlagen. Besser beurteilen kann man den Einfluss der berichteten Realität auf die Art ihrer Darstellung anhand von Umweltskandalen. Die Zahl der Umweltskandale nahm in Deutschland seit den Siebziger- und Achtzigerjahren erheblich zu. Für diesen Bereich kann man ausschließen, dass die wachsende Zahl der Skandale eine Folge der Vergrößerung der Missstände war: Die Zahl der Umweltskandale nahm in dem Maße zu, in dem die schweren Umweltschäden abnahmen. Dies betrifft u. a. die Belastung der Gewässer und der Luft und gilt in ähnlicher Weise – trotz Tschernobyl – für die radioaktiven Niederschläge und die kerntechnisch relevanten Stör-

1 Vgl. Kepplinger, Hans Mathias: Ist die funktionalistische Skandaltheorie empirisch haltbar? In: Derselbe: Publizistische Konflikte und Skandale. Wiesbaden 2009, S. 191–202, dort S. 191.

fälle in Kernkraftwerken.[2] Ähnliches kann man für die wachsende Zahl von Lebensmittelskandalen vermuten, weil die Qualität der Lebensmittel heute erheblich engmaschiger und genauer kontrolliert wird und sie deshalb heute vermutlich deutlich weniger Mängel aufweisen als früher.

Die Auswirkungen von politischen Skandalen auf die Karriere von Politikern sind im Unterschied zu ihren Ursachen durch eine umfassende Untersuchung von Thomas Geiger und Alexander Steinbach gut bekannt. Sie haben die Folgen der Skandalisierung von Politikern anhand von 108 politischen Skandalen im Zeitraum von 1949 bis 1993 im Detail recherchiert.[3] Von den skandalisierten Politikern verloren 51 durch den Skandal ihr Amt. Von diesen 51 schieden 28 aus der Politik aus. Nur sieben nahmen irgendwann wieder ein politisches Amt ein, das im Rang ihrer ursprünglichen Tätigkeit entsprach. Die tatsächliche Schwere der Verfehlungen lässt sich über einen Zeitraum von mehr als 50 Jahren nicht mehr in allen Fällen eindeutig ermitteln. Dagegen kann man relativ gut feststellen, ob die Medien das Verhalten der Politiker als leichte oder schwere Verfehlung charakterisierten. Von den Politikern, denen schwere Verfehlungen vorgeworfen wurden, verloren zwei Drittel ihr Amt. Von jenen, denen leichtere Verfehlungen angekreidet wurden, war es ein Drittel. Zwischen der Schwere der Verfehlungen, die den Politikern in den Medien vorgeworfen wurden, und ihren Chancen, einen Skandal im Amt zu überstehen, besteht demnach ein Zusammenhang. Eine ganz andere Frage ist, ob das Ausmaß der Vorwürfe immer dem Ausmaß der Fehler und Verfehlungen entsprach. Das erscheint aufgrund zahlreicher Gegenbeispiele auch aus jüngerer Zeit (Jenninger, Seiters, Härtel, Özdemir, Gysi, Oettinger, Strauss-Kahn, von Boetticher) eher unwahrscheinlich.

---

2 Vgl. Kepplinger, Hans Mathias: Künstliche Horizonte. Folgen, Darstellung und Akzeptanz von Technik in der Bundesrepublik. Frankfurt am Main 1989.

3 Vgl. zum Folgenden Geiger, Thomas / Steinbach, Alexander: Auswirkungen politischer Skandale auf die Karrieren der Skandalisierten. In: Otfried Jarren / Heribert Schatz / Hartmut Weßler (Hg.): Medien und politischer Prozess. Politische Öffentlichkeit und massenmediale Politikvermittlung im Wandel. Opladen 1996, S. 119–133.

Einen maßgeblichen Einfluss auf die Chancen der Skandalisierten, den Skandal im Amt zu überstehen, hat ihre Verteidigungsstrategie. Dabei kann man drei generelle Strategien unterscheiden – Schuldbekenntnisse, Selbstrechtfertigungen und Dementis. Fast die Hälfte der von 1949 bis 1993 skandalisierten Politiker, deren Reaktionen ermittelt werden konnten, rechtfertigte ihr Verhalten. Jeweils etwa ein Viertel dementierte die Vorwürfe oder bekannte sich zu ihnen. Die Reaktionen hatten einen bemerkenswerten Einfluss auf den Ausgang des Skandals. Am erfolgreichsten waren Politiker, die ihr Verhalten rechtfertigten, indem sie besondere Umstände hervorhoben, alternative Erklärungen für ihr Verhalten anboten oder auf über-geordnete Ziele verwiesen – also ein alternatives Schema zur Interpretation ihres Verhaltens präsentierten. Von den Politikern, die so reagierten, behielten zwei Drittel ihr Amt. Ein Beispiel für die Erfolgschancen dieser Strategie ist Manfred Stolpe, der – kaum drohte ein neuer Vorwurf – schon eine Interpretation anbot, die ihn meist als Opfer der Umstände erscheinen ließ. Er präsentierte sich glaubhaft als selbstloser Anwalt von ausreisewilligen DDR-Bürgern, lieferte akzeptable Erklärungen für eine hohe Auszeichnung durch die DDR und benannte im Zweifelsfall einen Zeugen, der nicht mehr aussagen konnte, weil er tot war. Ein weiteres Beispiel sind die Erklärungen, mit denen Joschka Fischer sein Verhalten als politisch motivierter Schläger rechtfertigte, nachdem er 2001 zweifelsfrei auf einer schon lange bekannten Fotografie identifiziert worden war.[4] Er bekannte sich zu dem, was nicht mehr zu leugnen war, stellte sein Verhalten als Gegengewalt dar und präsentierte sich als Moderator der Szene, der Schlimmeres verhindert hat. Eine unabdingbare Voraussetzung für den Erfolg einer solchen Strategie besteht allerdings darin, dass sie von relevanten Journalisten für glaubhaft gehalten, aufgegriffen und u. U. sogar ausgebaut wird – wie im Falle Fischers, dessen Verhalten von einigen Journalisten kontrafaktisch als generationstypisch dargestellt wurde.

---

4 Vgl. hierzu Hartung, Uwe: Publizistische Bedingungen politischer Skandale, S. 247–285.

Politiker, die von 1949 bis 1993 skandalisiert worden waren und die Vorwürfe dementiert hatten, waren weniger erfolgreich als jene, die für ihre Verhaltensweisen alternative Erklärungen anboten. Von ihnen behielt statt zwei Dritteln nur knapp die Hälfte ihr Amt. Hierfür gibt es vor allem zwei Gründe. Zum einen sind reine Dementis ohne ergänzende Interpretationen des eigenen Verhaltens auch dann oft unglaubwürdig, wenn sie richtig sind. Zum anderen besteht die Gefahr, dass neue Erkenntnisse ein Dementi zu Recht oder zu Unrecht widerlegen. Beispiele hierfür sind die Dementis von Ministerpräsident Filbinger zu seiner Rolle als Marinerichter im Dritten Reich und die Äußerungen von Minister zu Guttenberg zu den Plagiaten in seiner Doktorarbeit. Ein Beispiel besonderer Art ist das Dementi von Ministerpräsident Oettinger nach der Kritik an seiner Trauerrede anlässlich der Beerdigung von Filbinger. Das, was Oettinger tatsächlich gesagt hatte – Filbinger sei ein „Gegner des Nationalsozialismus" gewesen – lässt sich glaubhaft belegen, nicht aber das, was er angeblich gesagt hatte. In einer ähnlichen Lage war Köhler nach der Kritik an seinem falsch dargestellten Hörfunkinterview. Zwar behielt Oettinger sein Amt, er war danach jedoch so geschwächt, dass sein Ausscheiden nur noch eine Frage der Zeit war.

Den geringsten Erfolg hatten Politiker, die sich sofort oder später zu den Vorwürfen bekannten. Von ihnen behielt nur ein Drittel ihr Amt. Der Amtsverlust von Politikern, die sich zu den Vorwürfen bekannten, erscheint sachlich folgerichtig. Das trifft jedoch nur dann zu, wenn man annimmt, dass die Vorwürfe voll und ganz der Wahrheit entsprechen. Diese Annahme ist jedoch zuweilen falsch, wie die Rücktritte von Innenminister Seiters als Folge der Skandalisierung des Einsatzes der GSG 9 in Bad Kleinen und von Bundestagspräsident Jenninger als Folge seiner missglückten Gedenktagsrede zeigen. Schuldbekenntnisse werden im Skandal zwar heftig gefordert, jedoch meist nicht honoriert.

Die statistischen Zusammenhänge zwischen der Strategie der Skandalisierten und dem Verlauf der Skandale muss man mit Vorsicht betrachten, weil man vermuten kann, dass die Vorwürfe gegen Politiker, die sich zu ihnen bekannten, substanzieller waren als die Vorwürfe gegen jene, die sich rechtfertigten. Der Amtsverlust wäre im ersten

Fall zwingender als im zweiten. Zudem dürfte die Sachlage häufig eine bestimmte Verteidigungsstrategie nahelegen. Von einer freien Wahl der Reaktionsweisen kann dann keine Rede sein. Dennoch deuten die unterschiedlichen Erfolgsquoten der Strategien darauf hin, dass sich sofortige oder spätere Bekenntnisse nicht auszahlen. Wer die freie Wahl hat und hofft, durch Bekenntnisse zu gewinnen, hat vermutlich schon verloren. Wer sich rechtfertigt und erwarten kann, dass seine Rechtfertigung den Medien glaubhaft erscheint, hat dagegen eine realistische Chance. Der entscheidende Grund dafür liegt erneut in der Natur des Skandals: Wer seine Schuld bekennt, bestätigt die Sichtweise der Skandalisierer, wer sich rechtfertigt, stellt sie infrage. Je besser dies gelingt, desto besser sind die Chancen der Skandalisierten.

Einen erheblichen Einfluss auf den Verlauf politischer Skandale hat das Verhalten der Parteifreunde bzw. das Ausmaß der innerparteilichen Konflikte. Ist die parteiinterne Kritik groß, sind die Chancen der Skandalisierten schlecht. Ist die parteiinterne Kritik gering, sind die Aussichten gut: Von den Politikern, deren Verhalten wenig parteiinterne Kritik hervorrief, behielten nahezu zwei Drittel ihr Amt. Von den Politikern, deren Verhalten aus dem eigenen Lager stark kritisiert wurde, war es dagegen nur ein Fünftel. Zwar wird man einschränkend feststellen müssen, dass sowohl die Bereitschaft zur Kritik als auch die Wahrscheinlichkeit des Amtsverlustes von der Art des skandalisierten Fehlverhaltens abhängen. Deshalb besteht zwischen beiden Aspekten notwendigerweise ein Zusammenhang. Daneben spielen jedoch auch die Geschlossenheit einer Partei sowie die Eigeninteressen ihrer Mitglieder eine wesentliche Rolle. Ein Beispiel hierfür ist der zunächst mehrfach gescheiterte und dann erfolgreiche Versuch zur Skandalisierung der Parteifinanzen der CDU. „Entscheidend" für den späteren Erfolg, so Georg Mascolo vom *Spiegel*, war „der Umstand, dass jetzt die CDU-Spitze bereit war, das Theaterstück ‚Helden und Schurken' aufzuführen und auch das Ritual des Abschieds von ihrem Paten öffentlich zu zelebrieren".[5] Auch die sofortigen und verzögerten Erfolge der Skandalisierungen von Boettichers und Oettingers dürften ähnliche Ursachen gehabt haben, weil sie im Unterschied zur Skanda-

5 *message* 2/2000.

lisierung von zu Guttenberg aufgrund der reinen Sachlage nicht zwingend erschienen.

Einen großen Einfluss auf den Verlauf von Skandalen hat schließlich die Qualität der skandalisierten Organisationen. Die angegriffenen Parteien, Unternehmen oder Verbände sind zuweilen über ihre eigene Tätigkeit unzureichend informiert. Sie schätzen die Angriffe auf ihre Verhaltensweisen falsch ein, und es fehlt ihnen an der notwendigen Gelassenheit für situationsgerechte Entscheidungen. Beispiele hierfür liefern die Reaktionen der katholischen Kirche auf die Vorwürfe des sexuellen Missbrauchs von Kindern durch katholische Priester und Ordensleute, mit denen die Kirche spätestens seit den entsprechenden Vorwürfen in den USA und in Irland rechnen musste. Trotzdem wurden die Bistümer von den hiesigen Vorwürfen überrascht. Sie verfügten weder über stichhaltige Daten, noch präsentierten sie eine Strategie zum offensiven Umgang mit der Problematik. Zudem gelang es ihnen nicht, die Vorwürfe wegen sexuellen Missbrauchs klar von den Vorwürfen wegen Prügelstrafen abzugrenzen mit der Konsequenz, dass sich beides zum Generalverdacht des Kindesmissbrauchs durch katholische Würdenträger verdichtete.

Ein Beispiel für unzureichende interne Kommunikation liefert der Informationsfluss bei der Hoechst AG in Zusammenhang mit dem Störfall am 22. Februar 1993.[6] Die Forschungsabteilung der Hoechst AG hatte zwar bereits am 8. Februar des gleichen Jahres das „Beratergremium für Umweltrelevante Altstoffe“ (BUA) über eine Studie informiert, wonach ortho-Nitroanisol Krebs erregend sein könnte, nicht jedoch die „Zentralabteilung Öffentlichkeitsarbeit“ des eigenen Unternehmens. Deshalb konnten die Vertreter der Hoechst AG die anwesenden Journalisten zunächst nicht über den Verdacht einer Krebs erregenden Wirkung informieren. Stattdessen erfuhr die Öffentlichkeit die Neuigkeit auf dem Umweg über einen Mitarbeiter des Bundesumweltministeriums. Dieser hatte am 18./19. Februar an einer Sitzung des BUA teilgenommen und war von Chemikern der Hoechst AG darüber informiert worden. Folglich war die Glaubwür-

6 Vgl. zum Folgenden Kepplinger, Hans Mathias / Hartung, Uwe: Störfallfieber, S. 50–55.

digkeit des Unternehmens untergraben, obwohl keine Vertuschungsabsicht vorlag. Auch bei der geplanten Versenkung der Brent Spar gab es in der Shell AG schwer wiegende Kommunikationsmängel.[7] Shell U.K., die für die Entsorgung der Brent Spar zuständig war, hatte über 30 Studien und Gutachten über die Vor- und Nachteile verschiedener Verfahren eingeholt und auf ihrer Grundlage die Genehmigung für die Versenkung erhalten. Im Februar 1995 übergab Shell auf Anfrage die Unterlagen für das Entsorgungskonzept an Greenpeace. Die Umweltorganisation war damit gut ausgestattet. Eine deutsche Übersetzung der technisch komplizierten Gutachten lag aber zunächst nicht vor. Die deutsche Shell verfügte folglich nicht über zitierfähige Unterlagen. Greenpeace startete seine Kampagne gegen die Versenkung aber nicht in Großbritannien, das die Genehmigung erteilt hatte, sondern in Deutschland, wo sich die Umweltorganisation mehr Resonanz versprach. Diesen Aktivitäten konnte die Deutsche Shell zunächst schon deshalb wenig entgegensetzen, weil die erforderlichen Informationen in deutscher Sprache nicht verfügbar waren.

Ein neueres Beispiel liefern die Informationspannen von Vattenfall Europe in Zusammenhang mit dem Brand eines Transformators auf dem Gelände des AKW Krümmel am 28. Juni 2007. Wie zwei unabhängige Kommissionen später feststellten, gab es keine nennenswerte Sachkrise: Klassifiziert auf der 7-stufigen Skala „International Nuclear Event Scale“ (INES) handelte es sich um ein 0-Ereignis, das folglich „keine oder (eine) sehr geringe sicherheitstechnische Bedeutung“ hatte. Allerdings gab es eine Serie von Kommunikationsfehlern. Der Schichtleiter besprach um 15:10 Uhr mit dem Bereitschaftsdienst das weitere Vorgehen. Es wurde vereinbart, den Reaktor binnen vier Tagen durch abwechselndes Öffnen und Schließen der Ventile langsam herunterzufahren. Tatsächlich geschah dies durch längeres Öffnen der Ventile innerhalb von vier Minuten. Grund war ein Missverständnis zwischen Schichtleiter und Reaktorfahrer. Um 15:18 Uhr begann im Trafobereich eine starke Rauchentwicklung. Um 15:20 Uhr

7 Zur Chronologie des Geschehens vgl. Mantow, Wolfgang: Kommunikationsberatung im Auftrag der Deutschen Shell AG. Die Ereignisse um Brent Spar in Deutschland. Hamburg o. J. (1995), nicht im Buchhandel.

setzte der Reaktorfahrer ein Atemschutzgerät auf, was überflüssig und irreführend war, weil die CO2-Konzentration weit unter der Warnschwelle lag. Am Vormittag des darauf folgenden Tages erklärte ein Unternehmenssprecher, Auslöser des Brandes seien vermutlich Spannungsschwankungen gewesen. Am Nachmittag des gleichen Tages meldete ein anderer Unternehmenssprecher, die Erklärung des Brandes durch Spannungsschwankungen sei falsch. Am 4. Juli warf Greenpeace dem schwedischen Eigentümer von Krümmel, Vattenfall, vor, wichtige Einzelheiten verschwiegen oder zu spät veröffentlicht zu haben. Zwei Tage später wurde öffentlich bekannt, dass bei dem Brand des Transformators Rauchgas in die Leitwarte des Kernkraftwerkes eingedrungen war. Die Folge der Kommunikationsfehler war eine Kommunikationskrise: Weil die an sich nicht sehr bedeutsamen Sachverhalte nicht sofort kommuniziert wurden, wurden sie später von den Medien als sensationelle Enthüllungen präsentiert. Sie weckten den Verdacht, das Unternehmen hätte gravierende Probleme vertuschen wollen. Das unterminierte die Glaubwürdigkeit des Unternehmens und war letztlich ausschlaggebend für das volle Ausmaß des Skandals.

In vielen Fällen erweisen sich die zentralen Vorwürfe gegen die Skandalisierten als falsch, überzogen oder ehrverletzend. Das wirft die Frage auf, ob das Presserecht den Skandalisierten hilft, zumal es theoretisch eine ganze Palette von Möglichkeiten bietet – von der Gegendarstellung über die Unterlassung bis zum Widerruf und Schadenersatz. Die theoretischen Möglichkeiten sind jedoch nach Ansicht der meisten Betroffenen praktisch nutzlos. Dies zeigt sich bereits bei „einfachen" Verletzungen des Persönlichkeitsrechtes, ganz zu schweigen von den massiven Angriffen in einem Skandal. Von den Führungskräften aus Politik, Wirtschaft und Verwaltung hatte 1993,[8] wie das Institut für Demoskopie Allensbach feststellte, jeder Fünfte „selbst schon einmal die Erfahrung gemacht, dass Journalisten zu weit gingen bei Berichten über ihr Privatleben". Besonders verbreitet war diese Erfahrung unter Politikern, deutlich seltener unter Führungs-

8 Vgl. zum Folgenden die ausführliche Darstellung in: Kepplinger, Hans Mathias: Verletzung der Persönlichkeitsrechte durch die Medien.

kräften aus der Wirtschaft und Verwaltung. Nahezu zwei Drittel hielten es für klüger, bei der Verletzung von Persönlichkeitsrechten die Sache auf sich beruhen zu lassen. Nur ein knappes Fünftel fand es richtig, sich in einem solchen Fall gegen die Medien zur Wehr zu setzen. Führungskräfte aus der Wirtschaft und Verwaltung rieten noch häufiger zur Passivität als bekannte Politiker. Dies dürfte darauf zurückzuführen sein, dass die Karrieren von Politikern stärker von ihrem Erscheinungsbild in der Öffentlichkeit abhängen, während Erfolge in den anderen Bereichen mehr auf der Akzeptanz im Kollegenkreis beruhen. Sie wird durch weitere öffentliche Aufmerksamkeit eher gefährdet als gefördert.

Nicht jeder Betroffene wird dem Rat seiner Kollegen folgen und sich nicht gegen Berichte wehren, die seiner Ansicht nach zu weit gegangen sind. Dies belegen die Aussagen von 237 Pressesprechern großer Verbände und Unternehmen sowie von 184 Abgeordneten aller im Bundestag vertretenen Parteien.[9] Auf die Frage „Kennen Sie Personen, die nach falschen und ehrverletzenden Berichten auf presserechtliche Maßnahmen verzichtet haben, obwohl die rechtlichen Voraussetzungen nach Ihrer Kenntnis gut dafür waren?" erklärten 1997 mehr als zwei Drittel der Bundestagsabgeordneten und nahezu die Hälfte der Pressesprecher, sie würden mindestens eine Person kennen, die sich so entschieden hat. Über die Hälfte der Parlamentarier kannten sogar mehrere solcher Personen. Im Bereich des Persönlichkeitsschutzes ist die Dunkelziffer folglich sehr groß. Warum verhalten sich die meisten Politiker und andere Personen des öffentlichen Lebens so? Die spontanen Antworten auf die offene Frage, was die „Gründe für den Verzicht auf presserechtliche Maßnahmen wie beispielsweise den Anspruch auf Gegendarstellung, Unterlassung oder Widerruf" waren, geben ein klar umrissenes Bild: Die Parlamentarier und die Pressesprecher nannten am häufigsten die Angst vor weiterer Publizität. Daneben spielten das unangemessene Verhältnis von Aufwand und Ertrag sowie die geringe Wirkung von Gegendarstellungen eine wichtige Rolle. Ein Großteil derer, die das Recht im Skandal auf ihrer Seite sehen, verzichtet aufgrund eines intensiven Ohnmachtsge-

9 Kepplinger, Hans Mathias, ebd.

fühls gegenüber den Medien darauf, ihr Recht wahrzunehmen. Die Betroffenen gewinnen nach ihrer eigenen Überzeugung im Augenblick kaum etwas und riskieren für die Zukunft viel. Vom Recht erhoffen sie weniger, als sie von den Medien befürchten. Dies ist mit Blick auf den Zustand des Rechtsstaates zwar eine bedauerliche, aus Sicht der Protagonisten aber rationale Haltung.

12. Skandale und publizistische Konflikte

Zwischen Skandalen und publizistischen Konflikten im sozialwissenschaftlichen Sinn bestehen neben Gemeinsamkeiten gravierende Unterschiede. Bei Skandalen und bei publizistischen Konflikten werden tatsächliche oder vermeintliche Missstände angeprangert, skandalisiert. In beiden Fällen sind die Fakten meist nach wenigen Tagen oder Wochen unstrittig, was jedoch nicht bedeutet, dass sie zutreffen. Aber sie werden in der Öffentlichkeit nicht generell infrage gestellt. Daneben gibt es gravierende Unterschiede: Bei Skandalen besteht nach relativ kurzer Zeit ein breiter Konsens in der Einschätzung der Ursachen der Missstände sowie der Verantwortung ihrer Urheber. Diejenigen, die die Missstände verursacht oder nicht verhindert haben, haben nach allgemeiner Überzeugung aus egoistischen Motiven, aus freien Stücken und in Kenntnis der Folgen gehandelt. Sie sind folglich voll verantwortlich und müssen zur Verantwortung gezogen werden. Bei publizistischen Konflikten entsteht dagegen eine Auseinandersetzung über die Einschätzung der Ursachen der Missstände und die Verantwortung ihrer Urheber. Ein bemerkenswerter Teil der Beobachter hält die Missstände für unvermeidbar oder erkennt viele Menschen als Urheber, was den individuellen Beitrag relativiert. Zudem schreibt er den Urhebern der Missstände legitime bzw. altruistische Motive zu, die die negativen Folgen ihres Handelns in einem milden Licht erscheinen lassen. Deshalb geht es im publizistischen Konflikt vor allem darum, wie das Urteil aussehen soll. Im Skandal steht dagegen das Urteil bereits nach kurzer Zeit fest. Es geht nur noch darum, wann und wie es exekutiert wird. Beispiele für die Unterschiede sind die Skandalisierungen von Thilo Sarrazin[1] und Karl-Theodor zu Guttenberg.

---

1 Vgl. hierzu auch Kepplinger, Hans Mathias: Die gescheiterte Skandalisierung von Thilo Sarrazin. In: Jürgen Bellers (Hg.): Zur Sache Sarrazin. Wissenschaft. Medien. Materialien. Berlin 2010, S. 19–32.

Die Skandalisierung von Sarrazins Buch „Deutschland schafft sich ab" begann Ende August 2010 mit einem Paukenschlag – dem Vorabdruck im *Spiegel* und der aus dem Buch abgeleiteten Schlagzeile von *Bild* „Deutschland wird immer ärmer und dümmer". Zunächst verlief sie wie in ähnlichen Fällen – etwa die Angriffe auf Ernst Nolte und Andreas Hillgruber im Streit um die Abwägung der Rolle des Deutschen Reiches und der UdSSR vor und im Zweiten Weltkrieg; auf Martin Walser wegen seiner Rede zur Verleihung des Friedenspreises des Deutschen Buchhandels; auf Friedrich Merz wegen seiner Forderung nach Anpassung der Einwanderer an die deutsche Leitkultur. Gegen Sarrazin wurde von zahlreichen Kritikern ein breites Spektrum von herabsetzenden Behauptungen vorgebracht: Seine öffentlichen Auftritte hätten vor allem ökonomische Gründe – er wolle den Verkauf seines Buches ankurbeln; seine Art der Argumentation beruhe auf einem Persönlichkeitsdefekt – er könne nicht anders, müsse polemisieren und polarisieren; er verhalte sich sozialschädlich –, fördere Spannungen zwischen Deutschen und Migranten; er sei Rassist – er erkläre Unterschiede zwischen Menschen mit ihrer Zugehörigkeit zu Ethnien; er sei ein Sozialdarwinist – er propagiere die Steuerung des demografischen Wandels nach Nützlichkeitsgesichtspunkten; er sei ein Ignorant – er kenne den Stand der Wissenschaft nicht. Der Höhepunkt der Skandalisierung Sarrazins war erreicht, als sich Frank Schirrmacher mit seinem Leitartikel „Sarrazins drittes Buch" am 5. September in der *Frankfurter Allgemeinen Zeitung* an die Spitze der Bewegung setzte.

Schirrmacher kritisierte Sarrazin auch und mit besonderer Schärfe für das, was er nicht geschrieben, aber angeblich gemeint hat.[2] Laut Schirrmacher vertritt Sarrazin eine „vulgärdarwinistische Gesellschaftstheorie"; präsentiert Darwins Theorien als „seien sie Erkenntnisse von heute". Es sei „schlichtweg unseriös, wie fahrlässig (Sarrazin) mit seinen Quellen" umgehe. Sarrazin meine mit seinen Äußerungen zur negativen Selektion „faktisch ‚Entartung'– daran kann kein Zweifel bestehen –, aber er nennt das Wort nicht". Sarrazin „täuscht" laut

2 Vgl. hierzu auch Frank Schirrmachers Artikel „Sarrazins Konsequenz. Ein fataler Irrweg". In: *Frankfurter Allgemeine Zeitung*, 30. August 2010.

Schirrmacher die Leser seines Buches über dessen „Grundlagen". Er wisse um die Täuschung, denn warum sonst sollte er „so großen Wert" auf den Hinweis legen, „dass Intelligenztests von Juden erfunden wurden?" Es scheine, so Schirrmacher, „als habe ein Lektor alle ‚anstößigen', aber historisch zutreffenden Begriffe aus dem Buch verbannt, damit die Botschaft an den Kunden gebracht werden kann". Das erfülle „den Tatbestand der Irreführung".

Die Skandalisierung Sarrazins führte, trotz Schirrmachers massiver Vorwürfe und ähnlicher Artikel anderer Autoren, im Unterschied zu früheren Fällen – etwa der Interpretation des satirischen Romans „Tod eines Kritikers" von Martin Walser als antisemitisch – nicht zu einem Skandal im engeren Sinn, einer einhellig negativen Meinung und dem ebenso einhelligen Ruf nach der Exekution des Urteils, der moralischen Ächtung und sozialen Isolation des Übeltäters. Die Skandalisierung mündete vielmehr in einen publizistischen Konflikt, in dem sich beim Abebben der Kontroverse zwei ähnlich starke Lager mit unterschiedlichen Sichtweisen gegenüberstanden. Deshalb sahen einige, die sich früh gegen Sarrazin positioniert hatten, später schlecht aus. So hatte Bundeskanzlerin Merkel bereits am 30. August unter dem Eindruck der massiven Skandalisierung Sarrazins und im Vertrauen auf den üblichen Verlauf solcher Kampagnen seine Thesen als „vollkommen inakzeptabel" bezeichnet und erklärt, in der Bundesbank müsse über die „Personalie Sarrazin" gesprochen werden.[3] Zwei Tage darauf hatte Bundespräsident Wulff gesagt, er glaube, „dass jetzt der Vorstand der Deutschen Bundesbank schon einiges tun kann, damit die Diskussion Deutschland nicht schadet".[4]

Damit hatten beide den Ruf der Bundesbank als politisch unabhängige Einrichtung beschädigt und mussten angesichts der massiven Kritik an ihrer Einmischung froh sein, dass Sarrazin sein Amt bei der Bundesbank freiwillig aufgab und sie sich deshalb ohne größeren Gesichtsverlust aus der Affäre ziehen konnten. Noch deutlicher zeigte

3 dpa / ntv: Merkel: „Sarrazin spaltet die Gesellschaft". Auf: *n24.de*, 30. August 2010.

4 Vgl. *Focus*, Nr. 36/2010; Reuters / ben: Jetzt spricht Wulff. Auf: *stern.de*, 1. September 2010.

sich die unvorhergesehene Entwicklung daran, dass Bundespräsident Wulff kurze Zeit später wegen seiner islamfreundlichen Äußerungen beim Tag der Deutschen Einheit kritisiert wurde[5] und dass es nicht mehr nur um die Ausländerfeindlichkeit der Deutschen ging, sondern auch um die Deutschenfeindlichkeit an deutschen Schulen.[6]

Die Entwicklung eines publizistischen Konfliktes aus der Skandalisierung von Sarrazin hatte sechs Gründe.[7] Der erste Grund war die Meinung der Bevölkerung. Sarrazins Buch stand beim Online-Buchhändler Amazon aufgrund der vielen Vorbestellungen bereits vor seinem Erscheinen auf Platz 1 der Verlaufsliste. Fast zwei Drittel der Bevölkerung waren nach einer Umfrage des Instituts für Demoskopie Allensbach der Meinung, Sarrazin spreche „viele Dinge an, die im Großen und Ganzen zutreffen". Im Urteil über Sarrazins These, die deutsche Gesellschaft werde „auf natürlichem Wege durchschnittlich dümmer" standen sich mit 35 Prozent Zustimmung und 38 Prozent Ablehnung zwei gleich große Lager gegenüber.[8] Der zweite Grund waren die direkten Reaktionen auf Publikationen. Einige Zeitungen wurden nach negativen Beiträgen über Sarrazins Thesen von kritischen Leserbriefen geradezu überschwemmt und machten daraus eigene Sonderseiten. Nach dem Auftritt von Sarrazin in der Sendung „hart aber fair" stimmten nach Angaben der *ARD* 84 Prozent der Zuschauer, die ihre Meinung äußerten, den Thesen Sarrazins zu.[9] Die meisten Redakteure hatten so etwas noch nie erlebt, und die massive Kritik aus ihrer Zielgruppe gefährdete ihre eigenen Interessen, ihre Akzeptanz beim Publikum. Der dritte Grund waren die Reaktionen

5 Vgl. *Welt am Sonntag*, 10. Oktober 2010; *Frankfurter Allgemeine Zeitung*, 16. Oktober 2010.

6 Vgl. *Frankfurter Allgemeine Zeitung*, 10. Oktober 2010.

7 Zu den Unterschieden zwischen Skandalen und publizistischen Konflikten vgl. die theoretischen und empirischen Studien in Kepplinger, Hans Mathias: Publizistische Konflikte und Skandale. Wiesbaden 2009.

8 Vgl. Rüssmann, Ursula: Eine Überdosis Sarrazin. Auf: *fr-online.de*, 30. September 2010. Ähnliche Meinungsverteilungen fand das Berliner Info-Institut. Vgl. Reinbold, Fabian: 42 Prozent der Deutschen lehnen Sarrazins Thesen ab. Auf: *Spiegel Online*, 14. September 2010.

9 Referiert nach *DasErste.de*, abgerufen am 14.10.2010. Das Ergebnis ist inzwischen nicht mehr abrufbar.

mehrerer Juden auf den Vorwurf, Sarrazin sei ein Antisemit, weil er in einem Interview von einem „jüdischen Gen“ gesprochen hatte. Dazu erklärte Chaim Noll am 4. September in der *Frankfurter Allgemeinen Zeitung*, nach dem jüdischen Religionsgesetz sei „Judensein zum Teil genetisch definiert“. In Israel bestehe kein „Tabu, jüdische Identität mit Genetik in Zusammenhang zu bringen“[10]. Vielmehr würden entsprechende Forschungen intensiv diskutiert. Dadurch war ein bisher erfolgreiches Killerargument wertlos.

Der vierte Grund waren mehrere fachwissenschaftliche Stellungnahmen zu Sarrazins Analysen und Folgerungen. Eine zentrale Rolle spielte dabei der ganzseitige Artikel „Was ist dran an Sarrazins Thesen?“ der Psychologen Heiner Rindermann und Detlef Rost am 7. September in der *Frankfurter Allgemeinen Zeitung*. Er mündet in das Fazit: „Sarrazins Thesen sind, was die psychologischen Aspekte betrifft, im Großen und Ganzen mit dem Kenntnisstand der modernen psychologischen Forschung vereinbar … . Massive Fehlinterpretationen haben wir aber nicht gefunden.“ Mit dieser und einigen weiteren Stellungnahmen brach der Vorwurf der wissenschaftlichen Unhaltbarkeit von Sarrazins Thesen zusammen.[11] Der fünfte Grund bestand darin, dass von Beginn an eine Reihe von bedeutenden Journalisten und Publizisten Sarrazin verteidigte. Dazu gehörten Necla Kelek in der *Frankfurter Allgemeinen Zeitung*[12] und Henryk M. Broder im *Spiegel*[13]. Zu erwähnen sind zudem zahlreiche Kommentare und Leitartikel, die Sarrazins Position stützten.

---

10 Vgl. Noll, Chaim: Grundwissen des Judentums. In: *Frankfurter Allgemeine Zeitung*, 4. September 2010. Ähnlich äußerte sich mit einem spöttischen Unterton Henryk M. Broder im *Spiegel*. Vgl. Broder, Henryk M.: Thilo und die Gene. Streitfall Sarrazin: Haben eigentlich alle dasselbe Zeug gekifft? In: *Der Spiegel*, Nr. 36/2010.

11 Zu erwähnen ist ferner der Beitrag des Soziologen Erich Weede über „Demographie, Intelligenz und Zuwanderung“ in der *Frankfurter Allgemeinen Zeitung*, 8. Oktober 2010.

12 Vgl. Kelek, Necla: Ein Befreiungsschlag. In: *Frankfurter Allgemeine Zeitung*, 30. August 2010.

13 Vgl. Broder, Henryk M.: Thilo und die Gene.

Der sechste und vermutlich entscheidende Grund für das Scheitern der Skandalisierung war der Themenwechsel von der Diskussion der Thesen Sarrazins zur Diskussion der Meinungsfreiheit in Deutschland. Diesen Aspekt hatte *Bild* schon am 1. September angesprochen und am 4. September auf drei Seiten zum zentralen Thema gemacht. Die eigentliche Wende markierten jedoch mehrere Leitartikel in der *Frankfurter Allgemeinen Zeitung*. Berthold Kohler warf am 10. September die Frage auf: „Was darf man in dieser Republik sagen und schreiben, ohne die mitunter bis zur Existenzgefährdung reichende ‚Menschenverachtung' zu erfahren, die Sarrazins Kritiker nur bei ihm erkennen können?" Und er konstatierte: „Einem Teil der Eliten dieses Landes scheint das Wissen abhanden gekommen zu sein, dass die für die Demokratie konstitutive Meinungsfreiheit nicht nur für Meinungen gilt, die von der Kanzlerin als hilfreich und von besonders klugen Kolumnisten als diskussionswürdig und dem gerade geltenden Stand der Wissenschaft entsprechend angesehen werden, sondern auch für falsche, verwerfliche und abwertende Äußerungen bis an die Grenze anderer, von der Verfassung garantierter Rechtsgüter." Zwei Tage später nannte Volker Zastrow den Charakter der Kampagne beim Namen und ging auf unsaubere Tricks der Meinungsmacher ein. Er warf die Frage auf, warum einige Kritiker Sarrazins es „unerträglich" fanden, wie er die Welt beschreibe, und stellte mehrere Gründe zur Diskussion: „Weil sie nicht so ist? Oder weil man es nicht aushält, dass sie so ist? Oder weil sie nicht so sein darf? ... Weil daraus falsche Schlüsse gezogen werden könnten? Welche denn? Wer zog sie? Und darf man keine falschen Schlüsse ziehen? Wer zieht sie nicht?" Im Anschluss daran konstatierte er: „‚Ertragen' ist eines dieser Stichworte ... von intellektuellen Lobbyisten, die totale Meinungskriege führen" und folgerte: „Schon vor Jahrzehnten, am Bundestagspräsidenten Jenninger, wurde demonstriert, dass nicht zählt, was einer gemeint hat, sondern ob man es ihm erfolgreich verdrehen kann, gern bis ins Gegenteil über allen Anstand hinaus."

Die Skandalisierung von Karl-Theodor zu Guttenbergs Doktorarbeit verlief ganz anders. Sie begann am 16. Februar 2011 mit einem eher verhaltenen Beitrag von Roland Preuß in der *Süddeutschen Zeitung* unter dem Titel „Guttenbergs Doktorarbeit. Summa cum laude?

– Mehr als schmeichelhaft", in dem er unbelegte Zitate dokumentierte. Seine Quelle war Andreas Fischer-Lescano, der wenige Tage zuvor bei der Arbeit an einer Besprechung der Dissertation auf Zitate ohne Quellenangaben gestoßen war.[14] Zu Guttenberg erklärte dazu am gleichen Tag in einer schriftlichen Stellungnahme, „der Vorwurf", seine „Doktorarbeit sei ein Plagiat", sei „abstrus".[15] Am darauf folgenden Tag veröffentlichte die *Frankfurter Allgemeine Zeitung* zwei weitere Zitate ohne Quellenangaben. Außerdem wurde *GuttenPlag Wiki* gegründet, eine Internetplattform, auf der neue Funde von jedermann öffentlich gemacht werden konnten.[16] Wieder einen Tag später, am 18. Februar, gab zu Guttenberg in Berlin in einer improvisierten Stellungnahme vor einigen Fernsehjournalisten zu, dass seine Doktorarbeit „fraglos Fehler" enthalte. Er habe aber „zu keinem Zeitpunkt bewusst getäuscht oder bewusst die Urheberschaft nicht kenntlich gemacht".

Am 19. Februar berichtete *Spiegel Online*, zu Guttenberg habe Gutachten des Wissenschaftlichen Dienstes des Bundestags, die er selbst in Auftrag gegeben habe, ohne Quellenangabe in seine Doktorarbeit eingefügt. Einen Tag darauf veröffentlichten Markus Wehner und Eckart Lohse Belege dafür, dass zu Guttenberg seinen Lebenslauf an mehreren Stellen geschönt habe, darunter seine Tätigkeit als freier Journalist bei der *Welt*.[17] Am 21. Februar dokumentierte *GuttenPlag Wiki* Plagiate auf 271 Seiten der Doktorarbeit. Am gleichen Tag bat zu Guttenberg brieflich die Universität Bayreuth mit der Begründung, ihm seien „gravierende handwerkliche Fehler unterlaufen", um Rücknahme des Doktorgrades. Frau Merkel stellte sich mit der sachlich abwegigen Erklärung vor zu Guttenberg, sie habe „keinen wissenschaftlichen Assistenten oder einen Promovierenden oder einen Inhaber einer Doktorarbeit" ins Kabinett berufen. Seine Arbeit als

---

14 Zur folgenden Chronologie vgl. auch Plagiatsaffäre Guttenberg. Auf: *Wikipedia.de*. Abgerufen am 3. Oktober 2011.

15 Zu dieser und den folgenden Stellungnahmen zu Guttenbergs vergleiche die Dokumentation in der *Frankfurter Allgemeinen Zeitung*, 24. Februar 2011.

16 Abrufbar unter: http://de.guttenplag.wikia.com/wiki/GuttenPlag_Wiki.

17 Vgl. Wehner, Markus / Lohse, Eckart: Die Studierstube ist seine Bühne nicht. Auf: *faz.net*, 20. Februar 2011.

Bundesverteidigungsminister erfülle zu Guttenberg „hervorragend, und das ist, was für mich zählt".[18] Am Abend des gleichen Tages trat zu Guttenberg bei einer Wahlveranstaltung der Hessischen CDU in Kelkheim als umjubelter Redner auf, räumte aber ein, dass er beim Verfassen seiner Doktorarbeit „gravierende Fehler" gemacht habe und deshalb auf seinen Titel dauerhaft verzichten wolle. Einen Rücktritt lehnte er entschieden ab.[19] Zwei Tage später, am 23. Februar, gab zu Guttenberg bei einer Fragestunde des Bundestags zu, dass er eine „fehlerhafte Doktorarbeit" geschrieben habe, bezeichnete die Plagiatsvorwürfe jedoch erneut als „abstrus". Am gleichen Tag gab der Präsident der Universität Bayreuth, Universitätsprofessor Rüdiger Bormann, bekannt, dass die Universität zu Guttenberg den Doktortitel aberkenne.[20]

Zwei Tage nach der Fragestunde des Bundestages, am 25. Februar, warf Bundestagspräsident Lammert (CDU), der zu Guttenbergs Erklärungen schon am 22. Februar öffentlich als unzureichend kritisiert hatte, der Opposition vor, sie habe zu Guttenberg nicht danach gefragt, wie viele Fehler er selbst in seiner Doktorarbeit gefunden habe. An den folgenden Tagen kritisierten die ehemaligen Ministerpräsidenten und Minister Vogel, Böhmer und Biedenkopf zu Guttenberg mehr oder weniger scharf.[21] Die Ministerin für Bildung und Forschung Schavan erklärte laut *Süddeutsche Zeitung* vom 28. Februar mit einer Anspielung auf den „Mescalero-Brief", sie schäme sich „nicht nur heimlich" und der ehemalige Minister Beckstein forderte nach einer Meldung auf *stern.de*, zu Guttenberg müsse zurücktreten, falls er „im Amt oder vor dem Bundestag etwas Unwahres gesagt"

---

18 Vgl. Merkel stärkt Guttenberg den Rücken. In: *Südwest Presse*, 21. Februar 2011, zitiert nach *Plagiatsaffäre Guttenberg*.

19 Vgl. Fischer, Sebastian / Gebauer, Mattthias: Guttenberg tauscht Doktor gegen Karriere. Auf: *Spiegel Online*, 22. Februar 2011; Georgi, Oliver / Bannas, Günter / Kaube, Jürgen: Guttenberg verzichtet auf Doktortitel. Auf: *faz.net*, 21. Februar 2011.

20 Vgl. o. V.: Der Titel ist weg. Auf: *BR-online*, 24. Februar 2011.

21 Vgl. zum Folgenden die Zusammenstellung in *Plagiatsaffäre Guttenberg* mit Einzelnachweisen.

habe.[22] Inzwischen hatten sich auch die kritischen Stellungnahmen aus der Wissenschaft gehäuft. Am 22. Februar hatten 70 Dozenten der Ludwig-Maximilians Universität München in einem offenen Brief den Bayerischen Wissenschaftsminister, Heubisch, dazu aufgefordert, dem Eindruck entgegenzutreten, das Verhalten zu Guttenbergs sei ein „Kavaliersdelikt". Der Vorsitzende des Philosophischen Fakultätstages, Wolf, hatte einen Tag darauf kritisiert, dass in der öffentlichen Diskussion Täuschungsversuche bagatellisiert würden. Der Präsident des Deutschen Hochschulverbandes, Kempen, hatte die „Marginalisierung wissenschaftlichen Fehlverhaltens durch höchste Repräsentanten unseres Staates" als empörend bezeichnet.

Die zunehmende Kritik an zu Guttenberg und die wachsende Beweislast schmälerten zunächst nicht die Beliebtheit zu Guttenbergs bei der Bevölkerung. Nach einer am 23. Februar veröffentlichten Umfrage von Infratest dimap waren 73 Prozent der Befragten mit seiner politischen Arbeit zufrieden und 72 Prozent wünschten seinen Verbleib im Amt.[23] Zwar hielten laut Infratest dimap am 1. März 53 Prozent der Befragten seinen Rücktritt für richtig, jedoch lehnten 72 Prozent sein völliges Ausscheiden aus der Politik ab.[24] Noch Anfang Mai, zwei Monate nach seinem Rücktritt, wollten laut TNS Emnid 58 Prozent der Befragten, dass er „nach einer Pause wieder in die Bundespolitik" zurückkehrt.[25] Ende Februar war zu Guttenberg aber mit einer fast geschlossenen Ablehnungsfront in den Medien, in der Politik und in der Wissenschaft konfrontiert. Eine bemerkenswerte Ausnahme machte nur *Bild*.[26] In dieser Situation hatte zu Guttenberg keine Chance mehr, das Meinungsbild in den relevanten Eliten zu ändern. Am 1. März trat er von seinen politischen Ämtern zurück, am 3. März

---

22 Vgl. Rettner-Halder, Gabriele: Es wird einsam um Dr. Googleberg. Auf: *stern.de*, 28. Februar 2011.

23 Vgl. WDR-Pressestelle: Umfrage für ARD-Sendung „Hart aber fair": Guttenberg beliebter als vor der Plagiatsaffäre / 72 Prozent der Deutschen wünschen sich, dass er im Amt bleibt. Auf: *wdr.de*, 23. Februar 2011.

24 Vgl. Infratest dimap: Rücktritt des Bundesverteidigungsministers spaltet die Deutschen. Auf: *infratest-dimap.de*, 1. März 2011.

25 Vgl. *Focus*, Nr. 20/2011.

26 Vgl. hierzu auch *Der Spiegel*, Nr. 9/2011.

gab er sein Bundestagsmandat zurück, am 10. März wurde er mit einem Großen Zapfenstreich verabschiedet.

Der Rücktritt von zu Guttenberg wäre angesichts der Beweislast vermutlich auch dann nicht vermeidbar gewesen, wenn er sich anders verteidigt hätte. Die Entwicklung einer anfänglich eher verhaltenen Kritik an der Benotung seiner Doktorarbeit über eine schon deutlichere Kritik an der Verleihung des Doktortitels bis zur massiven Forderung nach seinem Rücktritt ist jedoch vor allem darauf zurückzuführen, dass er bei seiner Verteidigung fünf gravierende Fehler gemacht hat. Erstens: Statt die Fehler in seiner Doktorarbeit sofort zuzugeben, hat er sie wiederholt bestritten und wurde deshalb durch immer neue Funde wiederholt widerlegt. Das besaß mehrere Konsequenzen. Es hat die Skandalisierung unnötig in die Länge gezogen. Es hat Zweifel an seiner Lauterkeit beim Abfassen seiner Doktorarbeit bestärkt. Und es hat generelle Zweifel an seiner Seriosität geweckt, die durch Analysen seiner Selbstdarstellung in seinem Lebenslauf genährt wurden. Dadurch wurde die Skandalisierung nicht nur zeitlich verlängert, sondern auch noch thematisch ausgeweitet.

Zweitens: Eine plausible, konkret nachvollziehbare Erklärung für die Fehler hat zu Guttenberg nicht gegeben. Dadurch hat er Spekulationen über die tatsächlichen Ursachen der stückweise dokumentierten Plagiate gefördert. Drittens: Der Hinweis auf seine Mehrfachbelastung war nicht akzeptabel, weil viele Doktoranden Mehrfachbelastungen ausgesetzt sind, was Plagiate trotzdem nicht entschuldigt. Viertens: Durch sein improvisiertes Interview vor einigen Fernsehkameras am 18. Februar hat er die Mitglieder der Bundespressekonferenz brüskiert. Sie besaßen langfristig einen erheblich größeren Einfluss auf sein Erscheinungsbild als die Fernsehaufnahmen. Fünftens: Zu Guttenberg hat die Bedeutung der meinungsbildenden Medien, die im Vergleich zum Fernsehen und zur Boulevardpresse nur relativ wenige Menschen erreichen, unterschätzt. Blätter wie die *Süddeutsche Zeitung*, die *Frankfurter Allgemeine Zeitung* und *Der Spiegel* haben zwar nur einen geringen Einfluss auf die Masse der Bevölkerung, sie besitzen jedoch einen erheblichen Einfluss auf die Eliten in Politik, Wirtschaft und Wissenschaft und sie prägen letztlich auch den Tenor der Berichterstattung in den Regionalzeitungen Deshalb konnten ihn auch wohlwollende Weggefährten und Journalisten nicht mehr verteidigen oder entschuldigen, und deshalb mündete die Skandalisierung seiner Dissertation in einen Skandal statt in einen publizistischen Konflikt, aus dem er möglicherweise als tragischer Held hervorgegangen wäre.

Ein weiteres Beispiel für die Unterschiede zwischen Skandalen und publizistischen Konflikten liefern die Skandalisierungen von Joschka Fischer und Margaret Härtel. Zugleich zeigt Fischers Verhalten eine aufschlussreiche Alternative zum Verhalten zu Guttenbergs. Am 4. Januar 2001 veröffentlichten *Stern*, *Bild* und *Welt* Fotografien des damaligen Außenministers, die ihn am 7. April 1973 bei einer gewalttätigen Demonstration in Frankfurt zeigen. Einige der Aufnahmen hatte die *Frankfurter Allgemeine Zeitung* bereits zwei Tage nach der Demonstration veröffentlicht. Wenige Wochen später druckte die *Wirtschaftswoche* die Bilder nach, später wurden sie in eine umfangreiche Dokumentation der Stadt Frankfurt aufgenommen. Allerdings blieb Fischer unerkannt. Als Bettina Röhl, eine Tochter Ulrike Meinhofs, Jahre später bei Recherchen für ein Buch auf die Fotos stieß und Fischer erkannte platzierte sie die Bilder in den genannten Medien. Auf einem der Bilder ist Fischer zu sehen wie er – von mehreren Demonstranten umringt und durch einen Motorradhelm geschützt – auf einen Beamten einschlägt. Zusätzliche Brisanz erhielten die Publikationen durch den Prozess gegen Hans-Joachim Klein, der seit Herbst 2000 in Frankfurt wegen Mordes beim Terroranschlag gegen die OPEC-Tagung 1975 in Wien angeklagt war. Klein war in den Siebzigerjahren ein Weggefährte Fischers und hatte 1973 im Auto Fischers Waffen transportiert, darunter die Pistole, mit der 1981 der hessische Wirtschaftsminister, Heinz Herbert Karry, ermordet wurde.[27]

Der *Stern* kündigte seinen Bericht vom 4. Januar auf dem Titelblatt mit dem Bekenntnis an: „Joschka Fischer über seine Zeit als Sponti in Frankfurt: ‚Ja, ich war militant'". Im Blatt schilderte Fischer ausführlich seine Sichtweise der Vorgänge, wobei er sich als Urheber und Opfer von Gewalt bei Demonstrationen präsentierte. In einem Kasten stellte das Blatt die als besonders gewalttätig geltende „Putzgruppe"

27 Vgl. zum Folgenden auch Hartung, Uwe: Publizistische Bedingungen politischer Skandale, S. 247–283.

vor, der auch Fischer angehört hatte. Die *Welt* zitierte Jutta Ditfurth, die Fischer vorwarf, noch in den Neunzigerjahren bei innerparteilichen Auseinandersetzungen der Grünen mit Gewalt kokettiert zu haben, sowie mehrere CDU/CSU-Politiker, die sich empört über Fischer äußerten. Ein Kommentar der *Welt* lobte dagegen Fischers Offenheit und charakterisierte seinen Wandel vom Revolutionär zum staatstragenden Politiker als exemplarisch für seine Generation. Am 8. Januar brachte der *Spiegel* eine Titelgeschichte über die militante Vergangenheit Fischers. Grundlage waren intensive Recherchen in der Frankfurter „Szene". Dabei ging es auch um Fischers Beteiligung an einer gewaltsamen Demonstration anlässlich des Selbstmordes von Ulrike Meinhof 1976, bei der der Polizist Jürgen Weber durch einen Brandsatz schwerste Verbrennungen erlitt.

Die *Frankfurter Allgemeine Zeitung* veröffentlichte vom 4. bis 6. Januar mehrere Kommentare und Glossen von Thomas Schmid, einem früheren Weggefährten Fischers und dem jetzigen Chefredakteur der *Welt*. Er ging auf die Vorwürfe gegen Fischer nur am Rande ein und charakterisierte Fischers Werdegang als generationstypisch. Die *Süddeutsche Zeitung* äußerte in zwei Beiträgen am 5. und 8. Januar Verständnis für die gewaltsamen Demonstrationen der Siebzigerjahre. Am 11. Januar brachte *Panorama* einen Beitrag, in dem eine Zeugin Fischer beschuldigte, er sei für den Einsatz von Molotow-Cocktails eingetreten. In der Anmoderation wurde Fischer jedoch ausdrücklich zum Verbleib im Amt aufgefordert. Am gleichen Tag hieß es in *Bild*: „Verbrannter Polizist klagt Joschka Fischer an." Vergleichbar schwere Vorwürfe gegen Fischer folgten am 15., 19. und 24. Januar. Damit standen sich wenige Tage nach den ersten Veröffentlichungen zwei publizistische Lager gegenüber – Medien, die das Verhalten Fischers mehr oder weniger eindeutig anprangerten, und Medien, die es mehr oder weniger eindeutig entschuldigten. Zum ersten gehörten u. a. *Bild* und *Focus*, zum zweiten u. a. die *Süddeutsche Zeitung* und die *Frankfurter Rundschau*. Die Folgen sind bekannt: Fischer blieb Außenminister und wurde in den folgenden Monaten und Jahren der beliebteste Politiker Deutschlands.

Ganz anders verlief die Skandalisierung von Margret Härtel. Am 28. November 2002 berichtete die *Frankfurter Rundschau*, die Oberbürgermeisterin von Hanau, Margret Härtel (CDU), habe zunächst geleugnet, dass sie in ihrem Dienstwagen eine private Reise nach Warschau unternommen hatte, um eine Schönheitsoperation vorzubereiten. Am Tag darauf habe sie aber in einer eilends einberufenen Pressekonferenz zugegeben, dass sie die „Unwahrheit“ gesagt habe. Sie habe „falsch gehandelt, als sie Dienst und Privatleben nicht klar getrennt habe“, wolle aber einen möglichen Schaden beheben. Im gleichen Artikel hieß es, das Haushaltsdefizit der Stadt sei inzwischen auf mindestens 500.000 Euro gestiegen. In den folgenden Tagen und Monaten häuften sich die Vorwürfe gegen Härtel. Danach hatte sie die Kosten für ein Hochzeitspräsent im Wert von 424 Euro, die Rechnung über ein Familienessen in Höhe von 650 Euro sowie die Ausgaben für ein privates Geschenk zum 50. Geburtstag des hessischen Innenministers, Volker Bouffier, in Höhe von 388 Euro über die Stadtkasse abgerechnet. Zudem hieß es, sie habe aus Anlass einer Geburtstagsfeier für den Senior-Chef einer PR-Agentur die Zufahrt zu Schloss Philippsruhe asphaltieren lassen, damit die Ehrengäste vorfahren konnten. Da die Zufahrt eigentlich gepflastert werden sollte, musste der Asphalt einige Tage später wieder entfernt werden, was 1.100 Euro kostete. Gemeinsam war diesen und ähnlichen Vorgängen der Vorwurf einer unzulässigen Vermischung von Amt und Privatleben. Überlagert wurde er vom Vorwurf der unsachgemäßen Amtsführung, wodurch erhebliche finanzielle Belastungen für die Stadt entstanden seien. So warf der Bürgermeister und Stadtkämmerer, Claus Kaminsky (SPD), Härtel vor, sie habe am Magistrat vorbei einen Auftrag für die Aktion „Hanau putzmunter“ in Höhe von 65.000 Euro vergeben.

Nachdem die zuletzt genannten Vorwürfe bekannt geworden waren, beantragte Härtel Anfang Januar 2003 ein Disziplinarverfahren gegen sich selbst. Die Staatsanwaltschaft nahm ein Ermittlungsverfahren wegen des Verdachts des Betrugs und der Untreue gegen sie auf, das in ein Strafverfahren mündete. Nachdem Härtel trotz massiver Forderungen einen Rücktritt abgelehnt hatte, beschloss der Hanauer Magistrat einstimmig, die Suspendierung von Härtel zu fordern. „Das Vertrauen“, so Bürgermeister Kaminsky auch im Namen seiner beiden hauptamtlichen Kollegen von der CDU und SPD, „ist unwiederbringlich zerstört".[28] Am 10. Februar 2003 stimmten 55 von 56 Abgeordneten für ein Verfahren zur Abwahl der Oberbürgermeisterin. Am 11. Mai waren die Bürger zur Abstimmung aufgerufen. Drei Jahre zuvor war Härtel mit 50,8 Prozent der Stimmen wiedergewählt worden. Nun entschied sich die Mehrheit gegen sie. Neuer Oberbürgermeister wurde Claus Kaminsky.

Im September 2003 wurde vor der 1. Großen Strafkammer des Landgerichts Hanau ein Strafverfahren gegen Härtel wegen des Verdachts der Untreue eröffnet, jedoch sofort ausgesetzt, weil ein Richter einen Großteil der Akten nicht kannte. Anfang 2004 wurde vor der 5. Großen Strafkammer das Strafverfahren erneut eröffnet und wenige Tage später wegen geringer Schuld gegen Zahlung von 4.000 Euro eingestellt. Die Masse der Vorwürfe hatte sich als haltlos oder unbedeutend erwiesen. Anfang März 2004 wurde auch das Disziplinarverfahren gegen Härtel eingestellt. Dabei wurde betont, ihr seien keine beamtenrechtlichen Verfehlungen vorzuwerfen. Während des gesamten Skandals sah sich Härtel – von wenigen Ausnahmen abgesehen, darunter die *Frankfurter Allgemeine Zeitung* am 11. Februar 2003 – einer nahezu geschlossenen Front der regionalen Medien gegenüber. Dies hatte nach Ansicht des zuständigen Richters zu einer Vorverurteilung Härtels geführt, worin das Gericht neben der geringen Schuld Härtels einen Grund für die Einstellung des Verfahrens sah. Etwa gleichzeitig tauchte der begründete Verdacht auf, dass Härtel Opfer einer Intrige von Kollegen und Mitarbeitern geworden war, die gezielt Material gesammelt hatten, um sie bei einer günstigen Gelegenheit „fertig zu machen".[29]

Warum verlor Margret Härtel durch den Skandal ihr Amt während Joschka Fischer sein Amt behielt? Auf eine solche Frage werden meist reflexartig drei Gründe genannt – die Schwere der Tat, die Fallhöhe des Täters und die Reputation der publizistischen Angreifer. An der Schwere der Tat lag es kaum, weil es bei Härtel zwar um kleinere und größere Geldbeträge ging, bei Fischer aber um Gewaltanwendung mit z. T. schweren Folgen sowie um seine Nähe zu einem Mordverdächti-

---

28 *Frankfurter Allgemeine Zeitung*, 6. Januar 2003.
29 *Frankfurter Allgemeine Zeitung*, 9. Januar 2004.

gen. An der Fallhöhe der Skandalisierten lag es auch nicht, weil der Fall Fischers viel tiefer gewesen wäre als der Fall Härtels. An der Reputation der publizistischen Angreifer lag es schon gar nicht – die war bei Fischer erheblich größer als bei Härtel. Die üblichen Erklärungen scheiden damit aus. Was bleibt? Der entscheidende Grund für den unterschiedlichen Verlauf der Skandalisierung der beiden Politiker bestand darin, dass die Skandalisierung Härtels sofort zu einem Skandal führte, während die Skandalisierung Fischers nach wenigen Tagen in einen publizistischen Konflikt mündete.

Die Tatsache, dass Härtel Opfer eines Skandals wurde, Fischer jedoch Gegenstand eines publizistischen Konflikts, erklärt zwar, weshalb Härtel ihr Amt verlor, während Fischer im Amt blieb. Sie wirft jedoch die Frage auf, weshalb die Skandalisierung Härtels zu einem Skandal führte, während die Skandalisierung Fischers, obwohl die Vorwürfe gegen ihn erheblich gravierender waren, in einen publizistischen Konflikt mündete. Auf diese Frage gibt es mehrere Antworten, die auch für den Vergleich der Fälle Fischer – zu Guttenberg aufschlussreich sind. Erstens bekannte sich Fischer anders als zu Guttenberg demonstrativ zu einem Verhalten, das nicht zu leugnen war. Dagegen hatte Härtel versucht, ihr Verhalten zu vertuschen, und wurde bei einer Lüge ertappt. Fischer gewann Vertrauen, während Härtel Vertrauen verlor. Ähnlich erging es aus dem gleichen Grund zu Guttenberg. Zweitens lieferte Fischer anders als zu Guttenberg eine überzeugend klingende Interpretationen der Motive seines Verhaltens. Er charakterisierte es als Versuch, übergeordnete Ziele zu erreichen, die Veränderung der Gesellschaft zum Besseren. Dabei stellte sich Fischer als selbstlosen Teil einer breiten Bewegung dar. Dagegen stand Härtel durch Hinweise auf eine geplante Schönheitsoperation und auf Vergünstigungen bei ihren Reisen im Verdacht der persönlichen Bereicherung. Auch bei zu Guttenberg ging es um persönliche Vorteile und nicht um höhere Ziele. Drittens solidarisierten sich mit Fischer zahlreiche Personen des öffentlichen Lebens. So äußerten sich bei der Skandalisierung Fischers neben einer Reihe von Politikern der Grünen der SPD-Generalsekretär Franz Müntefering[30], der SPD-Fraktions-

30 Vgl. *Frankfurter Rundschau*, 6. Januar 2001.

vorsitzende Peter Struck[31], Bundeskanzler Gerhard Schröder[32], Bundestagspräsident Wolfgang Thierse[33] und Bundespräsident Johannes Rau[34] verständnisvoll.[35] Ähnlich eindrucksvolle Entlastungen gab es weder auf nationaler Ebene bei der Skandalisierung zu Guttenbergs noch im regionalen Rahmen bei der Skandalisierung Härtels.

Viertens folgte der Skandalisierung Fischers eine Gegenskandalisierung seiner Skandalisierer.[36] In der *Süddeutschen Zeitung* diskreditierte Hans Leyendecker in mehreren Beiträgen u. a. die Motive von Bettina Röhl, die Fischer auf den Aufnahmen entdeckt und sie in den Medien platziert hatte.[37] Die *Frankfurter Rundschau* versuchte bereits am ersten Tag der Skandalisierung Fischers, den CDU-Politiker Bosbach lächerlich zu machen, der den Rücktritt Fischers gefordert hatte.[38] Die endgültige Wende kam am 22. Januar durch einen Artikel von Reinhard Mohr im *Spiegel*, in dem er die Kritik an Fischer als Versuch von Konservativen darstellte, die Revolte von 1968 als „monströsen Irrtum" zu deuten. Eine Woche darauf baute der *Spiegel* in seiner Titelgeschichte „Das Gespenst der Siebzigerjahre. Die Gegenwart der Vergangenheit" diese Argumentation noch aus. Damit war nicht mehr

---

31 Vgl. *Die Welt*, 19. Januar 2001.

32 Vgl. *Die Welt*, 27. Januar 2001.

33 *Die Welt*, ebd.

34 Vgl. *Die Welt*, 19.Januar 2001.

35 Das war bei der Skandalisierung von Michel Friedman ähnlich. Unter der Überschrift „Wer steht jetzt noch zu Friedman" zitierte *Bild* (23.6.2003) nach Friedmans Geständnis elf Personen, darunter Angela Merkel, Artur Brauner, Christian Wulff, Salomon Korn, Dieter Wedel und Ottfried Fischer. Auch Böhme stellte sich demonstrativ vor Friedman.

36 Das war bei der Skandalisierung Friedmans ähnlich. So behauptete der Herausgeber der *Zeit*, Michael Naumann, die Ermittlungen gegen Friedman seien das Werk „eines durchgeknallten Staatsanwalts". *Bild* überschrieb am 24. Juni 2003 einen Beitrag auf Seite 1 mit der Frage „Riesen-Blamage für Staatsanwälte?" und einen längeren Beitrag im Innenteil der gleichen Ausgabe mit der Frage „Droht der Berliner Justiz eine fürchterliche Blamage?" Die Gegenskandalisierung scheiterte jedoch an z. T. ironischen Repliken anderer Medien, darunter am 21. Juni 2003 die *Frankfurter Allgemeine Zeitung* und der *Focus* (Nr. 27/2003).

37 Vgl. *Süddeutsche Zeitung*, 5., 8. und 19. Januar 2001.

38 Vgl. *Frankfurter Rundschau*, 4. Januar 2001.

Fischer das zentrale Thema, sondern der Umgang seiner Kritiker mit der Studentenbewegung und ihren Folgen. Zwar veröffentlichten mehrere Medien, darunter auch der *Spiegel*, in den folgenden Wochen z. T. schwere Vorwürfe gegen Fischer. Sie trafen jedoch auf eine fest gefügte Front von Politikern und Journalisten, die ihn ent- und seine Kritiker belasteten.

Die Gegenüberstellungen zeigen: Die Risiken, aufgrund fragwürdiger Verhaltensweisen skandalisiert zu werden, und die Chancen, einen Skandalisierungsversuch zu überstehen, sind nicht für alle gleich. Einer der Faktoren, von denen sie abhängen, sind die politischen Präferenzen und persönlichen Antipathien der Journalisten. Die bereitwillige Übernahme der Selbstdarstellung Fischers ist auch deshalb bemerkenswert, weil ein wesentliches Argument der Verteidiger Fischers offensichtlich falsch war: Das Verhalten der Achtundsechziger-Demonstranten war nicht typisch für eine ganze Generation, weil an den Protesten allenfalls 5 Prozent der damaligen Alterskohorte teilgenommen hatten. Zudem war das Verhalten der politisch motivierten Schlägergruppen der Siebzigerjahre nicht typisch für die Achtundsechziger-Demonstranten mit ihrem überbordenden Interesse an politischer Theorie. Beides deutet darauf hin, dass die Verteidiger Fischers den Ausdruck „generationstypisch" nicht wörtlich, sondern metaphorisch verwandten: Fischers Verhalten war nicht typisch für seine Generation. Es war typisch für die Erlebnisse und das Generationsbewusstsein seiner Verteidiger.[39] Mehr als die Hälfte der Achtundsechziger-Generation unter den Journalisten hat nach eigener Angabe an „friedlichen Demonstrationen" teilgenommen, fast die Hälfte hat „Gewalt bei Demonstrationen" erlebt, nahezu ein Drittel war in der „Studentenbewegung" aktiv. Hierbei handelt es sich um Schlüsselerfahrungen, die nach Ansicht eines großen Teils der Befragten ihr politisches Denken geprägt haben. Auch wenn die meisten Journalisten in ihrer Jugend selbst keine gewaltsamen Demonstranten waren, glich die Skandalisierung Fischers einem Angriff auf die Vergangenheit und das

39 Vgl. zum Folgenden Ehmig, Simone C.: Generationswechsel im deutschen Journalismus. Zum Einfluss historischer Ereignisse auf das journalistische Selbstverständnis. Freiburg i. Br. 2000, S. 211.

Selbstverständnis eines erheblichen Teils der heute aktiven und tonangebenden Journalisten. Bei der Skandalisierung von zu Guttenberg war die Konstellation genau umgekehrt – er hatte eine Jugend, die einen Kontrast zu jener der meisten Journalisten bildet. Er war in der sozialen Realität und in der Selbstwahrnehmung der Journalisten keiner von ihnen, und viele hatten es ihn vorher schon spüren lassen.

Matthias Rosenthal hat den Einfluss von subjektiven Faktoren auf die Bereitschaft zur Skandalisierung von Politikern nach der Flick-Parteispenden-Affäre in einem Fragebogen-Experiment mit Journalisten systematisch untersucht.[40] Rosenthal legte zwei Stichproben von Journalisten eine fiktive Meldung vor: „Der Ministerpräsident … soll für seine Partei Gelder in Höhe von etwa 100.000 DM beschafft haben. Aus den Informationen über den Vorgang geht nicht klar hervor, ob die Geldbeschaffung rechtmäßig oder rechtswidrig war." In der einen Hälfte der Fragebögen wurde als Verdächtigter der damalige Ministerpräsident von Nordrhein-Westfalen, Johannes Rau, genannt, in der anderen der damalige Ministerpräsident von Bayern, Franz Josef Strauß. Die Einstellung der Befragten zu den Politikern ermittelte Rosenthal mithilfe einer Sympathie-Skala. Eine Testfrage zielte auf die Erstpublikation eines Verdachtes gegen die genannten Politiker. Sie lautet: „Stellen Sie sich bitte vor, eine Redaktion erhält die [oben genannte] Information exklusiv vor Redaktionsschluss. Wann sollte sie Ihrer Meinung nach veröffentlicht werden?"

Von den Journalisten, die die Politiker unsympathisch fanden, erklärten mehr als zwei Drittel, sie würden die Meldung „sofort publizieren, um das Thema exklusiv im Blatt zu haben". Von den Journalisten, die die Politiker sympathisch fanden, war es weniger als die Hälfte. Sie wollten mehrheitlich „warten, um gründlich recherchieren zu können". Weil die meisten Journalisten Rau sympathischer fanden als Strauß, waren sie eher bereit, den ungeprüften Verdacht gegen Strauß zu veröffentlichen als den ungeprüften Verdacht gegen Rau. Der

40 Vgl. zum Folgenden Rosenthal, Matthias: Der Einfluss von Sympathie oder Antipathie auf das journalistische Verhalten von Tageszeitungsredakteuren bei Konflikten um Politiker. Legalität und Legitimität journalistischen Handelns. Mainz 1987 (unveröffentlichte Magisterarbeit).

Erfolg oder Misserfolg einer Skandalisierung hängt auch davon ab, wie intensiv die Redaktionen Missstände recherchieren und mit welcher Wucht sie ihre Anklagen publizieren. Journalisten, die die Politiker unsympathisch fanden, waren häufiger der Meinung, die Redaktion sollte „mehrere Journalisten … für die Recherche" abstellen. Darüber hinaus waren sie auch eher bereit, die Vorwürfe zu verallgemeinern und „in einem Bericht oder einem Kommentar … Parallelen zu früherem zweifelhaften Verhalten" zu ziehen. Ob sich aus einem Skandalisierungsversuch ein Skandal oder ein publizistischer Konflikt entwickelt, hängt folglich nicht nur vom Verhalten der Skandalisierten ab. Genauso wichtig sind die Einstellungen der Journalisten in den meinungsbildenden Medien.

Die Skandalisierung Fischers wäre aus den genannten Gründen allenfalls dann erfolgreich gewesen, wenn man Fischer eindeutig kriminelle Akte hätte nachweisen können. Da dies nicht der Fall war, mündete seine Skandalisierung in einen publizistischen Konflikt über die Bedeutung der Studentenbewegung für die Bundesrepublik und die Notwendigkeit einer bruchlosen Biografie. Dies führt zu der Frage, weshalb auch Sarrazin bereits frühzeitig von prominenten Journalisten, Publizisten und Medien unterstützt wurde und warum sich deren Sichtweise am Ende durchsetzte, während zu Guttenberg bei den meisten Medien keine Unterstützung fand. Ein wichtiger Grund war zweifellos die Beweislage: Bei zu Guttenberg ging es zunehmend um Fakten, die man nicht ernsthaft infrage stellen konnte, bei Sarrazin aber vor allem um die Interpretation von Fakten, zu denen sich innerhalb und außerhalb der Medien feste Meinungen gebildet hatten. Hinzu kam ein weiterer Aspekt: Bei der Diskussion der Thesen Sarrazins ging es nicht nur um die Interessen der Migranten, sondern auch um die Eigeninteressen der Medien – ihren von Kohler und einer Reihe anderer Journalisten thematisierten Freiraum im Meinungskampf. Am Ende war der Schutz der Meinungsfreiheit auch denjenigen, die Sarrazins Thesen nicht unbedingt zustimmten, wichtiger als die Interessen der Migranten. Bei der Diskussion um zu Guttenberg war die Interessenlage der Medien genau umgekehrt: Hier ging es auch um eine journalistische Berufsnorm – die Sorgfaltspflicht. Hätten die Journalisten zu Guttenbergs Regelverstöße im Umgang mit

Quellen hingenommen, hätten sie Zweifel an ihrem eigenen Umgang mit Quellen geweckt. Sie hätten mit einer Hinnahme seiner Vorgehensweise implizit ihre eigene Seriosität infrage gestellt. Auch deshalb konnte zu Guttenberg – von allen anderen Gründen abgesehen – bei den meisten Journalisten nicht mit Nachsicht rechnen.

13. Die Rolle des Internets

Am 17. Januar 1998 stellte der *Drudge Report* – eine Sammlung von Sensationsmeldungen – Verdächtigungen gegen den damaligen Präsidenten Bill Clinton ins Internet, deren Publikation das Nachrichtenmagazin *Newsweek* abgelehnt hatte. Die Veröffentlichung des als konservativ geltenden *Drudge Report*, der einen eher zweifelhaften Ruf besaß, löste den „Lewinsky"-Skandal aus und mündete in das Amtsenthebungsverfahren gegen Clinton. Auf dem Weg dahin bildete die Diskussion seiner sexuellen Beziehungen neben den aus deutscher Sicht erheblich gravierenderen Vorwürfen gegen Clintons zweifelhafte wirtschaftliche Aktivitäten ein publikumswirksames Glanzlicht. Mit der Veröffentlichung des *Drudge Report* begann eine neue Ära der Skandalisierung. Das jüngste Beispiel hierfür aus den USA ist die erfolgreiche Skandalisierung des Kongressabgeordneten Anthony Weiner, eines Hoffnungsträgers der Demokraten, durch den konservativen Blogger Andrew Breitbart. Er hatte auf seiner Website *biggovernment.com* intime Fotos von Weiner öffentlich gemacht, mit denen Weiner junge Frauen auf *Facebook* beeindrucken wollte. Das erste Foto war Breitbart von einer der Frauen zugespielt worden, andere hatte er sich vermutlich illegal selbst besorgt.[1] Die Folge war ein Skandal, in dem die Chancen Weiners auf eine erfolgreiche Kandidatur 2013 für das Amt des Bürgermeisters von New York, das als Sprungbrett für die große Politik gilt, untergingen und der seine Wiederwahl zum Abgeordneten von Queens und Brooklyn 2012 infrage stellte.

Die Veröffentlichung im *Drudge Report* und die gleichartige Veröffentlichung des sogenannten *Starr-Reports* zu dieser Thematik hat eine Reihe bedeutsamer Fragen zum Verhältnis der traditionellen Medien zu Internetpublikationen aufgeworfen: Wer entscheidet über

---

1 Vgl. Rüb, Matthias: Jenseits von geschmacklosen Witzen. In: *Frankfurter Allgemeine Zeitung*, 8. Juni 2011; Staun, Harald: Allein gegen die Medien. Der Weiner-Skandal ist der größte Triumph des Bloggers Andrew Breitbart. In: *Frankfurter Allgemeine Sonntagszeitung*, 12. Juni 2011.

Publikation und Nichtpublikation – Journalisten oder Internetaktivisten? Können Journalisten aktuelle Informationen übergehen, die von Internetaktivisten veröffentlicht werden oder müssen sie sie aufgreifen? Wie wirkt sich die Praxis der Hobby-Journalisten im Internet auf die Berufsnormen von Journalisten und auf ihr Selbstverständnis aus? Eine dieser Fragen wurde im Winter 1998/99 einer kleinen, aber repräsentativen Stichprobe von Redakteuren bei Abonnementzeitungen gestellt.[2] Sie lautet: „Die Veröffentlichung des Starr-Reports über die Affäre zwischen US-Präsident Clinton und Monica Lewinsky im Internet hat die Rolle von Journalisten verändert: Heute können sich die Internetnutzer auch diejenigen Informationen verschaffen, die seriöse Journalisten nicht publizieren würden. Unabhängig von diesem Beispiel: Wie beurteilen Sie die folgende Aussage: „Auch seriöser Journalismus kommt nicht umhin, sich den neuen Bedingungen anzupassen und gelegentlich fragwürdige Themen z. B. aus dem Internet aufzugreifen". Unter den Redakteuren befanden sich damals zwei etwa gleich große Gruppen: 51 Prozent stimmten mehr oder weniger entschieden der Aussage zu, 46 Prozent lehnten sie mehr oder weniger entschieden ab. Unentschieden war fast keiner. Allerdings standen die weitaus meisten Redakteure – jeweils mehr als ein Drittel – den Unentschiedenen nahe und äußerten sich nur mit Einschränkungen. Eine entschiedene Meinung vertraten in beiden Lagern nur jeweils etwa 10 Prozent. Damit war für Meinungsänderungen viel Luft nach beiden Seiten und die Frage war, wohin sich die Mehrheit in Zukunft bewegen würde.

Der erste internetbasierte Skandal in Deutschland war 2003 die erfolgreiche Skandalisierung des CDU-Bundestagsabgeordneten Martin Hohmann. Drei Wochen nachdem Hohmann in einer kaum beachteten Rede zum Tag der Deutschen Einheit erörtert hatte, ob man Deutsche und Juden als „Tätervolk" bezeichnen könne und verneint hatte, erschien am 27. Oktober 2003 in dem Online-Magazin *Hagalil.com* ein Kommentar von Andrea Livnat, die ihm vorwarf,

2 Zur Durchführung der Befragung vgl. Kepplinger, Hans Mathias: Erlaubte Übertreibungen.

„antisemitische Argumentationen der übelsten Sorte“[3] aufzuwärmen. Ermöglicht hatte das die CDU, die die Rede Hohmanns ins Internet gestellt hatte. Eine Reihe von deutschen Medien griff die Information und Interpretation des Online-Magazins auf, was eine schnell anwachsende Welle von kritischen Stellungnahmen auslöste, die am 14. November zum Ausschluss Hohmanns aus der CDU/CSU-Bundestagsfraktion und am 16. Juli 2004 aus der CDU führte.

Die Skandalisierung von Bundespräsident Köhler war ebenfalls keine direkte Folge seiner Äußerungen zum militärischen Engagement Deutschlands gegenüber einem Hörfunkreporter auf dem Rückflug von Afghanistan, sondern einer Internetaktivität. Allerdings war das Wirkungsgeflecht komplexer.[4] In Gang kam sie weder durch sein Interview im *Deutschlandradio* am 22. Mai noch durch die Dokumentation des gekürzten Interviews im Internet durch den *Deutschlandfunk*. Auch die wiederholte Kritik von Jonas Schaible u. a. in seinem Blog *beim-wort-genommen.de* an der gekürzten Passage löste den Skandal noch nicht aus. Dies geschah erst als *Spiegel Online*, angestoßen durch mehrere Hinweise aus dem Publikum, darunter des erwähnten Bloggers, am 27. Mai die Passage über die Verteidigung der wirtschaftlichen Interessen des Landes mit militärischen Mitteln problematisierte und dazu kritische Stimmen u. a. aus der Politik einsammelte und veröffentlichte. Die Skandalisierung Köhlers war demnach die Folge des Zusammenspiels von traditionellen Journalisten mit Hobby-Journalisten im Internet und traditionellen Journalisten bei einem Online-Medium.

Die Skandalisierung von Köhlers allgemein gehaltener, durch Piratenüberfälle vor der ostafrikanischen Küste motivierter Äußerung ist auch ein Beispiel für die gleichbleibende Bedeutung der Schemabildung und der Koorientierung bei der Entstehung von Skandalen: Skandalös erschien seine Äußerung erst durch ihren konstruierten

---

3 Zitiert nach Martin Hohmann auf *Wikipedia.de*. Abgerufen am 29. September 2011.

4 Vgl. zum Folgenden u. a. Hanfeld, Michael: Ist Horst Köhler von einem Blogger gestürzt worden? Das ‚heute-journal‘ vertritt eine sehr, sehr steile These. In: *Frankfurter Allgemeine Zeitung*, 4. Juni 2010.

Bezug zum Einsatz der Bundeswehr in Afghanistan. Die aus Laiensicht verständliche, journalistisch aber fragwürdige Rechtfertigung hierfür lieferte die Tatsache, dass Köhler sie beim Rückflug von Afghanistan gemacht hatte. Ein Skandal entwickelte sich daraus aber nur, weil *Spiegel Online* diese im Internet vereinzelt schon vorhandene Sichtweise formulierte, durch instrumentell aktualisierte Kritik bedeutsam erscheinen ließ und dadurch überwiegend gleichgerichtete Kommentare in traditionellen Medien provozierte. Nachdem dies geschehen war, kam es nicht mehr darauf an, was Köhler tatsächlich gesagt hatte. Es ging nur noch darum, was man plausibel meinen konnte. Von ihm wurde folglich nicht verlangt, dass er das rechtfertigte oder berichtigte, was er gesagt hatte, sondern das, was er nicht gesagt hatte. Aus dem gleichen Grund lief die Rechtfertigung dessen, was er gesagt hatte, ins Leere. Insofern folgte die Skandalisierung Köhlers, auch wenn hier das Internet auf zweifache Weise eine Rolle spielte – als Tummelplatz von Journalisten und engagierten Laien – traditionellen Mustern. Das war bei der Skandalisierung von Verteidigungsminister zu Guttenberg nicht mehr der Fall.

Bei der Skandalisierung von Clinton, Weiner, Hohmann und Köhler durch Internetaktivisten griffen Journalisten und Blogger vorhandene Informationen auf und veröffentlichten sie an den traditionellen Medien vorbei oder verbreiteten sie mit ihrer Hilfe. Nennenswerte eigene Recherchen waren, wenn man von dem rechtlichen Grenzfall des Bloggers Breitbart absieht, dafür nicht erforderlich. Bei der Skandalisierung von zu Guttenberg griffen die Internetaktivisten zwar auch bereits vorhandene Informationen auf. Sie reicherten sie aber durch intensive Recherchen an und verschafften ihnen erst dadurch ihre Durchschlagskraft. Hier wurden Internetaktivisten zu einer eigenständig agierenden Größe, die vermutlich auch dann einen beachtlichen Druck auf die politischen Eliten ausgeübt hätten, wenn ihnen die traditionellen Medien nicht gefolgt wären. Dabei kam den Internetaktivisten ihr schrittweises Vorgehen zugute: Sie mussten ihre Informationen nicht „portionieren", um das Interesse wachzuhalten oder neu anzufachen. Die Portionierung war eine Folge ihrer Vorgehensweise: In kurzen Abständen präsentierten sie neue Belege und hielten dadurch die Berichterstattung in Gang. Hinzu kam eine zweite

Neuerung. Clinton, Hohmann, Köhler und andere wurden im Internet von einzelnen, identifizierbaren Akteuren skandalisiert. Zu Guttenberg wurde dagegen, nachdem der Bremer Rechtswissenschaftler Fischer-Lascano die Fährte gelegt hatte, von einer anonymen Meute zur Strecke gebracht, in der jeder Einzelne großen Wert auf seine Anonymität legte. Verbunden war und ist diese Neuerung mit einer folgenreichen Veränderung des Verhältnisses der Skandalisierer untereinander.

Bei der Skandalisierung von Missständen gibt es bis zu acht Haupttypen von Personen, die unterschiedliche Rollen spielen.[5] Beachtenswert sind im vorliegenden Zusammenhang die Journalisten und ihre Informanten. Unter den Journalisten kann man wiederum Wortführer, Mitläufer, Chronisten und Skeptiker unterscheiden. Die Informanten betreiben die Skandalisierung von Personen und Organisationen aus unterschiedlichen Motiven, bleiben aber in der Regel unerkannt im Hintergrund, geschützt durch das Zeugnisverweigerungsrecht der Journalisten: Journalisten können gerichtlich nicht gezwungen werden, ihre Informanten zu nennen. Zudem sind sie vom Pressecodex zum Schutz der Informanten verpflichtet. Die Folge ist eine Symbiose: Die Informanten erreichen relativ gefahrlos ihr Ziel und die Wortführer unter den Journalisten erscheinen auch dann als findige Rechercheure, wenn sie wesentliche Informationen zugesteckt bekommen. Die Symbiose besteht aber nur so lange, wie die Informanten einige Journalisten exklusiv bedienen. Genau das war bei der Skandalisierung von zu Guttenberg nicht mehr der Fall. Indem die Internetaktivisten ihre Funde allgemein zugänglich machen, werden sie von Informanten im Hintergrund zu Konkurrenten der Journalisten. Dies geschah bei der Skandalisierung von zu Guttenberg durch die Veröffentlichung der Funde des anonymen Schwarms der Plagiatsjäger auf der allgemein zugänglichen Internetplattform *GuttenPlag Wiki*. Deutlich erkennbar wurde die Konkurrenz am Verhalten des

---

5 Vgl. Kepplinger, Hans Mathias / Ehmig, Simone C. / Hartung, Uwe: Alltägliche Skandale, S. 97–105.

Gründers der Internetplattform *Vroniplag*, Martin Heidingsfelder.[6] Heidingsfelder hatte sich zunehmend als eine Art Ressortleiter geriert, der seine Mitstreiter auf neue Fälle ansetzte, auf *Vroniplag* ein Formular für Presseanfragen installiert, mit dessen Hilfe er die Kontakte zu Journalisten steuerte und schließlich seine Anonymität aufgegeben. Dies hatte zwei Folgen. Zum einen entstand eine wachsende Kluft zu den weiterhin anonymen Rechercheuren für *Vroniplag*, die per Mehrheitsbeschluss seine Rechte auf *Vroniplag* beschnitten. Zum anderen wich die Bewunderung der Journalisten für einen selbstlosen Wahrheitssucher der Skepsis gegenüber einem Selbstdarsteller, der seine öffentliche Resonanz sorgfältig registrierte und korrigierte.

Die Geschichte von *Wikileaks* macht die erwähnten Aspekte noch deutlicher. Zahlreiche Journalisten feierten *Wikileaks* bei ihrem Auftauchen als erfolgreiche Verbündete bei der Entdeckung und Anprangerung von Missständen. So behauptete Henryk M. Broder am 12. Dezember 2010 in der *Welt am Sonntag*, es sei nur eine „Frage der Zeit bis … Julian Assange, dem Gründer von Wikileaks" der alternative Nobelpreis verliehen werde. Die Laudatio könne schon jetzt geschrieben werden: „Assange hat sich um die Meinungsfreiheit, die Transparenz in der Politik und den freien Zugang zu Informationen verdient gemacht". Stefan Tomik erklärte am gleichen Tag in der *Frankfurter Allgemeinen Sonntagszeitung*, der Vorwurf von Kollegen, „*Wikileaks* inszeniere seine Enthüllungen und verpasse ihnen ‚das Gütesiegel von seriösen Medien, um Wirkung zu erzielen'", sei „paradox". Was fänden „ausgerechnet Journalisten daran auszusetzen?" Wenn Journalisten *Wikileaks* kritisierten, träfen sie vor allem sich selbst.

Beide Autoren verwiesen auf die neue Konkurrenzsituation. Tomik schrieb: „Seien wir mal ehrlich: Jeder Journalist hätte sich nach dem (von *Wikileaks* veröffentlichten) Material die Finger geleckt." Und laut Broder hat Assange „nicht nur Politiker als geschwätzige und

6 Vgl. zum Folgenden u. a. Würger, Takis: Im Schwarm. In: *Der Spiegel*, 18. Juli 2011; Derselbe: Im Schwarm. Auf: *Spiegel Online*, 18. Juli 2011. Abgerufen am 20. Juli 2011; Tomik, Stefan: Tanz der Sockenpuppen. In: *Frankfurter Allgemeine Sonntagszeitung*, 21. August 2011.

impotente Wichtigtuer bloßgestellt, er hat auch die Leyendeckers und Wüllenwebers des investigativen Gewerbes blamiert. Was kann er, was sie nicht können? Es ist, als würde ein Amateur mit seiner Seifenkiste das gesamte Formel-1-Feld hinter sich lassen". Im Unterschied zu Broder wies Tomik darauf hin, dass *Wikileaks* die etablierten Medien brauche, um „aus dem Rohstoff Information Geschichten zu machen" und beantwortete die Frage, wer darüber entscheide, was wie berichtet wird, mit der selbstbewussten Behauptung: „Es sind die Journalisten selbst – wer denn sonst?" Diese Entscheidung sei „ein Kernstück" des journalistischen Berufs. Wie fragwürdig Broders Forderung nach „totaler Transparenz" und Tomiks Vertrauen auf die Entscheidungskompetenz der Journalisten war, wurde wenige Monate später deutlich, als *Wikileaks*, nachdem der *Guardian* erste Hinweise veröffentlicht hatte, angeblich notgedrungen die Identität der eigenen Informanten preisgab, sie damit der Gefahr von Verfolgung und Bestrafung aussetzte und zugleich jene Medien in Erklärungsnöte brachte, die wie *Der Spiegel* mit *Wikileaks* kooperiert hatten.[7] Jetzt war niemand mehr anonym – weder die Internetinformanten der Medien noch die Informanten des Internetinformanten.

Die wachsende Bedeutung des Internet als Plattform für Informationen und Quelle der traditionellen Medien setzt Skandalisierte zusätzlichen Risiken aus, bietet ihnen jedoch auch beachtliche Chancen. Eine Ursache der größeren Risiken ist die ständig zunehmende und nahezu unbegrenzte Zahl der anonymen Informanten und bekennenden Skandalisierer, die mit ihrem Exklusivwissen tatsächliche oder vermeintliche Verursacher von tatsächlichen und vermeintlichen Missständen anprangern können. Dazu gehört auch die Verbreitung von Gerüchten, die vor allem dann einen erheblichen Schaden anrichten können, wenn sie den Weg in die traditionellen Medien finden. Eine weitere Ursache besteht darin, dass die Betroffenen im Unterschied zu Vorwürfen in traditionellen Medien nahezu keine rechtlichen Möglichkeiten haben, die Vorwürfe zu unterbinden. Sie müssen meist auch dann mit ihnen leben, wenn sie nachweisbar falsch

7 Vgl. Reißmann, Ole / Stöcker, Christian: Was die Depeschen-Affäre für Wikileaks bedeutet. Auf: *Spiegel Online*, 1. September 2011.

oder ehrenrührig sind. Eine dritte Ursache liegt in der Anonymität vieler Skandalisierer. Die Betroffenen wissen in solchen Fällen nicht, wer sie angreift und gegen wen sie sich wehren müssten, was das ohnehin vorhandene Gefühl der Ohnmacht steigert. Eine vierte Ursache ist der im Unterschied zu den periodisch erscheinenden Medien kontinuierliche Informationsfluss im Internet. Die Betroffenen müssen jeden Moment damit rechnen, dass neue Anschuldigungen auftauchen und eine schon überstanden geglaubte Krise neu anfachen. Eine fünfte Ursache sind Plebiszite auf Internet-Plattformen, die zwar nicht repräsentativ sind, aber durch die große Zahl der Mitmacher erheblichen Eindruck schinden können.[8] Aus den genannten Gründen gleicht die Situation der Skandalisierten oft der Lage von Josef K. in Kafkas „Prozess“: Sie kennen ihre Gegner und ihre Anklagen nicht und sind dadurch kognitiven und emotionalen Belastungen ausgesetzt, die die meisten unbeteiligten Beobachter nicht nachvollziehen können und z. T. auch nicht nachvollziehen wollen, weil ihnen das den Spaß verderben würde.

Das Internet bietet Skandalisierten jedoch auch neue Chancen. Sie können schon im Vorfeld von Skandalisierungen relevante Dokumente und entlastende Interpretationen ins Netz stellen. Sie können – wie die Firmengruppe PHW Wiesenhof in „Fakten Check“ auf *Youtube* – ihre Kritiker mit ungefilterten und unredigierten Dokumenten widerlegen und so ihre Glaubwürdigkeit infrage stellen. Und sie können – wie die Anhänger von zu Guttenberg – Unterstützer mobilisieren, die auf *Facebook* und anderen sozialen Netzwerken ihre Solidarität dokumentieren. Allerdings sind auch solche Bekenntnisse nicht repräsentativ. Zudem besitzen bekennerhafte Klicks am Computer nicht das gleiche Gewicht wie Solidaritätsbekundungen in sozialen Situationen. Dadurch können Unterstützertreffen – wie für zu Guttenberg – weit hinter den Erwartungen zurückbleiben oder sogar zum Sammelpunkt der Gegner werden.[9]

---

8 Vgl. hierzu phw: Bild.de-Leser revoltieren gegen Guttenberg. Auf: *Spiegel Online*, 24. Februar 2011.

9 Vgl. Broder, Henryk M.: ‚Wir sind die Gutten!‘ In Berlin wollten Fans für Guttenberg demonstrieren. Es kamen auch Gegner. Wer für oder gegen den

Trotz der zunehmenden Bedeutung des Internets als Plattform für die Organisation der Skandalisierung von Personen, Organisationen und Produkten sowie als Quelle von skandalträchtigen Informationen sind diese Aktivitäten bisher in keinem Fall zur direkten Ursache von Skandalen geworden. In allen bisher bekannten Fällen entwickelte sich aufgrund dieser Aktivitäten erst dann ein Skandal, wenn die traditionellen Medien die Aktivitäten aufgriffen. Dies erscheint erstaunlich angesichts der Tatsache, dass die entsprechenden Internetangebote von vielen genutzt werden. So haben bis zum 24. Februar 2011 auf *Bild.de* über 600.000 „User" per Mausklick über die politische Zukunft von zu Guttenberg abgestimmt, von denen 55 Prozent – das entspricht 330.000 „Usern" – im Gegensatz zur Berichterstattung und Kommentierung von *Bild* für seinen Rücktritt waren.[10] Wie kann man diesen Widerspruch erklären? Ein Grund besteht darin, dass es sich wahrscheinlich um verschiedene Personengruppen gehandelt hat: Diejenigen, die auf *Bild.de* abgestimmt haben, waren vermutlich nicht repräsentativ für die *Bild-Leser*. Der entscheidende Grund ist aber, dass die gedruckte Ausgabe von *Bild* täglich etwa 10 Millionen Leser erreicht. Nimmt man an, dass zwei von drei Lesern der wohlwollenden zu Guttenberg-Berichterstattung von *Bild* gefolgt sind, dann handelt es sich bei den 330.000 „Usern", die zu Guttenbergs Rücktritt im Internet befürwortet haben, im Vergleich zu den rund 6.660.000 *Bild*-Lesern, die das Gegenteil wollten, um eine relativ unbedeutende Minderheit.

Eine realistische Vorstellung von der Intensität der Medienberichterstattung über Skandale geben die Befunde von mehreren quantitativen Studien. Sie liefern die Grundlage für grobe, aber realistische Schätzungen der davon ausgehenden Meinungsmacht. Hierzu einige Beispiele: In den ersten beiden Wochen der Skandalisierung der Mitgliedschaft von Grass in der Waffen-SS erschienen in der *Welt*, der *Frankfurter Allgemeinen Zeitung*, der *Süddeutschen Zeitung* und in der *Frankfurter Rundschau* 318 Beiträge, die ihn be- oder entschuldigten.

Freiherr ist, war unklar – und irgendwie egal. In: *Welt am Sonntag*, 6. März 2011.

10 Vgl. phw: Bild.de-Leser revoltieren gegen Guttenberg.

Hinzu kamen 72 Beiträge auf *Spiegel Online*.[11] Bei der Skandalisierung von Fischer wegen des VISA-Missbrauchs erschienen innerhalb von zwei Wochen in den gleichen Zeitungen sowie in zwei Regionalzeitungen und *Bild* 198 Beiträge. Hinzu kamen 26 Berichte in den Haupt-Fernsehnachrichten von *ARD*, *ZDF*, *RTL* und *SAT1*. Bei der Skandalisierung der Spitzelaktionen des BND erschienen in zwei Wochen in den gleichen Quellen 143 Zeitungs- und 16 Fernsehberichte.[12] Hinzu kommen die Beiträge in Regionalzeitungen sowie im Hörfunk und in anderen Fernsehsendungen.

Die Zahl der Beiträge gibt keinen Aufschluss über die Zahl der Leser. Eine Vorstellung davon vermittelt aber eine Überschlagsrechnung. Die oben genannten Abonnementzeitungen erreichen im Durchschnitt jeden Tag rund 955.000 Leser. Nimmt man an, dass jeder Dritte die skandalisierenden Beiträge gelesen hat, dann haben im Durchschnitt rund 318.000 Leser die Beiträge über die Mitgliedschaft von Grass in der Waffen-SS gelesen. Die tatsächliche Zahl der Leser, die mindestens einen Beitrag gelesen haben, dürfte jedoch wesentlich größer sein, weil der eine diesen, der andere aber jenen Beitrag gelesen hat.

Die Reichweite der Abonnementzeitungen, d.h. die Zahl der erreichten Leser, gibt jedoch noch keine hinreichende Vorstellung vom Wirkungspotenzial der Berichterstattung, weil ein großer Teil der erreichten Leser jeden Tag die Zeitung nutzt. Diese interessierten Leser wurden folglich immer wieder mit einem Thema wie der Mitgliedschaft von Grass in der Waffen-SS konfrontiert. Eines der vielfach geprüften und gut belegten Ergebnisse der Medienwirkungsforschung lautet: Je öfter die Leser (bzw. Hörer, Zuschauer) mit einem Sachverhalt konfrontiert werden, desto eher halten sie ihn für wichtig und umso eher übernehmen sie die dominierende Sichtweise ihrer Quellen. Dazu eine Schätzung der Mehrfachkontakte anhand der *Welt*, die jeden Tag fast 900.000 Leser erreicht. Die *Welt* hat in den beiden

11 Vgl Becht, Dominik: Der publizistische Konflikt um die Enthüllung der Waffen-SS-Angehörigkeit von Günter Grass.

12 Vgl. Siebert, Sandra: Angeprangert! Medien als Motor öffentlicher Empörung. Marburg 2011, S. 84.

Wochen nach dem Bekenntnis von Grass 81 kleinere und größere Beiträge dazu veröffentlicht. Falls jeder Dritte die Berichterstattung intensiv verfolgt hat, dann haben rund 300.000 Leser der *Welt* innerhalb von zwei Wochen bis zu 81 Beiträge zu Grass gelesen. Selbst wenn sie nur die Hälfte der 81 Beiträge gelesen haben, hat das vermutlich ihre Meinungen erheblich beeinflusst.

In allen genannten Fällen ging die Berichterstattung in der dritten Woche erheblich zurück und versickerte dann schnell. Dies ist bei großen Skandalen anders, weil hier die Berichterstattung erheblich länger anhält. Dementsprechend werden in solchen Fällen deutlich mehr Beiträge veröffentlicht. Über den ortho-Nitroanisol-Unfall bei der Hoechst AG erschienen 702 Presseberichte sowie 192 Hörfunk- und Fernsehbeiträge. Dazu kamen im gleichen Zeitraum etwa 1.000 Beiträge über andere Betriebsstörungen. Zusammen waren das nahezu 2.000 Beiträge.[13] Die *Frankfurter Allgemeine Zeitung*, die *Süddeutsche Zeitung*, die *Welt* und die *Frankfurter Rundschau* haben über den CDU-Spendenskandal von Anfang November 1999 bis Ende Januar 2000 zusammen 932 Artikel publiziert.[14] Diese Daten müsste man, um eine realistische Vorstellung vom Einfluss der Berichterstattung auf die Vorstellungen und Meinungen der Bevölkerung zu gewinnen, analog zu der oben skizzierten Vorgehensweise mit der Zahl der Leser bzw. Zuschauer gewichten. Dadurch würde deutlich, dass die Reichweite der Berichterstattung der traditionellen Medien und damit auch ihr Einfluss auf die Meinungsbildung weit über die Meinungsmacht der Internetquellen hinausgingen. Hierzu ein letztes Beispiel.

Über den Plan, den Stuttgarter Kopfbahnhof durch einen unterirdischen Durchgangsbahnhof zu ersetzen, und die Proteste dagegen veröffentlichte der *SWR* bereits im Vorfeld der großen Auseinandersetzungen, im Jahr 2009, mehr als 120 Fernsehbeiträge. Hinzu kommt eine unbekannte Zahl von Presse- und Hörfunkberichten. Die bemerkenswert intensive Berichterstattung schon im Vorfeld der eigentlichen Aktionen dürfte die Pläne und Proteste weit über Stuttgart und die politisch Interessierten hinausgehend bekannt gemacht haben. Im

---

13 Vgl. Kepplinger, Hans Mathias / Hartung, Uwe: Störfallfieber, S. 162 ff.
14 Vgl. Hohlfeld, Ralf: Im Sog des Skandals. In: *journalist*, 4/2000, S. 33–36.

darauf folgenden Jahr, in dem die meisten Demonstrationen stattfanden, erreichte die Berichterstattung noch ganz andere Dimensionen. So brachte alleine der SWR fast 1.300 Fernsehbeiträge über das Geschehen in Stuttgart.[15] Auch hier muss man eine unbekannte Zahl von Presse- und Hörfunkberichten hinzudenken. Diese extrem intensive Berichterstattung dürfte dazu geführt haben, dass immer mehr Menschen das Vorhaben für problematisch hielten. Zudem dürfte sie die Bereitschaft gefördert haben, an den Protesten teilzunehmen, weil eine intensive Berichterstattung für die Demonstranten aus drei Gründen auch dann eine Gratifikation darstellt, wenn sie kritisch ausfällt. Erstens bietet sie die Chance zur Teilnahme an einem bedeutsamen Ereignis. Zweitens besteht die Möglichkeit, bei einem solchen Ereignis selbst ins Fernsehen zu kommen. Und drittens bekräftigt die Fernsehberichterstattung die Hoffnung auf einen Erfolg des Unternehmens.

Die Schlichtungsgespräche haben u. a. der *SWR* und *Phoenix* fast 80 Stunden lang live übertragen. Die Übertragungen sind auf großes Interesse gestoßen, was angesichts der langfristig u. a. von der *SWR*-Berichterstattung etablierten Problemvorstellungen nicht überraschend ist. In Baden-Württemberg und Rheinland-Pfalz haben an allen Schlichtungstagen 2,56 Millionen Fernsehzuschauer mindestens eine Übertragung des *SWR* gesehen, bundesweit waren es fast 5 Millionen. Insgesamt haben die Übertragungen des *SWR* mehr als 20 Prozent der Bevölkerung in Baden-Württemberg und Rheinland-Pfalz erreicht. Auch hier zeigt sich die Überlegenheit der traditionellen Medien gegenüber dem Internet. Zwar wurde die *Phoenix*-Homepage während der Abschlussrunde der Schlichtungsgespräche 514.000-mal angeklickt. Das ist isoliert betrachtet ein eindrucksvoller Wert. Er erweist sich jedoch angesichts von mindestens 2,5 Millionen, die das Geschehen am Fernseher erlebt haben, und angesichts des

15 Vgl. hierzu und zum Folgenden Heims, Günter: Medien und Stuttgart 21. Vortrag auf dem Medienseminar der Berliner Reihe der Bundeszentrale für politische Bildung „Erregungszustände. Neue Medien, neue Politik, neue Publika“ am 10. Mai 2011 in Berlin. Online abrufbar unter: http://www.bpb.de/files/0XGRHM.pdf [Stand: 18.10.2011].

starken Eindrucks einer solchen Übertragung als relativ unbedeutend. Dieser Befund ist typisch für die Skandalisierung von Missständen und erklärt, weshalb sich aus Missständen, die im Internet bekanntgemacht werden, nur dann Skandale oder publizistische Konflikte entwickeln, die diese Bezeichnung verdienen, wenn die traditionellen Medien die Internetinformationen aufgreifen und umfangreich darüber berichten.

14. Die Illusion der Wahrheit

Viele Skandalisierungen beruhen auf Veröffentlichung von neuen Informationen: Der Skandal um die Plagiate in der Doktorarbeit von Karl-Theodor zu Guttenberg wurde durch die Entdeckung eines Bremer Professors ausgelöst. Die Skandalisierung der Mitgliedschaft von Günter Grass in der Waffen-SS hat er selbst losgetreten. Zum Skandal wurde der sexuelle Missbrauch von Schülern an der Odenwaldschule durch Informationen über immer mehr Opfer. Der Dioxin-Skandal war eine Folge der Entdeckung von belastetem Tierfutter. Der Skandal um den Befall von Fischen mit Nematoden begann mit Fernsehaufnahmen von Fadenwürmern. Der Skandal um das Finanzgebaren der CDU entwickelte sich aus der Entdeckung, dass Walther Leisler Kiep auf einem Schweizer Parkplatz eine Million DM in einem Koffer erhalten hatte. Der Skandal um Lipobay begann durch die Mitteilung der Bayer AG, dass tödliche Nebenwirkungen auftreten können usw. Auch im Verlauf vieler Skandale kommen bisher unbekannte Tatsachen ans Tageslicht: Im thematischen Zusammenhang mit dem Skandal um die Doktorarbeit von zu Guttenberg wurden auch in anderen Dissertationen Plagiate entdeckt. Im Zusammenhang mit dem Missbrauch an Schülern in der Odenwaldschule wurden Missbrauchsfälle an anderen Schulen bekannt. Während des Skandals um die geplante Versenkung der Brent Spar wurde bekannt, dass auch andere Rohölspeicher auf die gleiche Weise beseitigt werden sollten. Während des Skandals um die anonymen Spenden an Helmut Kohl wurde bekannt, dass ein Teil des Vermögens der hessischen CDU in der Schweiz versteckt war usw.

Viele der neuen Informationen sind allerdings Insidern und Experten längst bekannt: So wussten mehrere Freunde von Grass um seine Mitgliedschaft in der Waffen-SS. Einige Missbrauchsfälle an der Odenwaldschule und die Prügelstrafen Mixas waren Jahre zuvor schon kritisiert worden. Köche wussten schon lange, dass Fische gelegentlich von Nematoden befallen sind. Geißler wusste schon vor dem

CDU-Spendenskandal von schwarzen Kassen der CDU. Fachleuten von Versorgungsunternehmen war klar, dass außer der Brent Spar auch andere Rohölspeicher versenkt werden sollten. Darauf kommt es hier jedoch nicht an. Es geht nicht darum, dass Insider und Spezialisten die relevanten Informationen kennen, sondern darum, dass die Öffentlichkeit sie erfährt. Es kommt auch nicht darauf an, dass einzelne Journalisten skandalrelevante Informationen bereits unbemerkt nebenbei erwähnt haben. Entscheidend ist, dass die Öffentlichkeit insgesamt auf Missstände aufmerksam gemacht wird, und genau das geschieht in einem Skandal durch die massenhafte Berichterstattung aller oder fast aller Medien.

Die Bevölkerung erfährt durch die Skandalisierung von Missständen vieles, was sie bisher nicht wusste. Aber erfährt sie dadurch auch die Wahrheit? Dagegen spricht, dass bei fast allen Skandalen auch falsche Behauptungen verbreitet werden – erinnert sei an die falschen Angaben über die Ursachen der Ehec-Erkrankungen, an die falschen Behauptungen über die Gefährdung der Verbraucher durch Dioxinbelastete Eier, durch die Schweinegrippe und durch BSE, an die falschen Informationen über die Rückstände in der Brent Spar, über den Tod von Holger Grams, über die Gefährdung der Anwohner im Umkreis der Hoechst AG, an die falschen Behauptungen über die angebliche Verwendung der anonymen Spenden an Kohl, über den Mord durch Rechtsradikale in Sebnitz – um nur einiges zu nennen.

Der Einwand ist berechtigt, trägt jedoch nicht weit, weil man nie ausschließen kann, dass sich einzelne Behauptungen als falsch erweisen. Die Möglichkeit des Irrtums ist eine Voraussetzung für die Erkenntnis der Wahrheit. Dies gilt auch für die Skandalisierung von Missständen. Wollte man die Verbreitung von möglicherweise falschen Informationen verhindern, wäre auch die Verbreitung der Informationen behindert, deren Richtigkeit sich erst später herausstellt. Dagegen kann man einwenden, dass es sich bei den falschen Behauptungen im Skandal gelegentlich um gezielte Fehlinformationen handelt, die einen Verdacht wecken oder bestätigen sollen. Das trifft zu, greift aber dennoch daneben, weil man kaum beweisen kann, dass die Beteiligten gegen besseres Wissen gehandelt haben. Die Antwort auf die Frage, ob in Skandalen die Wahrheit gefunden wird, hängt aber nicht vorrangig davon ab, ob auch falsche Informationen verbreitet werden, sondern davon, was man unter Wahrheit versteht.

Als Wahrheit oder wahr gilt spätestens seit der Aufklärung das, was in einem geregelten Verfahren festgestellt wurde. Das Ziel der Verfahrensmäßigkeit ist die Objektivität der Erkenntnis: Als wahr gilt nur, was systematisch ermittelt wurde, intersubjektiv prüfbar ist und einer solchen Nachprüfung standhält. Individuelle Erkenntnisse mögen als Hypothese interessant sein. Als Wahrheit können sie aber nur akzeptiert werden, wenn sie nachprüfbar sind. Nur so ist sichergestellt, dass verschiedene Beobachter zum gleichen oder annähernd gleichen Ergebnis gelangen. Zum geregelten Verfahren gehören Regeln, die die Interessen der Personen schützen, die zum Gegenstand von Untersuchungen werden. Bei Tests von Medikamenten sind dies die Patienten, bei Strafprozessen die Angeklagten, bei Bevölkerungsumfragen die Befragten usw. Die Strafprozessordnung regelt u. a., welche Beweise erlaubt und welche im Interesse der Wahrheit und zum Schutz der Angeklagten unzulässig sind. So dürfen verdeckte Ermittler nicht generell, sondern nur zur Aufdeckung bestimmter Straftaten eingesetzt werden (§ 110a). Zeugen dürfen unter bestimmten Voraussetzungen die Aussage verweigern (§§ 52, 53). Die Vernehmung der Beschuldigten muss nach genau festgelegten Grundsätzen erfolgen. Die richterliche Untersuchung muss protokolliert werden, wobei die Anfertigung des Protokolls bis in Einzelheiten hinein geregelt ist (§ 168). Die wissenschaftliche Methodenlehre legt fest, wie Versuchspersonen auf Experimental- und Kontrollgruppen verteilt werden müssen, welche Testpersonen aus der Analyse auszuschließen sind und welche Erhebungsmethoden unzulässig sind. So dürfen bei demoskopischen Untersuchungen keine Suggestivfragen gestellt, keine Informationen über das Privatleben anderer Personen erfragt und personenbezogene Daten nur im Rahmen des Datenschutzgesetzes gespeichert werden. Im geregelten Verfahren ist folglich nicht alles erlaubt, was aus der individuellen Sicht eines Staatsanwaltes oder Wissenschaftlers der Wahrheitsfindung dienen könnte.

Gegen diese Argumentation kann man einwenden, dass es keine objektive Wahrheit gibt. Alles, was wir als Wahrheit betrachten, ist danach eine Folge von individuellen Eindrücken und Wertungen, weshalb es ebenso viele subjektive Wahrheiten wie Beobachter gibt. Dieser Einwand ist theoretisch richtig, praktisch jedoch aus zwei Gründen oft irreführend und meist irrelevant. Aus der richtigen Einsicht, dass man nie die volle Wahrheit erfährt, folgt nicht, dass alle Aussagen gleich falsch sind. Es gibt immer bessere und schlechtere Annäherungen an die Realität, und es kommt darauf an, die besseren von den schlechteren zu unterscheiden. Das ist die zentrale Aufgabe der Wissenschaft, des Journalismus und aller anderen Berufe, die sich mit Realität befassen. Allerdings genügt in vielen praktischen Fällen schon eine hinreichende Annäherung an die Realität, die bestmögliche ist hier nicht erforderlich. Kein Maler kennt die tatsächliche Größe der Räume, die er anstreicht, weil er ihre Länge, Breite und Höhe sinnvollerweise nicht auf einen tausendstel Millimeter genau ausmisst. Sowenig es bei den Malern um die beste mögliche Messung geht, geht es bei Skandalen um die exakte Erkenntnis. Ob Shell die Schadstoffe auf der Brent Spar auf ein Gramm genau angegeben hatte, ob ortho-Nitroanisol in extremsten Dosen krebserregend ist oder ob Kohl von den Spenden 100.000 oder 200.000 DM im Westen ausgegeben hat, ist für die Beurteilung des Kerns der Problematik genauso irrelevant wie die Frage, ob von 2.800.000 getesteten Rindern 120 oder 130 infiziert waren. Dies ändert an der Diagnose und den daraus abgeleiteten Folgerungen für die Praxis nichts. In allen Fällen geht es nicht um die Bestimmung absoluter Größen, sondern um sachlich angemessene Näherungswerte, die sich in den meisten Fällen mit hinreichend großer Genauigkeit erkennen lassen.

Ein wesentliches Ziel von geregelten Verfahren besteht darin, dass gleiche Sachverhalte gleich behandelt und in ihren Relationen zu anderen Sachverhalten gesehen werden. So sollen ähnliche Vergehen ähnlich bestraft werden und die Strafen für eine bestimmte Tat im Verhältnis zu den Strafen für andere Taten stehen. Beides trifft auf Skandale nicht zu. Typisch für Skandale ist die Ungleichbehandlung ähnlicher Sachverhalte. Dies gilt sowohl für die Beurteilung ähnlicher Sachverhalte zu verschiedenen Zeiten wie auch für die Beurteilung ähnlicher Sachverhalte im gleichen Zeitraum. Die Mitgliedschaft von Grass in der Waffen-SS wurde als Jugendsünde abgetan, die Bemerkung von Herman über die Rolle des Mutterbildes im Dritten Reich löste Empörung aus. Die Privatflüge von Özdemir und Gysi kosteten sie ihre politischen Ämter, Schmidt blieb nach der privaten Nutzung ihres Dienstwagens im Amt. Die Reisen Späths auf Kosten der Industrie wurden erst als Sparmaßnahmen eines cleveren Schwaben gefeiert und dann als korruptionsverdächtige Großmannssucht angeprangert. Die anonymen Spenden an den ehemaligen Schatzmeister der SPD wurden kaum zur Kenntnis genommen, die Spenden an den ehemaligen CDU-Vorsitzenden als Verfassungsbruch gegeißelt. Die tödlichen Nebenwirkungen von Lipobay wurden weder mit den Chancen und Risiken alternativer Präparate verglichen noch mit den tödlichen Nebenwirkungen von Medikamenten, die eher dem Wohlbefinden als der Lebenserhaltung dienen, wie z. B. Viagra. Die Risiken der Kernkraft in Japan wurden allenfalls am Rande mit den Risiken der Kernkraft in Deutschland verglichen und die Risiken der Kernkraft in Deutschland nicht den Risiken eines Ausstiegs aus der Kernenergie gegenübergestellt.

Die Skandalisierung von Missständen beruht auf der Ausschaltung bzw. Umkehrung der Prinzipien von geregelten Verfahren. Das gilt für rechtliche Regeln und für journalistische Berufsnormen. Im Skandal erscheint vieles erlaubt, was normalerweise unzulässig ist. Im Skandal werden illegal beschaffte Informationen veröffentlicht – vom *Stern* das von der Stasi abgehörte Telefonat zwischen Helmut Kohl und Kurt Biedenkopf. Im Skandal werden Informanten für ihre Aussagen bezahlt – vom *Spiegel* Sabine Wichmann für ihre Aussagen gegen Johannes Rau und Heinz Schleußer in der „Flugzeugaffäre", von der *Bunten* Zeuginnen im Kachelmann-Prozess. Im Skandal werden Gutachter diskreditiert, bevor sie im Gerichtssaal ihre Gutachten präsentieren können – so geschehen im gleichen Verfahren. Im Skandal werden anonyme Anschuldigungen veröffentlicht – von der *Leipziger Volkszeitung* über angebliche Spenden der Firma Bosch an Helmut Kohl und Erwin Teufel. Im Skandal werden schwere Vorwürfe aufgrund der Aussagen von unbekannten Zeugen erhoben – vom *Spiegel* der Verdacht der kaltblütigen Erschießung von Wolfgang Grams in Bad Kleinen. Im Skandal werden Beschuldigte vor Beginn eines Verfahrens wie Schwerverbrecher vor laufenden Kameras abgeführt – Klaus Zumwinkel in Deutschland und Dominique Strauss-Kahn in den USA. Im Skandal werden scheinbar alarmierende Messwerte ohne Hinweis auf die geringe Bedeutung der Daten publiziert – die Behauptungen über die radioaktive Belastung von Molke und über die Reststoffe in der Brent Spar. Im Skandal werden wichtige Informationen, die der akzeptierten Sichtweise widersprechen, unterschlagen oder diskreditiert – wie die Feststellung, dass das bei der Hoechst AG ausgetretene ortho-Nitroanisol keine Gefahr für die Anwohner darstellte, dass die Belastung von Eiern und Schweinefleisch mit Dioxin gesundheitlich unbedenklich war.

Bei jedem geregelten Verfahren besteht die Gefahr von Verfahrensfehlern. Gelegentlich werden die Regeln aus Unkenntnis oder Nachlässigkeit nicht hinreichend beachtet. Zuweilen lassen sich kleinere Regelverletzungen praktisch nicht vermeiden. Zudem gibt es schwer wiegende Regelverstöße, die das gesamte Verfahren und seine Ergebnisse zunichtemachen. Folglich werden nicht alle Täter für ähnliche Taten tatsächlich ähnlich bestraft. Zuweilen werden auch eklatante Fehlurteile gefällt, falsche Analyseergebnisse publiziert oder richtige Erkenntnisse verschwiegen. In einem liberalen Rechtsstaat akzeptieren jedoch Juristen keine Beweise, die durch die offenkundige Missachtung von Verfahrensregeln zustande kamen, und Wissenschaftler übernehmen keine Erkenntnisse, die durch die erkennbare Verletzung von Methodenvorschriften gewonnen wurden – es sei denn, sie riskieren damit ihre Position. Im Unterschied zu Skandalisierern rechtfertigen sie solche Regelverletzungen auch nicht öffentlich mit den so gewonnenen „Erkenntnissen“, weil solche Informationen generell nicht als Erkenntnisse betrachtet werden. Dabei spielt es keine Rolle, ob die Regeln im Interesse der reinen Wahrheit oder aus Eigennutz verletzt wurden – aus politischen Motiven, finanziellen Gründen oder aus Profilierungssucht.

Bei Skandalen stellen dagegen auch schwere Verletzungen der geltenden Regeln das, was als Wahrheit erscheint, nicht generell infrage. Dies geschieht nur dann, wenn die Regelverletzungen – wie im Fall Sebnitz – zu groben und zugleich unbezweifelbaren Irrtümern führen. In vielen Fällen bilden Regelverletzungen die Grundlage der skandalträchtigen Sichtweise, ohne dass dies moniert würde – etwa bei der Skandalisierung von Missständen durch illegal beschaffte

Informationen. Gelegentlich wird – wie im Fall von Kohls Stasi-Akte – die Publikation solcher Informationen ausdrücklich verlangt, obwohl die Qualität der darin enthaltenen Informationen fragwürdig und nicht prüfbar ist. Falls bei Skandalen dennoch einmal die Zulässigkeit von Regelverletzungen diskutiert wird, ist nicht die Ermittlung der Wahrheit das relevante Urteilskriterium, sondern das Interesse der Öffentlichkeit. Die Frage, ob die Befriedigung des Interesses der Öffentlichkeit die Wahrheitsfindung fördert, wird dabei nicht gestellt.

Ein Ziel von geregelten Verfahren ist die Einordnung der Einzelfälle in den Kontext ähnlicher Fälle sowie die Klassifikation ihrer relativen Bedeutung. Dazu gehören im Strafverfahren die Umstände der Straftat, bei Umfragen die Verallgemeinerbarkeit der Ergebnisse, bei Risikoabwägungen die Wahrscheinlichkeit von Unfällen usw. Charakteristisch für Skandale ist dagegen die isolierte Betrachtung und Verallgemeinerung von Einzelfällen. Bei der Skandalisierung von Politikern, Unternehmern und anderen Personen geschieht dies meist dadurch, dass Ausnahmefälle als symptomatisch dargestellt werden. Einzelne Verhaltensweisen erscheinen folglich als typisch für einen Politiker, seine Partei, die politische Klasse oder das politische System. Bei der Skandalisierung von Schäden geschieht es meist dadurch, dass die oft sehr geringe Wahrscheinlichkeit einer Schädigung der meisten Menschen ausgeblendet wird.[1] So konnte man bei der Skandalisierung BSE-erkrankter Rinder aus unzähligen Beiträgen vieles über die neueste Zahl der BSE-infizierten Rinder in Deutschland erfahren. Die Zahl, die man zur Beurteilung der Risiken benötigt hätte, den Anteil der infizierten an allen Rindern, erfuhr man jedoch trotz der Masse der Beiträge monatelang nicht. Die Konsequenzen der Problemverkürzung waren die Desorientierung der Bevölkerung über das Ausmaß der Gefährdung, eine übertriebene Verängstigung der Bürger und erhebliche wirtschaftliche Schäden für die Produzenten und den Handel.

Im Recht wie in der Wissenschaft ist das, was als Wahrheit erkannt und bekannt gemacht wird, das Ergebnis der Abwägung von Einzelinformationen. Dies gilt auch dann, wenn es am Anfang eine klare Ver-

1 Vgl. zum Folgenden Kepplinger, Hans Mathias: Der Umgang der Medien mit Ungewissheit.

mutung gibt. Die Wahrheit steht folglich immer erst am Ende des geregelten Verfahrens fest. Bis zu diesem Ende müssen alle möglichen Folgerungen gleiche oder zumindest ähnliche Chancen besitzen. Alles andere gilt als Vorverurteilung bzw. Vorurteil. Im Skandal steht dagegen das, was als Wahrheit betrachtet und publiziert wird, von Anfang an fest. Die Wahrheit folgt nicht aus der Abwägung der schrittweise erkennbaren Einzelbefunde. Die nacheinander erkennbaren Einzelbefunde werden vielmehr im Lichte der am Anfang etablierten Sichtweise stimmig interpretiert. Und nur wenn es am Anfang gelingt, eine skandalträchtige Sichtweise zu etablieren, erscheinen die Einzelbefunde skandalös. Zwar werden auch im Recht und in der Wissenschaft zuweilen Einzelinformationen so interpretiert, dass sie zu den etablierten Vorstellungen passen. Was dort jedoch der nicht tolerierbare Sonderfall ist, ist im Skandal der allgemein akzeptierte Normalfall. Durch das Ausgreifen der Rationalität des Skandals auf geregelte Verfahren werden geregelte Verfahren immer häufiger selbst zum Skandal. Ein bekanntes Beispiel hierfür ist der Strafprozess gegen Jörg Kachelmann, in dem die Anklage und die Verteidigung im Verbund mit Journalisten, die für und gegen eine Verurteilung kämpften, die jeweilige Gegenseite sowie Gutachter herabgesetzt und den Angeklagten vor den Plädoyers und dem Urteil freigesprochen oder verurteilt haben.

Erweist sich im Skandal die zentrale Behauptung als falsch, wird auf andere Sachverhalte verwiesen, die das Verhalten der Angeprangerten skandalös erscheinen lassen. Auf diese Weise mutieren Sachverhalte, die im Vergleich zur zentralen Behauptung unerheblich sind und alleine kaum Beachtung finden würden, zum Beweis für die Richtigkeit des zentralen Vorwurfs. Im Fall des ortho-Nitroanisol-Unfalls wurde das falsche Verhalten der Unternehmensleitung zum Ersatz für die unzureichende Giftigkeit der Chemikalien. Im Fall der BSE-infizierten Rinder wurden Anklagen gegen Viehtransporte und Schlachtpraktiken zum Ersatz für den geringen Anteil erkrankter Tiere. Im Fall der Gedenkrede Jenningers fungierte die falsche Intonation seiner Rede als Ersatz für den Mangel an inhaltlichen Fehlern. Im Fall von Lipobay hieß es später, die schlechte Informationspolitik des Unternehmens sei schuld an dem Skandal – als ob es an der Gefährdung der Patienten und der Notwendigkeit ihrer Warnung etwas geändert hätte, wenn das Unternehmen die Medien einige Stunden vor den Anlegern informiert hätte. Im Fall des AKW Krümmel diente die unzureichende Information des Unternehmens über einen kerntechnisch irrelevanten Brand nachträglich zur Rechtfertigung von dramatisierenden Berichten über einen vermeintlich gefährlichen Störfall. Das gleiche Argumentationsmuster diente zur Rechtfertigung der überzogenen Warnungen vor Dioxin-belasteten Eiern.

Kein Verfahren liefert immer richtige Ergebnisse. Die Geschichte der Wissenschaft ist auch eine Geschichte der wissenschaftlichen Irrtümer, die des Rechts auch eine Geschichte der Justizirrtümer. Solche Fehler geschehen selbst dann, wenn alle Regeln beachtet wurden – weil die theoretischen Annahmen falsch waren, weil Messverfahren noch nicht genau genug waren, weil sich Beobachter geirrt haben, weil neue Zeugen auftauchen, weil falsche Schlüsse gezogen wurden usw. Die entscheidende Frage lautet deshalb nicht, ob die Gerichte oder Forschungsinstitute bzw. einzelne Fachleute immer recht haben. Dies trifft zweifellos nicht zu. Die entscheidende Frage lautet vielmehr, wer eher irrt – Experten oder Laien- und wann solche Irrtümer größer sind – bei der Durchführung von geregelten Verfahren oder bei intuitiven Vorgehensweisen. Die Antwort darauf ist eindeutig. Selbst wenn gelegentlich die individuelle und intuitive Einsicht dem geregelten Verfahren überlegen ist, stellt sie keine Alternative dazu dar, weil geregelte Verfahren trotz ihrer Fehleranfälligkeit per Saldo dem, was langfristig als Wahrheit betrachtet werden kann, weitaus näher kommen.

Bei einem geregelten Verfahren werden die Fakten und Folgerungen in einem Abschlussbericht dokumentiert – in der Begründung von Gerichtsurteilen, in wissenschaftlichen Forschungsberichten usw. Auch nach dem Ende von Skandalen erscheinen neben Gesamtdarstellungen von Skandalisierern und Skandalisierten gelegentlich distanzierte Analysen. Zudem erstellen Pressearchive und einzelne Medien zuweilen resümierende Gesamtdarstellungen. Diese findet man jedoch allenfalls in Qualitätszeitungen. Heute gibt es zudem für viele Fälle auch ausführliche Dokumentationen im Internet. Auch sie erreichen die Masse des Publikums nicht und hinterlassen folglich im Gegensatz zu den Skandalberichten dort keine erkennbaren Spuren.

Die Mehrheit der Bevölkerung glaubt am Ende nicht das, was erwiesen wird, sondern das, was sie vorher überall massenhaft gelesen, gehört und gesehen hat. Und je länger ein Skandal dauert, desto größer wird die Kluft zwischen dem, was die Mehrheit zu wissen glaubt, und dem, was man tatsächlich wissen kann. Dies ist nicht nur die Schuld der Medien. Selbst wenn sie am Ende eines Skandals den erreichten Erkenntnisstand mit der gleichen Wucht publizieren würden wie am Anfang die skandalträchtigen Vorwürfe, würden das nur wenige verfolgen, weil sich das Interesse längst anderen Themen zugewandt hat. Die großen Skandale sind deshalb meist auch die Ursache von großen Kollektivirrtümern, und die Mehrheit kehrt nach einiger Zeit nicht deshalb zu ihren Gewohnheiten zurück, weil sie die Wahrheit nun kennt, sondern weil sie das, was sie noch immer für die Wahrheit hält, nicht mehr ernst nimmt. Also tanken die Leute wieder bei Shell, essen Fische aus der Nordsee, Rindfleisch, Schweinefleisch und Eier und reichern ihren Salat mit Sprossen an, deren Herkunft sie nicht kennen.

Zu jedem geregelten Verfahren gehört schließlich die Möglichkeit der Revision. Im Rechtswesen ist dies durch spezielle Instanzen gewährleistet. In der Wissenschaft wird die Revision von Erkenntnissen mit Prestige honoriert und ist dadurch fest institutionalisiert. Dies schlägt sich auch im beruflichen Selbstverständnis nieder, wie eine Befragung von Journalisten und Wissenschaftlern belegt.[2] Die meisten Wissenschaftler finden es richtig, wenn Kollegen, die gegen wissenschaftliche Verfahrensregeln verstoßen haben, in der Öffentlichkeit namentlich kritisiert werden. Dagegen kann man den Einwand erheben, dass sie sich in der Praxis häufig nicht daran halten. Das trifft zu. Journalisten lehnen aber eine solche Kollegenkritik selbst in der Befragungssituation fast einhellig ab. Sie halten zwar eine interne Kritik am beruflichen Fehlverhalten von Kollegen für notwendig, sie betrachten die Öffentlichkeit jedoch nicht als den richtigen Ort dafür. Bestätigt werden die Ergebnisse durch eine Analyse der Bericht-

2 Vgl. zum Folgenden Kepplinger, Hans Mathias: Kollegenkritik in Journalismus und Wissenschaft. In: Derselbe: Journalismus als Beruf. Wiesbaden 2011, S. 205–225.

erstattung über jeweils vier Missstände im Journalismus – die Skandalisierung von Sebnitz, die Veröffentlichung der „Hitler-Tagebücher", die manipulierten Reportagen des Fernsehjournalisten Michael Born, die erfundenen Berichte des Auslandsreporters Tom Kummer – und in anderen Bereichen – den Betrug mit Herzklappen, die Nebenwirkungen von Lipobay, die private Nutzung von dienstlich erworbenen Bonusmeilen und die Vermischung von Privatleben und Amtsführung durch Margret Härtel.[3] Über die Missstände in den Medien brachten die zehn untersuchten Zeitungen und Zeitschriften durchschnittlich 47,7 Beiträge, über die Missstände in anderen Bereichen durchschnittlich 89,7 Beiträge, also nahezu doppelt so viele. Falls die Journalisten allerdings einen Missstand im Journalismus thematisierten, kritisierten sie ihre Kollegen im Durchschnitt härter als die Urheber der Missstände in den anderen Bereichen. Generell gilt aber, dass man von den meisten Missständen im Journalismus nichts oder nur wenig erfährt."[4] In den vergangenen Jahren dürfte die Kritik von Journalisten am beruflichen Fehlverhalten von Kollegen deutlich zugenommen haben. Zwar liegen hierzu keine quantitativen Belege vor, allerdings häufen sich bemerkenswerte Einzelfälle. Trifft diese Beobachtung zu, dann könnte der Wandel eine Folge der gewachsenen Konkurrenz sein und auf eine zunehmende Professionalisierung des von Entprofessionalisierung bedrohten Journalismus deuten, zu der eine entsprechende Kollegenkritik gehört.

Im Skandal findet schließlich im Unterschied zum geregelten Verfahren eine Revision nicht statt. Die Wortführer verabschieden sich, wenn sich ihre Sichtweise als falsch oder unhaltbar erweist, stillschweigend von der Bühne. Die meisten dieser Skandale verebben nach einiger Zeit, ohne dass man es richtig bemerkt. So hat der *Spiegel*, nachdem er 1991 wochenlang einen Klima-GAU als Folge des Golf-

---

3 Vgl. hierzu Seitz, Benjamin S.: Selbstkritik und Fremdkritik im Journalismus. Eine vergleichende Untersuchung der Berichterstattung deutscher Printmedien anhand ausgesuchter Fälle. Mainz 2004 (unveröffentlichte Magisterarbeit).

4 Vgl. Kepplinger, Hans Mathias / Ehmig, Simone Christine / Hartung, Uwe: Alltägliche Skandale, S. 67–69.

krieges vorhergesagt hatte, seine falschen Prognosen nicht revidiert, sondern die Berichterstattung eingestellt.[5] *Bild* hat seine dramatischen Warnungen vor der Schweinegrippe nicht selbstkritisch korrigiert, sondern die Länder wegen der Beschaffung überflüssiger Impfstoffe kritisiert. Ist ein solcher Abschied nicht möglich, bleiben die Wortführer oft auch dann bei ihrer Sichtweise, wenn sie sich als falsch herausgestellt hat. So verteidigte das Fernsehmagazin *Monitor* seine Darstellung des Todes von Wolfgang Grams auch dann noch, als sie durch mehrere Gutachten mit großer Wahrscheinlichkeit widerlegt worden war.[6] Und wehe, wenn die Gerichte nicht so verfahren, wie es die Skandalisierer erwarten. So wetterten die Blätter, die sich in der CDU-Spendenaffäre besonders engagiert hatten, gegen die Einstellung des Ermittlungsverfahrens gegen Kohl. Sie forderten, obwohl ihnen sonst die Unabhängigkeit der Justiz heilig ist, politischen Druck auf die Staatsanwaltschaften, die ein Ermittlungsverfahren wegen möglicher Schmiergeldzahlungen beim Verkauf der Leuna-Werke ablehnten, weil solche Straftaten, falls sie vorlagen, längst verjährt waren.

Widersprüche zwischen den Ergebnissen geregelter Verfahren und den Sichtweisen der Skandalisierer werden von den Skandalisierern den Institutionen angelastet. Nicht die Skandalisierer haben sich geirrt, sondern die Institutionen. Diese Argumentation ist kein reiner Selbstschutz, sondern folgt logisch aus dem essentialistischen Trugschluss der Skandalisierer und ihrer Anhänger. Für die Skandalisierer ist ihre Sichtweise nicht eine von mehreren, sondern die einzig mögliche: Wer die Dinge anders sieht, verfehlt die Realität. Experten müssen aufgrund ihrer Sachkenntnis die Wahrheit kennen und die Sachverhalte so charakterisieren wie die Skandalisierer. Wenn sie es dennoch nicht tun, können sie nicht die Wahrheit sagen. Ihre Darstellung muss folglich Gründe haben, die nicht in der Natur der Sache, sondern in den Urteilenden liegen – ihren Interessen und Motiven. Sie geraten folglich in den Verdacht, selbst ein Teil des Skandals zu sein.

Bei Skandalen wird die Wahrheit meist nicht deshalb verfehlt, weil Journalisten lügen. Die Wahrheit wird verfehlt, weil die Wortführer

---

5 Vgl. Kepplinger, Hans Mathias: Der Umgang der Medien mit Ungewissheit.

6 Vgl. Mocken, Daniela: Bad Kleinen.

und ihr Anhang bedingungslos an die Richtigkeit ihrer Sichtweisen glauben, weil sie in diesem Glauben Übertreibungen im Interesse der guten Sache hinnehmen, die sie normalerweise ablehnen, und weil sie aus dem gleichen Grund Fakten diskreditieren, die ihnen sonst heilig sind. Dies zeigt sich vor allem dann, wenn Tatsachenbehauptungen falsch sind, die auf skandalträchtigen Überzeugungen beruhen – wie im Fall des kleinen Joseph. So schrieb am 30. November 2000 die *Frankfurter Rundschau* nach der Klärung des Sachverhaltes unbeirrt: „Das Beklemmende ist, dass Sebnitz der plausible Schauplatz einer mörderischen Handlung aus rechtsradikalen Motiven hätte sein können (…). Der Sebnitz-Verdacht war indes nicht nur eine illusionäre allein westdeutscher Überheblichkeit entspringende Projektion." Die eigene Sichtweise war folglich auch dann noch keine illusionäre Projektion, als sich die davon gesteuerte Tatbeschreibung als falsch erwiesen hatte. Der Ort erschien selbst dann noch als plausibler Schauplatz der Gräueltat, als man wusste, dass sie nicht stattgefunden hatte.

Zu den kognitiven Ursachen der Unbeirrbarkeit von Skandalisierern kommen sozialpsychologische Gründe. Hierzu gehört die öffentliche Festlegung der Skandalisierer auf eine bestimmte Sichtweise. Wer sich in einer bedeutsamen Frage derart exponiert hat, kann davon ohne massive Selbstzweifel nicht abrücken. Zudem würde er die Zurückweisung durch die Glaubensgemeinschaft riskieren, die er mit seiner Darstellung selbst mitbegründet hat. So wurde Leyendecker wegen der Berichtigung eines Irrtums bei seiner Skandalisierung Kohls in der Spendenaffäre in zahlreichen Leserbriefen von empörten Lesern kritisiert. Eine weitere Ursache für das Insistieren auf der einmal etablierten Sichtweise ist der Charakter der Anschuldigungen. Mit ihnen bewegen sich die Skandalisierer auf der schmalen Grenzlinie zwischen Aufklärung und Verleumdung, und das Eingeständnis des Irrtums würde sie unweigerlich abstürzen lassen. Dabei würden sie genau das verlieren, was sie am meisten beanspruchen – höhere Moralität.

Einzelne Gerichte und Forschungsinstitute mögen irren, und sie tun das immer wieder. Das Rechtswesen und die Wissenschaft sind jedoch als Institutionen auf Wahrheit angelegt. Je mehr Personen und Institutionen an der Suche beteiligt sind, desto eher kommen sie zum

Ziel. Für die Journalisten als Institutionen gilt im Skandal das Gegenteil. In fast allen Skandalen entdecken, dokumentieren und analysieren einzelne Journalisten Missstände und ihre Ursachen, und sie leisten damit einen erheblichen Beitrag zur Wahrheitsfindung. Die BND-Affäre, der Fall zu Guttenberg und der Fall der Odenwaldschule sind in jüngerer Zeit Beispiele hierfür. Die Medien insgesamt sind dazu aber oft nicht in der Lage. Hierfür stehen in jüngerer Zeit u. a. die Fälle AKW Krümmel, Schweinegrippe, Ehec, Dioxin, Herman, Oettinger, Köhler, Kachelmann, Strauss-Kahn. Je mehr Journalisten sich an der Skandalisierung von Missständen beteiligen und je intensiver sie das tun, desto mehr entfernt sich das, was die Masse der Medien der Masse der Bevölkerung präsentiert, von dem, was man aus der Distanz betrachtet als Wahrheit bezeichnen kann. Der Grund hierfür liegt nicht im individuellen Unvermögen einzelner Journalisten, sondern in der Eigendynamik des Mediensystems. Wenn einzelne Journalisten im Skandal die Wahrheit präsentieren, was immer wieder geschieht, dann nicht wegen, sondern trotz der Berichterstattung der Masse der Medien, deren Konformitätsdruck sie sich widersetzen.

Skandale sind Kunstwerke mit klaren Botschaften und starken emotionalen Appellen. Die Skandalisierung von Missständen ist eine Kunst, und die Skandalisierer sind viel eher Künstler als Analytiker – Geschichtenerzähler, die einem disparaten Geschehen subjektiven Sinn verleihen und dadurch für die Allgemeinheit nachvollziehbar machen. Die Skandalisierer bewegen sich damit weniger im Grenzbereich zwischen Journalismus und Wissenschaft oder zwischen Journalismus und Recht als im Grenzbereich zwischen Journalismus und Literatur. Darin ähneln sie den Vertretern des „New Journalism". Dennoch unterscheiden sich die aufwühlenden Darstellungen der Skandalisierer fundamental von den unterkühlten Berichten eines Truman Capote oder Tom Wolfe, die alles andere als moralische Empörung hervorrufen: Während Letztere nüchterne Reportagen in Form von Romanen verfasst haben, schreiben Erstere erregende Romane in Form von Reportagen.

Entwicklungsgeschichtlich ist die Skandalisierung von Missständen eine archaische Maßnahme zur Ausschaltung von Akteuren, die schuldhaft Fehler begangen haben. Dies gilt auch für den Medienpranger. Er ist im Unterschied zum mittelalterlichen Pranger aber keine Strafe als Konsequenz eines geregelten Verfahrens. Der Medienpranger geht vielmehr einem geregelten Verfahren voraus und ersetzt es vielfach. Zudem reicht seine Wirkung aufgrund der modernen Technik weit darüber hinaus. Theoretisch ist er räumlich unbeschränkt, was ihm eine neue Qualität verleiht: Was dem Medienpranger an physischer Gewalt fehlt, gleicht er durch psychische Gewalt aus. In beiden Fällen ist jedoch die Anprangerung kein Erkenntnisverfahren, sondern ein Machtmittel. Dies zeigt sich spätestens dann, wenn skandalträchtige Sichtweisen durch systematisch gewonnene Ergebnisse infrage gestellt werden. Dann geht es nicht mehr um die Aufklärung, sondern um die Deutungshoheit. Es geht darum, wer die gesellschaftlich relevanten Wahrheiten feststellt, wer auf welche Weise ermittelt, was wir als Realität akzeptieren. Deshalb münden viele große Skandale in einen Konflikt zwischen der Wahrheitsfindung in geregelten Verfahren und intuitiven Realitätsdeutungen sowie zwischen den Institutionen, die verfahrensmäßig vorgehen, und den Medien, die sich im Skandal nicht an die im Journalismus sonst üblichen Regeln halten oder an andere Restriktionen gebunden fühlen. Die wachsende Zahl von Skandalen verweist deshalb vor allem auf das, worum es jenseits ihrer konkreten Anlässe geht – einen latenten Machtkampf zwischen konkurrierenden Institutionen mit unterschiedlichen Handlungsprinzipen. Diesen Sachverhalt und die in ihrem Kern anti-institutionelle Haltung überzeugter Skandalisierer hat Rudolf Augstein in seinem Vorwort zur Darstellung der Flick-Affäre kurz und prägnant auf den Punkt gebracht: „Geben wir unserem Gemeinwesen noch eine Chance, erschüttern wir den Staat!“[7] Daraus spricht nicht die Suche nach der Wahrheit, sondern der Wille zur Macht.

7 Zitiert nach Kilz, Hans Werner / Preuss, Joachim: Flick. Die gekaufte Republik. Reinbek bei Hamburg 1983, S. 12.

15. Der Nutzen des Schadens

Die Skandalisierung von Missständen stellt nach einer weitverbreiteten Überzeugung für die Gesellschaft generell einen Wert dar: Sie zeigt, dass auch Mächtige allgemein anerkannte Regeln nicht ungestraft verletzen können. Das bekräftigt das Vertrauen in die Selbstreinigungskräfte der Gesellschaft. Zudem schreckt sie potenzielle Täter ab. Das stärkt die Geltungskraft der sozialen Normen. Aus den genannten Gründen erfüllt die Skandalisierung selbst dann eine wichtige soziale Funktion, wenn die Vorwürfe im Einzelfall übertrieben sind. Im Mittelpunkt dieser funktionalistischen Skandaltheorie stehen die manifesten Funktionen der Skandale – ihre beabsichtigten und wahrgenommenen Auswirkungen auf die Gesellschaft.[1] Indem die Massenmedien Missstände anprangern, kompensieren sie Defizite anderer Institutionen, die bei der Aufdeckung, Verfolgung und Ahndung von Normverletzungen aller Art versagen – Polizeibehörden und Staatsanwaltschaften, Parlamente und Parteien, Zulassungs- und Kontrollbehörden. Die Skandalisierung von Missständen ist folglich ein funktionales Äquivalent zur Tätigkeit dieser Institutionen, und sie ist umso notwendiger, je häufiger die dafür vorgesehenen Kontrollorgane versagen. Nach dieser Auffassung zeigen die Häufigkeit und die Größe der Skandale das Ausmaß der Funktionsdefizite des Staates an. Zugleich belegen sie die Funktionsfähigkeit der Massenmedien: Je mehr Missstände sie anprangern, desto besser erfüllen sie ihre Aufgabe.

Die erfolgreichen Skandalisierer unter den Journalisten genießen aus den genannten Gründen vor allem im Journalismus hohes Ansehen. Dies trifft auf die Leitfiguren des investigativen Journalismus in den USA zu, Bob Woodward und Carl Bernstein, die mit der Water-

1 Vgl. hierzu den umfassenden Literaturbericht in Hartung, Uwe: Publizistische Bedingungen politischer Skandale, S. 21–152.

gate-Affäre Richard Nixon zu Fall gebracht haben,[2] gilt jedoch auch für Vertreter des investigativen Journalismus in Deutschland wie Hans Leyendecker, Frank Schirrmacher und andere. In allen Fällen gilt die Bewunderung der Kollegen nicht nur ihren journalistischen Leistungen, sondern auch ihrer gesellschaftlichen Rolle: Ihnen gelingt, was viele Journalisten wollen, aber nur wenige offen zugeben. Sie bewegen etwas, üben reale Macht aus. Sie beschreiben und erklären die Welt nicht nur, sie verändern sie.

Der funktionalistischen Skandaltheorie liegt eine ähnliche Argumentationsfigur zugrunde wie der funktionalistischen Straftheorie. Danach führt die Aufdeckung und Ahndung von Straftaten dazu, dass die Gesetze eingehalten werden. Deshalb sollten alle Straftaten angezeigt und aufgeklärt sowie alle Straftäter gefasst und verurteilt werden. Je besser dies gelingt, desto besser ist die Bewahrung von Recht und Ordnung gesichert. Gegen die funktionalistische Straftheorie haben Soziologen, wie Wilbert E. Moore, Melvin M. Tumin[3] und Heinrich Popitz[4], eingewandt, dass die Geltung von sozialen Normen auch auf der Unwissenheit über das tatsächliche Ausmaß ihrer Verletzung beruht: Wenn jeder wüsste, wie häufig soziale Normen tatsächlich gebrochen werden, würden sie noch öfter verletzt werden, als dies ohnehin geschieht. Nach Popitz könnte „kein System sozialer Normen (…) einer perfekten Verhaltenstransparenz ausgesetzt werden, ohne sich zu Tode zu blamieren. Eine Gesellschaft, die jede Verhaltensabweichung aufdeckt, würde zugleich die Geltung ihrer Normen ruinieren". Nur weil wir einen Großteil der Normverletzungen nicht kennen, können wir den Geltungsanspruch der Norm aufrechterhalten. Popitz spricht deshalb von einer „Präventivwirkung des Nichtwissens": Das Nichtwissen um das volle Ausmaß der Normverletzungen „ermöglicht ein Ausweichen, eine Entdramatisierung – eine

---

2 Vgl. Lang, Gladys Engel / Lang, Kurt: The Battle for Public Opinion. The President, the Press, and the Polls during Watergate. New York 1983.

3 Moore, Wilbert E. / Tumin, Melvin M.: Some Social Functions of Ignorance. In: *American Sociological Review*, 6/1949, S. 787–795.

4 Popitz, Heinrich: Über die Präventivwirkung des Nichtwissens. Dunkelziffer, Norm und Strafe. Tübingen 1968.

Unschärfe-Relation des sozialen Lebens, die letztlich ebenso der guten Meinung dient, die wir uns voneinander, wie der, die wir uns von unserem Normensystem bilden. Tiefstrahler können Normen nicht ertragen, sie brauchen etwas Dämmerung."[5]

Popitz hat seine Argumente für das Jahr 1962 mit empirischen Daten belegt. Nach seinen Schätzungen, die unter anderem auf der offiziellen Kriminalstatistik beruhen, begingen innerhalb eines Jahres vier Prozent der strafmündigen Personen strafrechtlich relevante Betrugsdelikte, 17 Prozent verübten einfache oder schwere Diebstähle. Die Dunkelziffer, also die Zahl der nicht bekannt gewordenen Straftaten, lag in beiden Fällen über 90 Prozent: Von den schätzungsweise 7,6 Millionen Diebstählen blieben deshalb ca. 6,9 Millionen unbekannt, weil sie nicht entdeckt oder nicht angezeigt wurden. Von allen Tätern wurden nur etwa 240.000 bekannt und von ihnen nur etwa 75.000 verurteilt – das entsprach etwa einem Prozent aller Täter. Wären alle Straftaten bekannt geworden und alle Täter bestraft worden, wäre ein erheblicher Teil der Bevölkerung kriminalisiert worden. Popitz folgerte aus diesen Daten und ähnlichen Befunden für zahlreiche andere Straftaten: „Werden allzu viele an den Pranger gestellt, verliert nicht nur der Pranger seine Schrecken, sondern auch der Normbruch seinen Ausnahmecharakter und damit den Charakter einer Tat, in der etwas ‚gebrochen', zerbrochen wird."[6]

Sprechen die Einwände gegen die funktionalistische Straftheorie auch gegen die funktionalistische Skandaltheorie? Verliert der Pranger seinen Schrecken, wenn zu viele skandalisiert werden? Dies ist aufgrund des Täterkreises eher unwahrscheinlich: Bei den skandalisierten Personen handelt es sich meist um Mitglieder von gesellschaftlichen Eliten – Entscheider in Politik, Verwaltung, Wirtschaft und Kultur. Die Zahl der potenziellen Täter ist folglich im Unterschied zu den „normalen" Straftätern, die Popitz im Auge hat, sehr klein. Entsprechend groß ist das Risiko der Handelnden, dass Regelverstöße entdeckt und angeprangert werden. Zudem ist das Ausmaß der Skandalisierung im Unterschied zur Schwere der Strafe kaum kalkulierbar.

5 Popitz, Heinrich, ebd., S.12.
6 Popitz, Heinrich ebd., S. 17.

Dies spricht theoretisch für eine Präventivwirkung der Skandalisierung von Missständen. Zahlreiche praktische Beispiele sprechen allerdings dagegen.

Der Skandal um die Parteienfinanzierung in den frühen Achtzigerjahren hat Helmut Kohl nicht daran gehindert, anonyme Spenden für die Finanzierung der CDU in den neuen Ländern anzunehmen. Der Skandal um die staatliche Finanzierung privater Dienstleistungen hat Johannes Rau nicht daran gehindert, seine Dienstreisen mit privaten Abstechern zu verbinden, und Kurt Biedenkopf nicht davon abgehalten, seinen Koch fern der Hauptstadt in seinem Privathaus zu beschäftigen. Der Skandal um die unsachgemäße Prüfung von Spender-Blut auf HIV in Frankreich hat unsachgemäße Tests in Deutschland nicht verhindert. Die BSE-Krise Mitte der Neunzigerjahre hat viele Bauern nicht davon abgeschreckt, auch nach dem Verbot Tiermehl an Rinder zu verfüttern. Der Kokainskandal um Christoph Daum hat weder Michel Friedman noch Jörg Immendorff am Kokainkonsum gehindert. Der Skandal um die privaten Flugreisen von Cem Özdemir und Gregor Gysi hat Ulla Schmidt nicht daran gehindert, ihren Dienstwagen im Urlaub zu benutzen. Der Dioxinskandal 2002/03 hat den ähnlich gelagerten Dioxinskandal 2010/11 nicht verhindert und der Skandal um von Tom Kummer erfundene Interviews hat René Pfister nicht daran gehindert, Horst Seehofer am Stellpult seiner Modelleisenbahn so zu beschreiben, als hätte er ihn selbst dabei beobachtet. Die Liste der Beispiele ließe sich fortsetzen. Einen Gegenbeweis für die Ausgangsthese liefert dies dennoch nicht.

Solange gesellschaftliche Regeln existieren, wird es Regelverstöße geben. Sie gehören zur Natur der Sache. Andernfalls würde es sich nicht um soziale Normen, sondern um Naturgesetze handeln, denen jeder folgen muss. Einzelne Regelverstöße lassen folglich nicht den Schluss zu, dass Sanktionen generell unwirksam sind. Auch dann, wenn sie wirken, wird es Verstöße geben. Zudem lässt sich nicht immer eindeutig klären, ob es sich bei den später skandalisierten Verhaltensweisen wirklich um Regelverstöße oder um Grenzfälle handelte, die kaum vermeidbar waren. Dies gilt z. B. für die Mischung von Politikerreisen aus beruflichen und privaten Anlässen. Schließlich können frühere Skandale auch dann spätere Regelverletzungen verhindert haben, wenn sie missachtet wurden: Möglicherweise wären die Regeln noch öfter verletzt worden, wenn es die Skandale nicht gegeben hätte.

Die Skandalisierung von Missständen unterscheidet sich in einer weiteren Hinsicht von der Bestrafung von Rechtsbrüchen: Dort geht es ausschließlich um den Bruch geltenden Rechts. Hier geht es jedoch um die unzureichende Anwendung geltender Regeln, wodurch Missstände und Risiken entstehen oder bestehen bleiben, die längst beseitigt sein könnten. Nach der funktionalistischen Skandaltheorie erzwingt der Skandal die effektive Anwendung der Regeln, bewirkt zuweilen auch ihre Verbesserung und verhindert dadurch gesellschaftliche Schäden. Im Unterschied zur Präventivwirkung der Gesetze, die einer Missachtung von Normen vorbeugt, handelt es sich hier um einen Mobilisierungseffekt, der die Umsetzung von Normen sichert. Auch er zielt auf Entscheider in allen Bereichen der Gesellschaft, der Politik, Verwaltung und Wirtschaft und betrifft folglich einen relativ kleinen, aber bedeutsamen Teil der Bevölkerung.

Für die Existenz von Mobilisierungseffekten sprechen die gleichen Gründe wie für die Existenz einer Präventivwirkung. Allerdings dürften diese Effekte kleiner sein, weil die Risiken von untätigen Entscheidern geringer sind als die Risiken von Entscheidern, die aktiv gegen geltende Regeln verstoßen. Deshalb dürften nur relativ große Skandale einen Mobilisierungseffekt ausüben. Genau das belegen zwei der genannten Fälle – die Umsetzung von Schutzmaßnahmen gegen BSE-Erkrankungen als Konsequenz des BSE-Skandals im Winter 2000/2001 und die genauere Untersuchung von Spenderblut auf HIV als Konsequenz aus dem AIDS-Blut-Skandal von 1983[7]. Weitere Beispiele sind die Abschaffung der Umwegfinanzierung von Parteien über die Staatsbürgerliche Vereinigung als Konsequenz des Parteispendenskandals und die Neufassung des Abgeordnetengesetzes (Artikel 44a AbgG) als Konsequenz der Gehaltsaffären. Danach sind finanzielle Zuwendungen ohne angemessene Leistungen jetzt ausdrücklich untersagt. Bei Verstößen drohen bemerkenswerte Ordnungsgelder. Zu erwähnen ist auch die von Wissenschaftlern zumindest eingefor-

7 Vgl. Schmitt, Christiane: Die Entwicklung des AIDS-Blutskandals 1993.

derte bessere Betreuung und genauere Prüfung von Doktorarbeiten durch die Betreuer und die Gutachter als Konsequenz aus dem Skandal um die Plagiate in der Dissertation von Karl-Theodor zu Guttenberg. In allen Fällen kompensierten und reparierten die Medien durch Skandalisierungen die Funktionsmängel anderer Institutionen, wobei im Einzelfall die Verhältnismäßigkeit der Mittel zur Diskussion steht. Dies führt zum Kern der Problematik.

Skandale besitzen vor allem dann eine Präventivwirkung und sie haben vor allem dann einen Mobilisierungseffekt, wenn die Missstände stark übertrieben dargestellt werden und wenn die Vorwürfe gegen die Entscheider weit über das sachlich gerechtfertigte Maß hinausgehen. Sie leben sozusagen von der Übertreibung im Dienst der guten Sache. Die Funktionsweise der Skandalisierung entspricht damit der Wirkweise der „punitive damages", der extrem hohen Schadensersatzleistungen im amerikanischen Zivilrecht. In beiden Fällen geht es weniger um Gerechtigkeit für die Regelverletzer als um die Abschreckung Dritter. Im Unterschied zu den „punitive damages" sind die Folgen von Skandalberichten jedoch nicht immer begrenzt und beabsichtigt.

Gelegentlich gehen die Auswirkungen von Skandalen auf die Skandalisierten aufgrund ihrer Eigendynamik weit über das sachlich begründete Maß hinaus. Gelegentlich treten dabei auch Folgen ein, die vermutlich niemand beabsichtigt hat. Das markanteste Beispiel für beide Fälle ist der Tod von Uwe Barschel. In einem Land, das weder die Todesstrafe vorsieht noch den rituellen Selbstmord kennt, stünde der Tod des Beschuldigten auch dann nicht in einem vertretbaren Verhältnis zu seinen Verfehlungen, wenn alle Vorwürfe, die gegen ihn erhoben wurden, richtig gewesen wären – was im Falle Barschels nicht zutrifft. Die Barschel-Affäre und nicht die Skandalisierung von Sebnitz ist deshalb der Super-GAU des deutschen Skandaljournalismus. In die gleiche Kategorie gehört auch der Tod Jürgen W. Möllemanns, sofern er nicht Opfer eines Unfalls wurde. Gegen diese Argumentation kann man einwenden, kein Journalist habe den Tod Barschels und Möllemanns gewollt. Dies ist richtig, gilt jedoch in gleichem Maße für Innenminister Seiters und Generalbundesanwalt von Stahl, die den Tod von Grams nicht wollten und doch dafür geradestehen mussten.

Die „punitive damages" unterscheiden sich von den Skandalfolgen auch dadurch, dass sie nur die Schuldigen treffen, während unter den Skandalfolgen häufig auch andere zu leiden haben. Hierbei handelt es sich um die unbeabsichtigten negativen Nebenwirkungen der Skandalisierung von Missständen. Besonders deutlich wird dies an den finanziellen Folgen von skandalinduzierten Panikreaktionen, die die Allgemeinheit tragen muss. Als Folge der Skandalisierung von 5.000 Tonnen Molke, die durch den Reaktorunfall bei Tschernobyl schwach radioaktiv belastet war, und der medial ausgelösten Hysterie ließ das Bundesumweltministerium den „Atommüll", wie es im *Stern* am 12. Februar 1987 hieß, für nahezu 60 Millionen DM zunächst in 242 Eisenbahn-Waggons im Land herumfahren und dann in einer eigens gebauten Anlage entsorgen, die danach verkauft und verschrottet wurde. Diese und ähnliche Folgekosten waren minimal im Vergleich zu den Schäden durch die mediale Dramatisierung der Gefahren durch BSE 2000/2001. Als Folge der induzierten Ängste ging die Nachfrage nach Rindfleisch um über 50 Prozent zurück. Etwa 80.000 Rinder wurden auf Kosten der Steuerzahler getötet und zur Stützung des Marktes verbrannt, obwohl sie nicht infiziert waren. Ein halbes Jahr später verzeichnete die Bundesanstalt für Arbeit unter anderem deshalb ein Milliardenloch in ihrem Haushalt, weil aufgrund des BSE-Skandals die Kurzarbeit erheblich zugenommen hatte.

Hierbei handelte es sich nicht um vernachlässigbare Einzelfälle. Der SARS-Skandal hat bei der Lufthansa dazu geführt, dass im April 2003 im Vergleich zum Vorjahresmonat im Asienverkehr 200.000 Fluggäste fehlten. Das entsprach einem Rückgang von 19,4 Prozent. Die Mindereinnahmen betrugen pro Woche etwa 50 Millionen Euro, wovon ein Teil auf den Irakkrieg zurückging. Wegen fordernder Medienberichte im Gefolge der Etikettierung der Schweinegrippe als Pandemie hat jedes der 16 Bundesländer Impfstoffe im Wert zwischen 4,5 und 54 Millionen Euro zu viel eingekauft – obwohl sie die panikartig bestellten 50 Millionen Dosen auf 34 Millionen Dosen herunterhandeln konnten.[8] Wegen falscher Warnungen in der Ehec-Krise war in mehreren europäischen Ländern die Existenz von zahlreichen Land-

8 Vgl. *Rhein-Main-Presse*, 16. August 2010.

wirten bedroht. Deshalb zahlte die EU-Kommission Hilfsmittel in Höhe von 227 Millionen Euro. Den höchsten Betrag erhielt mit 71 Millionen Euro Spanien, dessen Agrarproduzenten unter den Folgen der Berichte deutscher Medien besonders gelitten haben.[9] Weit übertroffen werden dürften die unbeabsichtigten negativen finanziellen Folgen der genannten Skandale von den bisher noch unbekannten finanziellen Folgen des Ausstiegs Deutschlands aus der Kernenergie nach der Skandalisierung und Generalisierung der Reaktorkatastrophe in Japan. Sie werden aller Wahrscheinlichkeit nach nicht einige hundert Millionen, sondern mehrere Milliarden Euro betragen und letztlich von den Verbrauchern gezahlt werden.

Die Zahlung von Schadenersatz durch die EU wegen der Verdienstausfälle aufgrund der z. T. falschen und irreführenden Berichterstattung über Ehec fällt aus zwei Gründen aus dem üblichen Rahmen. Zum einen hat die EU damit eine Haftung für die unbeabsichtigten negativen Nebenfolgen falscher Medienberichte anerkannt. Zum anderen hat sie Schadenersatz geleistet, obwohl die falschen Warnungen nicht von EU-Behörden stammten und die Folgen erst durch die dramatische Berichterstattung darüber entstanden sind. Dies wirft die Frage auf, ob und inwieweit hier ein Präzedenzfall für Schadenersatzforderungen gegen die negativen Nebenfolgen von falschen oder irreführenden Medienberichten geschaffen wurde. Wenn dies der Fall wäre, müssten letztlich die Medien dafür aufkommen. Dies würde allerdings erhebliche Beweisprobleme aufwerfen, weil man zwar die Effekte der Medienberichterstattung insgesamt auf die Vorstellungen und Verhaltensweisen der Bevölkerung relativ gut messen kann. Allerdings dürfte es in absehbarer Zeit kaum möglich sein, den jeweiligen Anteil einzelner Medien an den Effekten zu bestimmen. Ohne einen solchen Kausalnachweis würden Schadenersatzforderungen gegen einzelne Medien aber ins Leere laufen, weil sie keinen konkreten Adressaten hätten.

Neben negativen finanziellen Folgen besitzen anprangernde Darstellungen zuweilen Nebenwirkungen, die vermutlich den meis-

---

9 Vgl. bos / dpa / dapd. EU-Entschädigungen. Gemüsebauern bekommen mehr Ehec-Hilfen. Auf: *Spiegel Online*, 28. Juli 2011.

ten Autoren der Beiträge nicht einmal bewusst sind. So mussten in Deutschland im Laufe der Jahre ca. 20.000 psychisch Kranke, die sich in postklinischer Behandlung befanden, erneut in psychiatrische Anstalten eingewiesen werden, weil sie aufgrund von spektakulären Medienberichten die ihnen verordneten Medikamente abgesetzt und schwere Rückfälle erlitten hatten.[10] Zu den immateriellen Kosten der Skandalisierung von Missständen gehört auch der im Einzelfall dramatische Verlust an Sozialkapital – Ehre, Ansehen, Berufschancen.[11] Ein eklatantes Beispiel hierfür ist Dominique Strauss-Kahn, der sein Amt als Direktor des Internationalen Währungsfonds verlor und seine Ambitionen auf die Wahl zum französischen Staatspräsidenten aufgeben musste. Ein zweites Beispiel ist Jörg Kachelmann, der um sein Unternehmen kämpfen musste und dessen Karriere als Fernsehmoderator zerstört wurde. Ihnen hat ihr Freispruch nur sehr bedingt genutzt.

Die zentrale Annahme der funktionalistischen Skandaltheorie betrifft die Auswirkung von Skandalen auf das Vertrauen in die Selbstreinigungskräfte der Gesellschaft. Sie kann man anhand von empirischen Untersuchungen diskutieren. Hierzu gehören Vergleiche zwischen der Häufigkeit von politischen Skandalen und den Ansichten der Bevölkerung über die politischen Eliten. In Deutschland bestanden in den Siebziger- und Achtzigerjahren deutliche Zusammenhänge zwischen der wachsenden Zahl politischer Skandale und den Vorstellungen der Bevölkerung von den führenden Politikern. Allerdings widersprechen sie den Annahmen der funktionalistischen Skandaltheorie. Mit der Zahl der politischen Skandale verminderte sich die Wertschätzung der Politiker: Der Anteil derer, die der Ansicht waren, ein Bundestagsabgeordneter müsse „große Fähigkeiten haben", ging von 1972/73 bis 1992/93 von 65 auf 39 Prozent zurück. Dagegen nahm die Überzeugung zu, dass Bundestagsabgeordnete nicht in erster Linie die „Interessen der Bevölkerung" vertreten. Der Anteil derer, die davon überzeugt waren, dass sie vor allem „persönliche Interessen" ver-

10 Vgl. Linde, Otfried K. / Kepplinger, Hans Mathias / Ehmig, Simone Christine: Mehr Akzeptanz durch mehr Fachinformation?

11 Vgl. hierzu Burkhart, Dagmar: Ehre. Das symbolische Kapital. München 2002.

treten, stieg von 1978/79 bis 1992/93 von 15 auf 33 Prozent. Zudem schwand das Vertrauen in die Wahrhaftigkeit der führenden Politiker. Der Kreis derer, die „kein Vertrauen" in sie besaßen, weil sie es „schon zu oft erlebt" hatten, „dass sie nicht die Wahrheit" sagten, stieg von 33 auf 57 Prozent. Gleichzeitig mit dem Ansehensverlust der Politiker verringerte sich die Wertschätzung des politischen Engagements der Bürger. Der Anteil derer, die das politische Engagement von Frauen „sympathisch" fanden, ging von 65 auf 45 Prozent zurück. Noch mehr Anerkennung verlor das politische Engagement von Männern.[12]

Jede Demokratie lebt letztlich vom Engagement ihrer Bürger, wobei man theoretisch und praktisch davon ausgehen muss, dass die Einzelnen damit auch ihre eigenen Interessen verfolgen. Dies trifft auch auf die Spendenbereitschaft zu. Sie wird durch die exzessive Skandalisierung von illegalen Parteispenden, z. B. der Zahlungen an Kohl, sowie der Bestechung von Lokalpolitikern, z. B. der Zahlungen an SPD-Politiker in NRW, untergraben. Ein Grund für die negativen Auswirkungen derart massiver Anprangerungen besteht darin, dass die Bevölkerung die Einzelfälle verallgemeinert. So glaubten 1999, also vor den erwähnten Skandalisierungen, 58 Prozent der Bevölkerung, politische Entscheidungen würden durch Spenden erkauft. Drei Jahre später, also nach ihrer Skandalisierung, waren es 72 Prozent. Mehr als die Hälfte der Bevölkerung hielt die Skandalisierung von SPD-Politikern in NRW nicht für ein lokales Problem. Sie glaubte, dass „darin auch SPD-Bundespolitiker verstrickt" waren. Die Verallgemeinerung von spektakulär präsentierten Einzelfällen belegen auch die Antworten auf die Frage, ob „Filz", die Postenbesetzung nach dem Parteibuch, in Deutschland allgemein bzw. in der eigenen Region „weitverbreitet" ist. Dass Filz in der eigenen Region weitverbreitet ist, meinten im April/Mai 2002 nur etwas mehr als ein Drittel, dass er in Deutschland weitverbreitet ist, aber fast zwei Drittel.[13]

12 Vgl. Kepplinger, Hans Mathias: Die Demontage der Politik in der Informationsgesellschaft. Freiburg i. Br. 1998, S. 178–205.

13 Vgl. Noelle-Neumann, Elisabeth: Sind Parteispenden unmoralisch? Die Bevölkerung fühlt sich von Korruption umgeben. In: *Frankfurter Allgemeine Zeitung*, 15. Mai 2002.

Die Zusammenhänge zwischen der Skandalisierung von Missständen und der Bevölkerungsmeinung lassen sich zwar nicht zweifelsfrei beweisen, durch statistische Analysen aber erhärten. So besteht in Deutschland im Zeitverlauf von mehreren Jahren betrachtet ein statistisch gesicherter Zusammenhang zwischen der Tendenz der Politikberichterstattung der Medien, die die Bürger nutzen, und dem mehr oder weniger negativen Politikbild der Rezipienten: Je negativer die genutzten Medien Politiker und Politik darstellen, desto negativer wird im Zeitverlauf ihr Politikbild.[14] Vergleichbare Erkenntnisse liegen aus den USA vor. Auch dort widersprechen die empirischen Befunde den theoretischen Annahmen der funktionalistischen Skandaltheorie: Zwischen 1966 und 1982 verfiel in Phasen mit politischen Skandalen, wirtschaftlichen und politischen Krisen das Vertrauen in die Exekutive. Zugleich nahm allerdings das Vertrauen in die Medien zu.[15] Auch für die USA belegen statistische Analysen, dass die Skandalisierung von politischen Institutionen das Vertrauen der Bevölkerung in die politischen Institutionen eher schwächt als stärkt.[16]

Betrachtet man das Vertrauen in die Eliten und Institutionen als ein Anzeichen für das Vertrauen in die Selbstreinigungskräfte des politischen Systems, kann man mit großer Sicherheit ausschließen, dass die Skandalisierung von Missständen das Systemvertrauen fördert. Mit großer Wahrscheinlichkeit trifft das Gegenteil zu. Die Skandalisierung fördert eher das Misstrauen als das Vertrauen und ruft eher resignative Apathie als kritisches Engagement hervor. Die einzige Institution, deren Ansehen mit der Häufigkeit und Intensität der Skandale wächst, sind die Medien, die ihr Ansehen auf Kosten der skandalisierten Institutionen vergrößern. Der gleiche Mechanismus

14 Vgl. Maurer, Marcus: Politikverdrossenheit durch Medienberichte. Eine Paneluntersuchung. Konstanz 2003, S. 159–250. Siehe hierzu auch Siebert, Sandra: Angeprangert!

15 Vgl. Lipset, Seymour M. / Schneider, William: The Confidence Gap. Business, Labor, and Government in the Public Mind. New York, London 1983.

16 Vgl. Chanley, Virginia A. / Rudolph, Thomas J. / Rahn, Wendy M.: The Origins and Consequences of Public Trust in Government. A Time Series Analysis. In: *Public Opinion Quarterly*, 64/2000, S. 239–256.

zeigt sich bei der Berichterstattung über Katastrophen: Je dramatischer die Darstellungen sind, desto mehr steigt die Glaubwürdigkeit der Journalisten auf Kosten von Experten.

Die wichtigste Folgerung aus der funktionalistischen Skandaltheorie lautet, dass alle Missstände von den Medien aufgedeckt und skandalisiert werden sollten. Würde das die erwarteten Konsequenzen zeitigen? Eine Antwort auf die Frage gibt eine quantitative Analyse der Missstands- und Skandalhäufigkeit in Deutschland. Von allen bekannten Missständen werden in Deutschland ca. fünf bis zehn Prozent skandalisiert. Nicht alle Missstände eignen sich für eine Skandalisierung – einige Sachverhalte werden nur von einem Teil der Bevölkerung als Missstand angesehen; einige sind zu unbedeutend, um größere Beachtung zu finden; bei einigen handelt es sich um Strukturprobleme, deren Ursachen nicht eindeutig benannt werden können usw. Aus diesen und anderen Gründen scheidet vermutlich die Hälfte der Missstände aus dem Kreis der potenziellen Skandale aus. Im Kreis der potenziellen Skandale verbleiben danach ca. 45 bis 47 Prozent aller Missstände, die bisher nicht skandalisiert wurden, dazu aber die Voraussetzungen besitzen. Würden alle diese Missstände skandalisiert, würde sich die Zahl der Skandale verfünf- bis verzehnfachen.[17] Vermutlich ist diese Schätzung eher zu niedrig als zu hoch, weil die Urteilskriterien im Laufe der Zeit ohnehin strenger und die Schwellen für die Skandalisierung von Missständen dementsprechend niedriger werden. Daraus kann man einige Folgerungen ableiten.

Eine Verfünf- oder Verzehnfachung der Skandale würde angesichts der bekannten Zusammenhänge die Zweifel an Politik, Wirtschaft und Wissenschaft eher vergrößern als verkleinern und darüber hinaus den Glauben an die Geltung der relevanten Normen eher schwächen als stärken. Sie würde einen erheblichen Teil der Entscheider in allen betroffenen Bereichen stigmatisieren und die skandalwürdigen Missstände alltäglich erscheinen lassen. Die Zunahme der Skandale würde damit wahrscheinlich die Präventivwirkung und die Motivationseffekte der Skandale vermindern. Deshalb gilt auch für

17 Vgl. Kepplinger, Hans Mathias / Ehmig, Simone Christine/Hartung, Uwe: Alltägliche Skandale.

den Skandal, was Popitz für den Strafprozess feststellt: „Die positiven Folgen des Prangers sind nur wahrscheinlich, wenn er selten ist. Die Strafe kann ihre soziale Wirksamkeit nur bewahren, solange die Mehrheit nicht bekommt, was sie verdient."[18]

Überblickt man die Gründe, die für und gegen die funktionalistische Skandaltheorie sprechen, muss man feststellen, dass sie nur teilweise und nur unter bestimmten Bedingungen zutrifft. Richtig ist vermutlich die These einer Präventivwirkung. Richtig ist vermutlich auch die These eines Motivationseffektes. Beides gilt aber nur, wenn nicht alle Missstände skandalisiert werden. Falls die Zahl der Skandale einen unbekannten Wert übersteigt, dürften ihre Präventivwirkung und ihr Motivationseffekt geringer werden. Falsch ist die These, dass die Aufdeckung und Skandalisierung von Missständen per se den Glauben an die Selbstregulierungskräfte einer Gesellschaft und die Geltungskraft ihrer Normen stärkt. Nach allem, was man sehen kann, tritt eher das Gegenteil ein. Zudem besitzen Skandale relativ häufig Nebenwirkungen, die schwerwiegender sein können als die Missstände, die durch die Skandalisierung beseitigt werden sollen.

In der Diskussion über die Auswirkungen von Skandalen spielen die Journalisten eigentümlicherweise keine Rolle. Das ist erstaunlich, weil Skandale die Berufstätigkeit von Journalisten massiv beeinflussen und weil das eine Ursache der wachsenden Zahl von Skandalen sein kann. Zur Erinnerung: Skandale verstärken die Kollegenorientierung, relativieren die Geltungskraft der Berufsnormen und wirken sich folglich auf die aktuelle Berichterstattung aus. Skandale besitzen jedoch auch langfristige Einflüsse auf den Journalismus, weil sie das Selbstverständnis von Journalisten prägen. Zwei Drittel der deutschen Journalisten äußerten 1989 auf die Frage, was „das Selbstverständnis und die Arbeitsweise von Journalisten ... in der BRD in den letzten zwanzig oder dreißig Jahren geändert" habe: „die Aufdeckung von Skandalen" wie die Flick-Affäre und die Affäre um die Neue Heimat. Je jünger die Journalisten waren, desto häufiger waren sie dieser Überzeugung. Unter den jüngsten Journalisten (23 bis 38 Jahre) war die Aufdeckung von Skandalen der am meisten genannte Grund für den

18 Popitz, Heinrich: Präventivwirkung des Nichtwissens, S. 20.

Wandel des deutschen Journalismus. Die vorangegangenen Skandale haben demnach die nachwachsende Generation geprägt und dadurch die Neigung zur Skandalisierung von Missständen erhöht.[19]

Eine Schlüsselstellung besaß in diesem Prozess die „*Spiegel*-Affäre" des Jahres 1962. Von den Journalisten, die die Verhaftung von Rudolf Augstein miterlebt und den Rücktritt von Franz Josef Strauß verfolgt hatten, war ein gutes Drittel der Ansicht, dass diese Auseinandersetzung das Selbstverständnis und die Arbeitsweise der deutschen Journalisten geprägt hat. Von ihren jungen Kollegen, die schon aufgrund ihres Alters den aktuellen Bericht des *Spiegel* über das NATO-Manöver „Fallex 62" nicht lesen konnten und das Geschehen meist nur aus den Berichten anderer kannten, waren es mehr als die Hälfte. Die Schilderungen anderer haben folglich aus einem bedeutenden Ereignis einen journalistischen Mythos gemacht, der längst ein Eigenleben führt. Die heutige Rezeption der *Spiegel*-Affäre ist für die Berufsauffassung der jüngeren Redakteure deshalb mindestens so wichtig wie das damalige Geschehen.

Der langfristige Einfluss von Skandalen auf das berufliche Selbstverständnis von Journalisten besitzt Folgewirkungen, die weit über den Journalismus hinausreichen. Die Berichterstattung der Medien ändert sich, weil sich das berichtete Geschehen ändert. Dies ist trivial und verdient keine weitere Beachtung. Das berichtete Geschehen ist jedoch vielfach selbst eine Folge der Berichterstattung: Die Medien skandalisieren Personen, die skandalisierten Personen regieren darauf und die Medien berichten über die Reaktionen. Zudem liefert die Erwartung, dass die Medien berichten, eine Handlungsmotivation: Politiker und andere Personen versprechen sich einen Vorteil davon, wenn die Medien bestimmte Themen aufgreifen. Folglich liefern sie die Vorlagen dazu. Dabei orientieren sie sich am Publikationsinteresse der Medien. Das Publikationsinteresse ändert sich mit den Wettbewerbsverhältnissen der Medien, dem Selbstverständnis der Journalisten sowie mit den politischen Präferenzen von Verlegern, Intendanten und Redakteuren. Politiker und andere Personen, die sich einen

19 Vgl. Ehmig, Simone C.: Generationswechsel im deutschen Journalismus, S. 205–216.

Vorteil von der Berichterstattung versprechen, passen ihr Verhalten den veränderten Bedingungen an. Deshalb gilt auch die Umkehrung der Ausgangsthese: Das Geschehen ändert sich, weil sich die Berichterstattung ändert.

Wenn die Chancen steigen, durch die Skandalisierung anderer die eigenen Ziele zu erreichen, erhöht sich die Wahrscheinlichkeit derartiger Versuche. Seit den späten Sechzigerjahren wächst deshalb im Gefolge der zunehmenden Zahl politischer Skandale die Neigung von Politikern zur Skandalisierung von Konkurrenten. Einen ersten Vorgeschmack lieferte 1973 die Demontage Willy Brandts durch Herbert Wehner, die den Weg für die Skandalisierung seiner Frauenaffären bahnte.[20] Den vorläufigen Höhepunkt der Entwicklung bildete 1999/2000 die Skandalisierung der anonymen Spenden an Helmut Kohl, die von führenden CDU-Politikern wie Heiner Geißler und Angela Merkel durch alarmierende Interpretationen und erwartungssteigernde Forderungen angeheizt wurde. Dies ist nur die Spitze eines Eisberges, weil die Skandalisierung des Gegners auch auf Länderebene längst zu den Mitteln des politischen Machtkampfes gehört. Beispiele hierfür liefern die nahezu zeitgleichen Skandalisierungen der Ministerpräsidenten von Nordrhein-Westfalen, Wolfgang Clement, und von Sachsen, Kurt Biedenkopf, durch Politiker der jeweiligen Oppositionsparteien.

Der Einfluss früherer Skandale auf das Selbstverständnis von Journalisten und auf das Verhalten der gesellschaftlichen Akteure weckt Zweifel an zwei weiteren Annahmen der funktionalistischen Skandaltheorie. Hierbei handelt es sich um die These, dass die Zahl und Größe der Skandale Anzeichen für die Funktionsdefizite anderer Institutionen und für die Funktionsfähigkeit der Medien sind. Die Zahl und die Größe der Skandale hängen weder allein von der Zahl und der Größe der Missstände ab noch vom Ausmaß der Funktionsdefizite anderer Institutionen. Sie sind vielmehr auch eine Folge des jeweils vorherrschenden Selbstverständnisses im Journalismus sowie der durch die Berichterstattung prämierten Verhaltensweisen: Wenn die Bereit-

20 Vgl. Zons, Achim: Das Denkmal. Bundeskanzler Willy Brandt und die linksliberale Presse. München 1984.

schaft zur Skandalisierung von Missständen steigt, nimmt die Zahl der Skandale auch dann zu, wenn die Zahl der Missstände gleich bleibt. Die zunehmende Zahl der Skandale reflektiert deshalb aller Wahrscheinlichkeit nach vor allem Veränderungen in den Medien sowie Veränderungen, die durch die Berichterstattung der Medien hervorgerufen werden.

Vergleicht man die positiven mit den negativen Folgen von Skandalen, wird deutlich, dass die Nutzen-Schadens-Bilanz von Skandalen fragwürdig ist. Gäbe es eine Produkthaftung für Skandalberichte, die praktisch kaum realisierbar und im Interesse der Pressefreiheit auch nicht wünschenswert ist, wären einige Medien in kurzer Zeit konkursreif. Aus der problematischen Nutzen-Schadens-Bilanz folgt keineswegs, dass die Massenmedien gravierende Missstände nicht anprangern sollten. Dies ist, wie zahlreiche der hier angesprochenen Beispiele belegen, vielfach der einzige Weg zu ihrer Beseitigung. Die Skandalisierung von Missständen stellt jedoch keinen Wert an sich dar, und der Nutzen der Skandalisierung steigt auch nicht mit der Zahl der Skandale. Ob die Skandalisierung von Missständen gerechtfertigt ist, hängt letztlich davon ab, ob der Missstand in der behaupteten Weise existiert, ob das Ausmaß der Skandalisierung in einem vertretbaren Verhältnis zur Größe des Missstandes steht und ob die positiven Folgen der Skandalisierung ihre negativen Nebenfolgen rechtfertigen. Auch im Skandal heiligt der Zweck nicht die Mittel.

Literatur

Asch, Salomon: Änderung und Verzerrung von Urteilen durch Gruppendruck. In: Martin Irle / Marion von Cranach / Hermann Vetter (Hg.): Texte aus der experimentellen Sozialpsychologie. Darmstadt 1969, S. 57–73.

Becht, Dominik: Der publizistische Konflikt um die Enthüllung der Waffen-SS-Angehörigkeit von Günter Grass. Eine Struktur- und Argumentationsanalyse. Mainz 2010 (unveröffentlichte Magisterarbeit).

Berens, Harald: Prozesse der Thematisierung in publizistischen Konflikten. Ereignismanagement, Medienresonanz und Mobilisierung der Öffentlichkeit am Beispiel von Castor und Brent Spar. Wiesbaden 2001.

Brosius, Hans-Bernd: Alltagsrationalität und Nachrichtenrezeption. Ein Modell zur Wahrnehmung und Verarbeitung von Nachrichteninhalten. Opladen 1995.

Burkhart, Dagmar: Ehre. Das symbolische Kapital. München 2002.

Chanley, Virginia A. / Rudolph, Thomas J. / Rahn, Wendy M.: The Origins and Consequences of Public Trust in Government. A Time Series Analysis. In: *Public Opinion Quarterly*, 64/2000, S. 239–256.

Daschmann, Gregor: Der Einfluss von Fallbeispielen auf Leserurteile. Experimentelle Untersuchungen zur Medienwirkung. Konstanz 1999.

Davison, W. Phillips: The Third-Person Effect in Communication. In: *Public Opinion Quarterly*, 47/1983, S. 1–15.

Effgen, Thorsten: Der Einfluss von Frames auf die Einschätzung von BSE-Risiken. Mainz 2006 (unveröffentlichte Magisterarbeit).

Ehmig, Simone C.: Generationswechsel im deutschen Journalismus. Zum Einfluss historischer Ereignisse auf das journalistische Selbstverständnis. Freiburg i. Br. 2000.

Entmann, Robert M.: Framing U.S. Coverage of International News. Contrast in Narratives of KAL and Iran Air Incidents. In: *Journal of Communication*, 41/1991, S. 6–27.

Eps, Peter / Hartung, Uwe / Dahlem, Stefan: Von der Anprangerung zum Skandal. Konsensbildung im Fall Werner Höfer. In: Otfried Jarren / Heribert Schatz / Hartmut Weßler (Hg.): Medien und politischer Prozess. Politische Öffentlichkeit und massenmediale Politikvermittlung im Wandel. Opladen 1996, S. 103–118.

Feldmer, Simon: „Wir sind zwischen die Fronten geraten". In: *journalist*, 3/2011.

Filbinger, Hans: Die geschmähte Generation. München 1987.

Fiske, Susan T. / Morling, Beth / Stevens, Laura E.: Controlling Self and Others. A Theory of Anxiety, Mental Control, and Social Control. In: *Personality and Social Psychology Bulletin*, 22/1996, S. 115–123.

Fiske, Susan T. / Taylor, Shelley E.: Social Cognition. New York u. a. 1991.
Geiger, Thomas / Steinbach, Alexander: Auswirkungen politischer Skandale auf die Karrieren der Skandalisierten. In: Otfried Jarren / Heribert Schatz / Hartmut Weßler (Hg.): Medien und politischer Prozess. Politische Öffentlichkeit und massenmediale Politikvermittlung im Wandel. Opladen 1996, S. 119–133.
Geis, Mathias / Ulrich, Bernd: Der Unvollendete. Das Leben des Joschka Fischer. Berlin 2002.
Gibson, Rhonda / Zillmann, Dolf: Exaggerated Versus Representative Exemplification in News Reports. Perception of Issues and Personal Consequences. In: *Communication Research*, 21/1994, S. 603–624.
Hartung, Uwe: Publizistische Bedingungen politischer Skandale. Diss. phil. Mainz 2009.
Heider, Fritz: Social Perception and Phenomenal Causality. In: *Psychological Review*, 51/1944, S. 358–374.
Hohlfeld, Ralf: Im Sog des Skandals. In: *journalist*, 4/2000, S. 33–36.
Hürten, Heinz / Jäger, Wolfgang / Ott, Hugo: Hans Filbinger. Der „Fall" und die Fakten. Eine historische und politologische Analyse. Mainz 1980.
Kalt, Gero / Hanfeld, Michael (Hg.): Schlecht informiert. Wie Medien die Wirklichkeit verzerren. Fallbeispiele aus den Jahren 1993–1995. Frankfurt 1995.
Kepplinger, Hans Mathias: Am Pranger. Der Fall Späth und der Fall Stolpe. In: Wolfgang Donsbach / Otfried Jarren / Hans Mathias Kepplinger / Barbara Pfetsch (Hg.): Beziehungsspiele. Medien und Politik in der öffentlichen Diskussion. Gütersloh 1993, S. 159–220.
Kepplinger, Hans Mathias: Der Umgang der Medien mit Ungewissheit. In: Derselbe: Realitätskonstruktionen. Wiesbaden 2011, S. 99–115.
Kepplinger, Hans Mathias: Die Demontage der Politik in der Informationsgesellschaft. Freiburg i. Br. 1998.
Kepplinger, Hans Mathias: Die gescheiterte Skandalisierung von Thilo Sarrazin. In: Jürgen Bellers (Hg.): Zur Sache Sarrazin. Wissenschaft. Medien. Materialien. Berlin 2010, S. 19–32.
Kepplinger, Hans Mathias: Die Konstruktion der Kernenergiegegnerschaft. In: Derselbe: Realitätskonstruktionen. Wiesbaden 2011, S. 205–232.
Kepplinger, Hans Mathias: Emotionale Reaktionen von Medienerfahrenen und Medienunerfahrenen. In: Derselbe: Medieneffekte. Wiesbaden 2010, S. 155–173.
Kepplinger, Hans Mathias: Entwicklung und Messung politischer Einstellungen von Journalisten. In: Derselbe: Journalismus als Beruf. Wiesbaden 2011, S. 129–148.
Kepplinger, Hans Mathias: Ereignismanagement. Wirklichkeit und Massenmedien. Zürich 1992.
Kepplinger, Hans Mathias: Erlaubte Übertreibungen im Journalismus. In: Derselbe: Journalismus als Beruf. Wiesbaden 2011, S. 163–176.

Kepplinger, Hans Mathias: Fehler und Folgen von negativen Politikberichten. In: Derselbe: Medieneffekte. Wiesbaden 2010, S. 175–190.
Kepplinger, Hans Mathias: Indirekte Effekte auf Angeklagte in Strafprozessen. In: Derselbe: Medieneffekte. Wiesbaden: VS Verlag 2010, S. 205–217.
Kepplinger, Hans Mathias: Ist die funktionalistische Skandaltheorie empirisch haltbar? In: Derselbe: Publizistische Konflikte und Skandale. Wiesbaden 2009, S. 191–202.
Kepplinger, Hans Mathias: Kollegenkritik in Journalismus und Wissenschaft. In: Derselbe: Journalismus als Beruf. Wiesbaden 2011, S. 205–225.
Kepplinger, Hans Mathias: Künstliche Horizonte. Folgen, Darstellung und Akzeptanz von Technik in der Bundesrepublik. Frankfurt am Main 1989.
Kepplinger, Hans Mathias: Politiker am Pranger. In: Derselbe: Publizistische Konflikte und Skandale. Wiesbaden 2009, S. 119–154.
Kepplinger, Hans Mathias: Publizistische Konflikte und Skandale. Wiesbaden 2009.
Kepplinger, Hans Mathias: Reziproke Effekte. In: Derselbe: Medieneffekte. Wiesbaden 2010, S. 135–153.
Kepplinger, Hans Mathias: Struktur und Funktion eines publizistischen Konfliktes. In: Derselbe: Publizistische Konflikte und Skandale. Wiesbaden 2009, S.29–51.
Kepplinger, Hans Mathias: Verarbeitung von Fernsehnachrichten. In: Derselbe: Medieneffekte. Wiesbaden 2010, S. 85–104.
Kepplinger, Hans Mathias: Verletzung der Persönlichkeitsrechte durch die Medien. Halten die Annahmen der Juristen den sozialwissenschaftlichen Befunden stand? In: Bitburger Gespräche. Jahrbuch 1999/I. München 1999, S. 15–34.
Kepplinger, Hans Mathias: Warum Krisen eskalieren. In: Michael Kuhn / Gero Kalt / Achim Kinter (Hg.): Chefsache Issues Management. Frankfurt am Main 2003, S. 130–139.
Kepplinger, Hans Mathias / Ehmig, Simone C. / Hartung, Uwe: Alltägliche Skandale. Eine repräsentative Analyse regionaler Fälle. Konstanz 2002.
Kepplinger, Hans Mathias / Eps, Peter / Augustin, Dirk: Skandal im Wahlbezirk. Der Einfluss der Presse auf die Wahl des Münchner Oberbürgermeisters 1993. In: *Publizistik*, 40/1995, S. 305–326.
Kepplinger, Hans Mathias / Geiß, Stefan / Siebert, Sandra: Framing Scandals: Cognitive and Emotional Media Effects. In: *Journal of Communicatio*n, im Druck.
Kepplinger, Hans Mathias / Hartung, Uwe: Am Pranger. Eine Fallstudie zur Rationalität öffentlicher Kommunikation. München 1993.
Kepplinger, Hans Mathias / Hartung, Uwe: Störfallfieber. Wie ein Unfall zum Schlüsselereignis einer Unfallserie wird. Freiburg im Breisgau, München 1995.
Kilz, Hans Werner / Preuss, Joachim: Flick. Die gekaufte Republik. Reinbek bei Hamburg 1983.

Lang, Gladys Engel / Lang, Kurt: The Battle for Public Opinion. The President, the Press, and the Polls during Watergate. New York 1983.

Lerz, Michael: Skandalberichterstattung. Die Entwicklung des „Flüssigei-Skandals“ 1985 und der Fall Birkel. München 1996 (unveröffentlichte Magisterarbeit).

Leyendecker, Hans: Helmut Kohl, die CDU und die Spenden. Eine Fortsetzungsgeschichte. In: Hans Leyendecker / Heribert Prantl / Michael Stiller (Hg.): Helmut Kohl, die Macht und das Geld. Göttingen 2000, S. 198–244.

Lilli, Waldemar: Die Hypothesentheorie der sozialen Wahrnehmung. In: Dieter Frey / Martin Irle (Hg.): Theorien der Sozialpsychologie, Band 1: Kognitive Theorien. Bern u. a. 1984, S. 19–47.

Linde, Otfried K. / Kepplinger, Hans Mathias / Ehmig Simone C.: Mehr Akzeptanz durch mehr Fachinformation? Wie sehen Angehörige psychisch Kranker die Pharmakotherapie? In: *Deutsche Apotheker Zeitung*, 11/1996, S. 23–30.

Lipset, Seymour M. / Schneider, William: The Confidence Gap. Business, Labor, and Government in the Public Mind. New York, London 1983.

Maier, Jürgen: Der CDU-Parteispendenskandal. Medienberichterstattung und Bevölkerungsreaktion. In: *Publizistik*, 48/2003, S. 135–155.

Mantow, Wolfgang: Kommunikationsberatung im Auftrag der Deutschen Shell AG. Die Ereignisse um Brent Spar in Deutschland. Hamburg o. J. (1995), nicht im Buchhandel.

Mathes, Rainer: Medienwirkung und Konfliktdynamik in der Auseinandersetzung um die Entlassung von General Kießling. Eine Fallstudie und ein Drei-Ebenen-Modell. In: Max Kaase / Winfried Schulz (Hg.): Massenkommunikation. Theorien, Methoden, Befunde. Opladen 1989, S. 441–458.

Maurer, Marcus: Politikverdrossenheit durch Medienberichte. Eine Paneluntersuchung. Konstanz 2003.

Mergen, Armand: Tod in Genf. Ermittlungsfehler im Fall Barschel: Mordthese vernachlässigt? Heidelberg 1988.

Mikalsen, Yngve: Der Einfluss von Schemata auf die Akzeptanz von PR-Meldungen am Beispiel Brent Spar. Mainz 1998 (unveröffentlichte Magisterarbeit).

Mocken, Daniela: Bad Kleinen. Entstehung eines Skandals. Mainz 1995 (unveröffentlichte Magisterarbeit).

Moore, Wilbert E. / Tumin, Melvin M.: Some Social Functions of Ignorance. In: *American Sociological Review*, 6/1949, S. 787–795.

Mükke, Lutz: Eine Welle der Entrüstung. In: *message*, 1/2001, S. 20–23.

Nerb, Josef / Spada, Hans / Wahl, Stefan: Kognition und Emotion bei der Bewertung von Umweltschadensfällen. Modellierung und Empirie. In: *Zeitschrift für Experimentelle Psychologie*, 45/1998, S. 251–269.

Neubauer, Franz: Das öffentliche Fehlurteil. Der Fall Filbinger als ein Fall der Meinungsmacher. Regensburg 1990.

Noelle-Neumann, Elisabeth: Die Schweigespirale. Öffentliche Meinung – unsere soziale Haut. Berlin 2001.

Noelle-Neumann, Elisabeth / Piel, Edgar (Hg.): Allensbacher Jahrbuch der Demoskopie 1978–1983. München 1983.
Popitz, Heinrich: Über die Präventivwirkung des Nichtwissens. Dunkelziffer, Norm und Strafe. Tübingen 1968.
Reinemann, Carsten: Medienmacher als Mediennutzer. Kommunikations- und Einflussstrukturen im politischen Journalismus der Gegenwart. Köln u. a. 2003.
Rosenthal, Matthias: Der Einfluss von Sympathie oder Antipathie auf das journalistische Verhalten von Tageszeitungsredakteuren bei Konflikten um Politiker. Legalität und Legitimität journalistischen Handelns. Mainz 1987 (unveröffentlichte Magisterarbeit).
Ruß-Mohl, Stephan: Scheinheilige Aufklärer. In: *message*, 2/2000, S. 10–17.
Schachter, Stanley / Singer, Jerome: Cognitive, Social, and Physiological Determinants of Emotional State. In: *Psychological Review*, 69/1962, S. 379–399.
Scheufele, Dietram A.: Framing as a Theory of Media Effects. In: *Journal of Communication*, 49/1999, S. 103–122.
Schirrmacher, Frank (Hg.): Die Walser-Bubis-Debatte. Frankfurt am Main 1999.
Schmitt, Christiane: Die Entwicklung des AIDS-Blutskandals 1993. Mainz 2000 (unveröffentlichte Magisterarbeit).
Schraewer, Claudia: Rhetorische Mittel bei der Skandalisierung von Linda Reisch. Mainz 2000 (unveröffentlichte Magisterarbeit).
Schütze, Christian: Skandal. Eine Psychologie des Unerhörten. Berlin, München 1985.
Schulz, Winfried / Berens, Harald / Zeh, Reimar: Der Kampf um Castor in den Medien. Konfliktbewertung, Nachrichtenresonanz und journalistische Qualität. München 1998.
Seitz, Benjamin S.: Selbstkritik und Fremdkritik im Journalismus. Eine vergleichende Untersuchung der Berichterstattung deutscher Printmedien anhand ausgesuchter Fälle. Mainz 2004 (unveröffentlichte Magisterarbeit).
Siebert, Sandra: Angeprangert! Medien als Motor öffentlicher Empörung. Marburg 2011.
Storms, Michael D.: Videotape and the Attribution Process. Reversing Actors' and Observers' Point of View. In: *Journal of Personality and Social Psychology*, 27/1973, S. 156–175.
Sturny, Dirk: Einfluss von Krisen-Typen auf Publikationsweisen. Eine Input-Output-Analyse anhand von zwei Beispielen. Mainz 1997 (unveröffentlichte Magisterarbeit).
Tannenbaum, Percy H.: Emotional Arousal as a Mediator of Erotic Communication Effects. In: *Technical Report of the Commission on Obscenity and Pornography*, Vol. III. Washington, D.C. 1971, S. 326–356.
Walser, Martin: Öffentliches Gewissen und deutsche Tabus. In: *Die politische Meinung*, 302/1995, S. 15–23.
Zons, Achim: Das Denkmal. Bundeskanzler Willy Brandt und die linksliberale Presse. München 1984.

Personenregister

Erich Lamp
Die Macht öffentlicher Meinung – und warum wir uns ihr beugen
Über die Schattenseite der menschlichen Natur
176 Seiten, Broschur
€ 22,–
ISBN: 978-3-7892-**8321**-5

Welches Phänomen verbirgt sich hinter dem Begriff »öffentliche Meinung«? Wie beeinflusst sie die Herausbildung von Mehrheits- und Minderheitspositionen? Welche gesellschaftliche Macht hat öffentliche Meinung und worin liegt sie begründet?

Auf der Basis zahlreicher empirischer Beobachtungen und Befunde zur menschlichen Sozialnatur und im Rückgriff auf historische Quellen legt der Autor dar, wie die in der alltäglichen Interaktion von Individuen an den Tag gelegte Billigung und Missbilligung von Meinungen und Verhaltensweisen in die gesellschaftliche Kraft öffentlicher Meinung mündet. Diese besitzt als soziale Kontrolle immer und überall Geltung: Vor die Wahl gestellt, wird der Mensch nicht selten der gerade herrschenden öffentlichen Meinung folgen und sich ihr beugen, um nicht im Abseits zu stehen.

Dabei wird deutlich, wie in modernen Gesellschaften vor allem den Massenmedien ein maßgeblicher Anteil an der Bildung öffentlicher Meinung zukommt. Aufgrund der durch die Medien hergestellten größtmöglichen Öffentlichkeit dominieren die hier vertretenen Anschauungen das Meinungsklima und bestimmen zum Beispiel, welche Ansichten als politisch korrekt zu bewerten sind und welche nicht. Selbst geringfügige Verstöße dagegen führen dann häufig zu massiven sozialen Sanktionen, denen sich kaum jemand freiwillig aussetzen mag.

Erich Lamp, geb. 1955, studierte Publizistik, Germanistik und Kunstgeschichte. Er ist Akademischer Direktor an der Johannes Gutenberg-Universität Mainz und lehrt als Privatdozent am dortigen Institut für Publizistik.

www.olzog.de